古代歷史文化 研究輯刊

十六編

王明蓀 主編

第 33 冊

清代官方史學與私家史學相互關係研究（上）

喬治忠 著

國家圖書館出版品預行編目資料

清代官方史學與私家史學相互關係研究（上）／喬治忠 著 ——
初版 — 新北市：花木蘭文化出版社，2016〔民105〕
序 2+ 目 2+206 面；19×26 公分
（古代歷史文化研究輯刊 十六編；第 33 冊）
ISBN 978-986-404-778-9（精裝）
1. 史學史 2. 清代
618   105014282

ISBN-978-986-404-778-9

9 789864 047789

古代歷史文化研究輯刊
十六編　第三三冊　　　　　　　　ISBN：978-986-404-778-9

清代官方史學與私家史學相互關係研究（上）

作　　　者　喬治忠
主　　　編　王明蓀
總 編 輯　杜潔祥
副總編輯　楊嘉樂
編　　　輯　許郁翎、王筑　美術編輯　陳逸婷
出　　　版　花木蘭文化出版社
社　　　長　高小娟
聯絡地址　235 新北市中和區中安街七二號十三樓
　　　　　　電話：02-2923-1455／傳眞：02-2923-1452
網　　　址　http://www.huamulan.tw 信箱 hml810518@gmail.com
印　　　刷　普羅文化出版廣告事業
初　　　版　2016 年 9 月
全書字數　537439 字
定　　　價　十六編 35 冊（精裝）台幣 68,000 元　　　版權所有·請勿翻印

清代官方史學與私家史學相互關係研究（上）

喬治忠 著

作者簡介

喬治忠，天津市人，1949 年 7 月生。歷史學博士，長期擔任南開大學歷史學院教授、博士生導師，從事中國史學史的研究與教學，致力於史學理論及史學史學科的建設工作。現爲郎坊師範學院社會發展學院特聘教授。1993 年、1999 年、2004 年三次到日本早稻田大學、立教大學做交換研究員，進行專題研究。主持國家社會科學基金項目、大型《清史》編纂項目、教育部社會人文研究基地重點項目等多種課題研究。撰有《眾家編年體晉史》、《清朝官方史學研究》、《中國史學史研究述要》（合作）、《清文前編》、《中國官方史學與私家史學》、《中國史學史》、《增訂中國史學史資料編年》（合作）、《中國史學史經典精讀》等多種著述。發表學術論文 140 多篇，在清朝官方史學研究、中國史學史、中日史學比較研究等方面取得顯著成果，論著體現周密考證與理論思維相結合的特點，具有學術開拓性。

提　　要

　　中國傳統史學的突出特點，就是形成了官方史學與私家史學兩條相互聯繫的發展軌道，二者互動、互補也相互排抑，這成爲中國古代史學繁榮發展的重要原因。清廷將官方史學推拓到繁盛的高峰，官方史學與私家史學之間的矛盾與互動也呈現出許多新的景象。本書以此爲研討的主題，曾立爲國家社會科學基金項目並且通過驗收。

　　自順治朝至乾隆朝，官方史學與私家史學的糾葛，在明史學方面尤爲突出，這其中摻入了政治和民族問題（華夷之辨）的敏感因素。順治、康熙兩朝，出現「莊氏史獄」、戴名世《南山集》案等慘烈的文字獄，乾隆朝更密織文網，壓制私修史中的異端思想，並且曠日持久地追繳明季野史。這是官、私史學在特殊背景下的矛盾激化。同時，纂修《明史》也不乏官方、私家的良性互動，如康熙十八年始，纂修《明史》呈現過官方主導、朝野合作的局面。

　　乾隆朝官方大力纂修史書，而私家大多專注於歷史考據，形成了清代「盛世」史學的發展結構，即清廷掌控大型史籍的編纂，地方政府主修地方志，私家個體以歷史考據爲主，文化幕府拾補官方纂修項目之遺缺，四種修史主體的分工、合作與競爭，各有其歷史研討的領域，官、私史學在整體上達到十分繁盛的程度。清季官方史學逐步衰退，但保持了當代史記述的基本的纂修格局，而對私家史學控制放鬆，也支持了部分私修史的完成，何秋濤《朔方備乘》、劉錦藻《皇朝續文獻通考》的編纂，皆有賴於官方的支持得以成書和流傳。而私家史學是更具活力的一方，不少史官借參與官修史而獲得資料，用於私撰史著，甚至有如蔣良騏者，私下抄錄清廷秘籍和檔案，撰成《東華錄》。

　　在清代官、私史學互動進程中，互補互益仍是主要方面，這應是研究官方史學與私家史學相互關係的基本估量。中國古代官方史學與私家史學的互動，爲中國古代傳統文化的一項創造，是區別於古代世界任何一個國家的特色文化。清朝官方史學特別發達，私家史學亦有長足的發展，二者的互動、互補、互有排抑，也比前代更加典型。

　　本書附載《清代官方史學與私家史學繫年要錄》，按時間順序考述清代史學演化歷程，很具學術參考價值。

本書為國家社會科學基金一般自選項目成果
項目號：05BZS001

序

　　《清代官方史學與私家史學相互關係研究》一書忝得出版界「大將軍」花木蘭的賞識，即將出版面世。關於本書的思路和結論，均概述於本書《緒論》，並且解析於全文，這裡想講講進一步的三點感受，以供學界思考與商榷。

　　第一，人類社會的出現和發展，使某些民族具備了史學得以生產和持續的條件，於是歷史學成爲一門重要的學術文化，經發展和傳播，遍及世界，歷史學是對人類社會以往歷程的回顧和總結。歷史學發展經過長期積累，需要對自身予以回顧和總結，即產生了史學史學科，這在認識論上，是層層「形而上之」的趨向，是思維抽象性的昇華。對於研治歷史學而言，未嘗不可以立足於史學史的研討，將理念和認識降臨到歷史學的探索，從而認識人類社會的本質。這有一個好處，即先明白了史學產生、發展的機制，對歷史記載的鑒別可能更爲深刻，用以指導歷史的研討，優勢相當明顯。我在《史學吟》中有「學史不知史學史，識見難言淺與深」詩句，即本於此意。

　　第二，中國史學史具備素材豐富、環節連續、內容系統的特點，是解析史學和歷史理論問題的極好範本。中國傳統史學的突出特點，是形成官方史學與私家史學兩條相互聯繫的發展軌道，此乃中國古代史學最爲發達興盛的根本原因。將中國史學史置於官方史學與私家史學互動、互補、又互相排抑的架構中考查，才能得出深入、準確和具有規律性的認識。中國這一史學特點，與西方古典史學全然不同，但中西史學深入比較，可以發現，古代中西史學皆包含求眞與致用之間的內在矛盾，矛盾的焦點是二者孰爲第一位的問題。中國傳統史學中官方史學與私家史學的互動，體現的就是求眞與致用之

間的矛盾。因此，歷史學的產生和發展是有規律的，歷史學的規律比歷史規律清晰而易見。欲探索歷史規律，目標宏遠而難度極大，無妨先探索史學發展的規律，取得新思路、新方法，再解析歷史的規律。

第三，古代中西史學，都內在地具備求真與致用的矛盾，這曾經推動了歷史學的發展壯大。求真是歷史學持續存在的底線，缺乏求真理念，史學即使產生也會蛻化為文學性的傳說或神話，歸於消亡。而在史學還不足以形成一個相對獨立社會系統的條件下，追求史學的經世致用功能，才會得到時人的廣泛關注、認可與支持，史家相信史學具有某種社會功能，也才會具備撰史的信心、熱情與責任感。史學欲求致用，就必然不同程度地造成失真，而治史求真的原則會促使史家起而糾正，整個機制往復運行，推動史學發展。史學最終會以強化學術性來克服這一矛盾，從而上昇到新一層次，其機制是求真、求是與求新之間的矛盾，新的基本矛盾仍為歷史學發展的動力。現代社會的快速發展和日新月異，使歷史的許多經驗已經與現實課題方枘圓鑿，不能相與比附。因此，在歷史學成為相對獨立社會系統的當今，以史為鑒的說法不僅失去在新時代的合理性，而且也是阻礙史學健康發展的因素。

按照以上思路追索，在史學史研究、歷史研究中，將會有好大的開拓空間和創新遠景！而我所考查的「清代官方史學與私家史學相互關係」，在整個思路中實在是最初級、很渺小的課題。這個課題雖然取得許多學術探索的突破和創新（這裡不贅，他處略述），但史學史研究的最高目標，是應當揭示歷史學發展的規律，而本書題材所限，尚未從理論上、實證上瞄準這個根本問題。對此，頗寄望於年輕的莘莘學子，謹此自序。最後，尚需草擬小詩，略為抒發感慨之情。

七絕：題自撰《清代官方史學與私家史學相互關係研究》

春秋輾轉耗心神，世道紛紜探路津。
鬢髮飛霜方有見，長驅未曉是誰人！

喬治忠

2016 年 3 月 5 日於南開大學上思齋

目次

緒　論

　　清代官方史學與私家史學相互關係的研究，在史學界是一個嶄新的學術探討，必須在清代史學史研究深化、特別是對清朝官方史學深入研究的基礎上，才可能提出和探索。因此，對於本課題的思路、學術研究背景、難點和突破方向等等，有必要做一概略的說明。

一、本項研究的邏輯思路

　　研討清代官方史學與私家史學的相互關係，這個問題的提出是以中國古代史學、清代史學的基本發展狀況爲依據的。首先，必須認識到中國古代史學之中，存在著官方史學與私家史學之間相對應的關係，即官方史學、私家史學在史學發展整體中分爲兩個不同的修史主體，各自具有相對的獨立特點，在史學實踐上具有大約旗鼓相當的活動規模。其次，清代也必須與此前的朝代一樣具備官方史學和私家史學兩大存在與發展的模式，並且帶有典型的特徵。如果以上史實得到充分的確認和研究，那麼合乎邏輯的學術思考就是：官方史學與私家史學之間的關係如何？這種關係對史學的整體發展有哪些作用？選取一個朝代或一個時間階段來剖析官、私史學之間的聯繫，就成爲深化中國史學史研究的重要課題。如果不存在官方史學如古代西方的希臘、或不存在私家史學如清入關前的後金政權，當然也就無從探討官方史學與私家史學之間的關係。又如果不將官方史學與私家史學作爲對等的修史主體看待，當然也不會產生研討二者關係的意識。可見在中國史學史學科內，必須充分重視和研究官方的史學活動，取得比較深入的認識之後，才有可能進而提出探討官方史學與私家史學關係的問題。

中國傳統史學的萌生，與西周初期「殷鑒」觀念的形成有極大關係，因為有了「殷鑒」的觀念，西周開始了對官方公文文獻的整編，這逐步形成最早的資料性史籍即《尚書》。此後，在政治文化和思想意識的進展中，出現連續性地記載史事，其明確的目的是要留存記述以備查閱，可以從國家的盛衰、興亡之中汲取鑒戒。政治理念上的需求促使歷代統治者皆十分重視史學，中國史學本自官方產生，並且逐漸形成連續發展的、官方與私家史學並存的局面，這個基本格局在東漢時已經塑成。

具有官方史學與私家史學兩條相互聯繫的發展軌道，這是中國史學區別於西方史學的最顯著的特色。古代的日本及朝鮮半島出現過官方史學與私家史學並立的局面，那是因為受到中國傳統史學的影響，從而銳意仿照中國進行相應的修史活動。在中國古代，官方史學加上私家史學，就組成史學整體的活動內容，官方史學和私家史學雖然各有其獨立的史學活動，但二者的聯繫也是相當密切的。官方史學與私家史學的關係，是中國傳統史學內在的一對矛盾，這種矛盾在主體上不屬於對抗性矛盾，而應為互動、互補又互有排抑的運行方式，但在強力的政治干預及大興文字獄時，官、私史學觀念也會出現對抗現象，因此，史學發展中的官、私互動，具體狀況是相當複雜的。剖析官方史學與私家史學之間的關係，實有助於深入認識中國傳統史學的發展機制。

中國官方史學從產生的本源上，就將史學與國家政治緊密地聯結一起，先秦春秋時期開始，各個諸侯國都有負責記史、講史的史官，三國時期史官成為一種專職，晉代的「著作局」乃是專門的史學機構，而從唐代開始，史館為國家必備的專設衙署，是官僚組織的一個構成部分，歷代相沿，直至清末。由於中國古代的史學活動納入政權建設和政治運轉，歷史觀念與政治思想融為一體，逐形成中國特有的「政治歷史觀」，即政治方針、政治見解多從對歷史的分析中得出，而且以歷史的事例來論證自己的政治見解，形成政治觀點與歷史知識的互動與循環。西周「殷鑒」思想即是這種政治歷史觀的肇始，西漢時陸賈遵漢高祖劉邦指示所著《新語》、隨後賈誼所撰《過秦論》等等，都具有既為政論又是史論的特點。古代史家大多是官員，或者是官方認可的教育體制所造就的士人，因而私家史學也不能遠離政治。源於「殷鑒」等官方理念的「垂訓鑒戒」、「懲惡勸善」、「資治」、「翼經」、「明道」等等經世致用思想，成為官、私史學共同的宗旨，其聲勢大於直書實錄的主張。史

學的學術性被壓抑在致用的原則之下，治史求眞、記述如實的理念實際遜位於綱常、名教，所謂「史臣不必心術偏私，但爲君父大義則於理自不容無所避就」，〔註 1〕意即如斯，這是私家的看法，而與官方的主張一致。官方與私家在史學思想上的頗多共識，掩蓋了官、私史學在互動並進過程中求眞與致用之間的矛盾運動，使學者往往著眼於歷史著述的研究和比較，從而把不同史學活動的主體看成混沌一片，不注意官方史學與私家史學的分野，也就沒有二者相互關係的概念，這是迄今中國古代史學史研究中的一大缺陷。筆者關注官方史學的作用和地位、提出官方史學與私家史學之間相互關係的研究，都是從重視史學活動不同主體的理念出發，來重新開闢史學史研討的思路。

官方修史要有多名官員參與，爲避免史文、體式的互相牴牾，史書的纂修在客觀上具有強烈的規範化的要求，自史書的結構到詞語的運用，無不講究義例。春秋時期官方記史即有「書法」，此爲詞語上的規範。司馬遷創立紀傳體史書，尙有不少機動靈活的特點，如爲項羽立「本紀」、爲陳勝撰「世家」等等。趨附於官方體制與官方機構採用紀傳體之後，越來越將義例規範爲固定的體式，摒棄了《史記》原有的靈活性，這一點早被清代史學理論家章學誠所批評，認爲班固《漢書》之後的作者，每況愈下，「以紀表志傳，同於科舉之程序，官府之簿書，則於記注撰述，兩無所似，而古人著書之宗旨，不可復言矣」〔註2〕。事實上，官方史學需要對史籍形式的規範化，而私家往往開拓出新的史書類型，新式史書可能再被官方採用和私家模仿，又漸漸規範化。官、私史學在互動中，擴大了中國史學的規範化空間，編年體、紀傳體、紀事本末體、典制史、「綱目」形式、會典等各種史籍，都形成較爲一致的撰寫模式。當然，體例規範具有一定的彈性，但史書一般都各自明定凡例，將彈性部分再次定成具體的規範。這種規範化的特點，總體上是源於官方史學。官方在中國古代史學發展機制中起主導作用，不僅史書纂修趨於規範化，而且史學思想、歷史編纂學理念也趨於規範化，思想的範式一旦形成，便較難變動，尤其是史學思想與儒學名教結合一體，保守性更加牢固。因此，中國傳統史學中史學思想、史書體式的發展狀況，也是與官方史學、私家史學兩條線路的互動相關的。

〔註 1〕 章學誠：《章氏遺書》（劉氏嘉業堂刻本）外編卷三，《丙辰札記》。
〔註 2〕 章學誠：《章氏遺書》（劉氏嘉業堂刻本）卷一，《文史通義・書教下》。

官方記載當代歷史的制度，保證了中國古代史料編輯的連續不斷，官方的史料隨著時間的推移和政局的變動，會被私家史學撰述所獲得和利用，官方撰修的史籍，同樣會被私家參考與取材，古代私家的歷史名著，大多是直接或間接依靠官方記錄、整理的史料來撰寫。私家史學的重要成就，諸如體例的創造、史實的考訂、學風的浸染，也必然受到官方史學的重視與採納。這樣，官方史學與私家史學就在互動之中互為促進，使整個傳統史學具有內在活力，從而形成超越其它古代國度的興盛局面。這就是中國古代官方史學與私家史學互動的一般狀態。

在官方史學與私家史學關係的結構分析中考察各種史學現象，把官方史學與私家史學之間互動關係，視為中國傳統史學發展中的根本性問題之一，應為進行中國史學史研究的一個新的思路。

官方史學與私家史學之間的互動、互補又互有排抑，雖然不能囊括中國史學運行中的所有內容，卻是中國古代史學發展中最重要的史學機制之一。探討中國傳統史學中官方史學與私家史學的相互關係，對於中國史學史的研究、對於中國文化史、社會史的研究都有重大的學術意義，因為史學的興盛乃中國古代社會文化的一大特色，並且與國家政治機制結合密切，在歷史進程中發揮了不可忽視的作用。相信通過中國古代官方史學和私家史學之間關係的探討，會展現出深化史學史研究的新視域、新方法，更清晰地揭示中國傳統史學繁榮發展的社會機制，從而進一步探討傳統史學作為重要構成部分的中國傳統文化。這是一個艱巨的學術課題，是前景廣闊的學術境地，需要史學界多人共同開發和認真研討。

那麼，中國官方史學與私家史學應當怎樣劃分呢？在中國古代史學史上，官方史學主要表現為以下幾項內容：1、具有制度化、規範化的記史和修史機構，修史機構大多建置為等級性的官僚組織和管理方式；2、官方切實控制和管理下的史籍編纂，切實的控製表現於人員任用及組成、修史進程的安排、修史的內容取捨、思想導向等各個方面，但具體側重點各有不同；3、編纂成總量可觀的官方史料和官修史書；4、形成官方的歷史觀與史學思想；5、官方史學活動具備一定的政治作用和具有一定的學術地位。前三項是構成完整官方史學的基本要素，只有前三項內容大體具備，後兩項內容才有必要置於官方史學的範圍之內。

私家史學一般是指學者按自己意旨從事的史學活動，官方修史也是由各

個史官分別承當，但官方修史中的史官，都不是以他個人的獨立意願、獨立方式完成工作。而作爲史官的史家，可以在參與官方修史的同時進行私家的史學活動，只要治史內容和治史進程脫離了官方直接控制和管理的範圍，就屬於私家史學。不言而喻，只要官方的史學活動進行，就必然出現官方史學與私家史學的聯繫，不過這種聯繫在不同環境下，乃有強有弱、時隱時現而已。

在史館制度不太成熟或某種特殊情況下，朝廷也會將官方修史項目委託於有名望的史家來主持。這樣，在官方、私家不同主體之間，就產生了界限不太分明的問題。對此，判斷的標準應是看官方對史籍的修纂是否有著某種切實的控制和管理。北齊朝廷敕令魏收編撰《魏書》，繼而又令其專力纂修，不參政務。但魏收修《魏書》乃承襲了北魏多年纂修國史的成果，又有刁柔等多名史官共同纂修，非其一人獨撰。書成後，原北魏的官僚世家子弟多不愜意，毀譽紛起，眾口沸騰，北齊文宣帝令魏收於尚書省與諸家子弟當面辯論，隨之既懲治了一些詆毀者，也對魏收有所指責，又「敕魏史且勿施行」〔註3〕，此後終北齊一代，朝廷令魏收凡三次修改《魏書》，魏收卒後，又命史官再加修訂。〔註4〕是《魏書》的纂修，始終在北齊官方的控制和管理之下，應當歸於官修史。沈約的《宋書》大致相同，纂修歷程中何承天、山謙之、蘇寶生、徐爰等許多史官撰有初稿，沈約是在已有史稿基礎上成書，且修史時受到朝廷的監控，《南史‧王智深傳》就記載了齊武帝指示《宋書》撰寫要對宋帝「思諱惡之義」，敦促沈約刪削對宋孝武帝、宋明帝負面瑣事的記述。因此，官方史學與私家史學的分野仍然是清晰的，標準在於官方是否切實地施行著控制與管理。可見從官方修史與私家修史的區別及聯繫的角度考察和研討，本身就會加深對中國傳統史學的認識。

我們在中國古代史學史的研究中，不能不注意到官方、私家這兩類性質不同的史學活動主體，不能忽視中國史學史上切實存在的官方史學與私家史學的區分與聯繫的問題。中國各個干朝設置的記史、修史機構不盡相同，總的趨勢是在皇帝和朝廷的統一調控下，逐步實現組織嚴密化、條例明細化、管理官僚化，並且形成多種記史、修史機構並立和分工的局面，這一史學機制的發展成熟，經歷了漫長的歷史過程，在清朝則達到了歷代的頂峰。

〔註3〕《北史》卷五六，《魏收傳》。
〔註4〕參見周一良：《魏收之史學》，載《燕京學報》1934年第18期。

清朝乾隆時期以編纂《四庫全書》和撰著《四庫全書總目》爲標誌，形成對傳統文化的總結與清理，史學的發展也同樣進入一個大清理、大總結的階段。在這傳統史學總結的時期，官方史學與私家史學均出現了發達、興盛的局面，但官方史學與私家史學的表現形態很有區別，不必以同一標準衡量。近代著名史學家陳寅恪先生認爲「有清一代經學號稱極盛，而史學則遠不逮宋人」〔註5〕，這是在他對於清代文化研究不足的條件下，單憑印象出發的一種的說法。宋代史學固然興盛，而清代與之相比，各有所長，特別是官方的史學成就，後來居上，在水平上已顯著超越宋代。鄭天挺先生指出：「清代史學是有成就的，是和其它學術一樣有發展的。不僅如此，它還有突出前代的貢獻。」〔註6〕清朝官方史學的發展狀況，以乾隆朝爲繁榮的波峰，前後皆顯低垂，呈一幅比較平滑的拋物線圖象，這就是說，清朝官方史學具備一條獨立的從產生、發展、興盛，而後又有所衰退的演化過程。而清代私家史學的發展，則另是一種樣態，撰著形式和著史宗旨隨治學風氣大有變動，不能以籠統的興旺程度加以描述。這樣，清代官方史學與私家史學之間的衝突、磨合、互動、互補、彼此消長且出現過嚴重的對抗，就具備豐富、多樣的文化內容，也特別複雜，值得作爲研究中國官方史學與私家史學關係的標本。

清代官方史學與私家史學的相互關係，還包含民族矛盾的內容，官方史學帶有頗多滿族統治者的思想因素，私家史學基本是漢族學者所掌握，但也不能不受官方思想的影響和控制。清朝官方史學必然在千年積累的中國傳統史學文化基礎上發展，但又往往表現出對「漢化」的防範和擔憂心理，這種複雜性也與宋、明等朝代很爲不同。但清朝統治者重視史學，比較善於調節官、私修史之間的矛盾，通過修訂對歷史問題的評論口徑，適時放鬆文字獄，在強化儒學思想體系與綱常倫理規範的同時，取得官方與私家在歷史觀念上的趨同，使官方史學與私家史學的關係從緊張走向緩和。從清初至清季，私家史學的史家群體，組成結構也發生很大的演變，不同身份的史家，對官方史學活動各自採取懸隔、關注、參與、合作、迴避等不同的態度，使官、私史學之間的關係處於十分複雜、多樣的狀態。

〔註5〕 陳寅恪：《陳垣元西域人華化考序》，《陳寅恪史學論文選集》，上海古籍出版社，1992年版，第505頁。

〔註6〕 鄭天挺：《及時學人談叢》，中華書局，2002年版，第322頁。

　　以上對於中國古代和清代史學發展總體狀態的基本估量，是進行本課題研究的出發點，是探尋清代官方史學與私家史學相互關係的思想基礎。

二、學術界已有的相關研討

　　清代官方史學與私家史學之間關係的研究，前哲與時賢在論撰之中或時有涉及，但將之作爲一個研討課題予以關注，則至今甚寡。梳理本課題研究的歷來狀況，勢不能不將一些相關論撰諸如研究清朝官方史學的成果攬入，雖然研究清朝官方史學並不等同於研討清代官方史學與私家史學的關係，但正如上文所述，重視官方史學的考索，是探討官方史學與私家史學關係的前提條件，研討清朝官方史學的論述中，也有時無意間涉及到官方史學與私家史學的關係。

　　唐代史學家劉知幾撰寫史學理論專著《史通》，很早就注意到官方史學活動的問題，外篇首列《史官建置》，專敘官方記史、修史的人員組織問題，但隨後《古今正史》篇沒有特別注重區分官修史與私修史。不過，劉知幾在是強烈地感受到了官方史學活動與私家史學之間矛盾的學者，他在《史通》各篇，屢屢尖銳批評官修史的記事失準、體例謬誤，連唐朝官方所修正史，亦致以譏議。《史通》的末篇《忤時》一文，其主要內容是劉知幾致史館總裁官的信件，堅決請辭史官職務，其中深刻地論述了當時史館修史的弊端，其中指出「古之國史，皆出自一家，如魯、漢之丘明、子長，晉、齊之董狐、南史，咸能立言不朽，藏諸名山。未聞藉以眾功，方云絕筆」〔註7〕。很明顯這是反對官方史館對史家的束縛，推重成一家之言的獨得見識。在《史通》卷十《自敘》篇，劉知幾再申其義說：「既朝廷有知意者，遂以載筆見推。由是三爲史官，再入東觀……凡所著述，嘗欲行其舊議，而當時同作諸士及監修貴臣，每與其鑿枘相違，齟齬難入。故其所載削，皆與俗浮沉。雖自謂依違苟從，然猶大爲史官所嫉。嗟乎！雖任當其職，而吾道不行，見用於時，而美志不遂。鬱怏孤憤，無以寄懷。必寢而不言、默而無述，又恐沒世之後，誰知予者！故退而私撰《史通》，以見其志。」〔註8〕

　　這裡展現了官方史學與私家史學矛盾的一個側面，即使傑出史家，參與到官方史學活動之內也會「雖任當其職，而吾道不行」，只能私撰史著「以見

〔註 7〕劉知幾：《史通》卷二十《忤時》，清浦起龍《史通通釋》，上海古籍出版社，1978 年版，第 590 頁。
〔註 8〕見《史通通釋》，上海古籍出版社，1978 年版，第 290 頁。

其志」，這是官、私修史機制的不同所決定的。當然，劉知幾只是得出親身的感觸，並非研討官方史學與私家史學的關係，他提出一系列規範化的修史體例和修史方法，卻正好適合於聚眾修史的史館予以采用，因此清代史學家章學誠認為「人乃擬吾於劉知幾。不知劉言史法，吾言史意，劉議館局纂修，吾議一家著述，截然兩途，不相入也」。〔註9〕劉知幾以批評官方史館修史而私撰《史通》，史學主張卻有助於史館組織的修史工作，恰恰為中國古代官方史學與私家史學糾結關係的縮影。但可惜的是，後來歷代學人極少從這一點出發繼續做出深入探討。

至明清時期，一些史家朦朧意識到官修史與私修史存在比較普遍的區別，但二者是互有補充的。例如明季大學者王世貞提出：「國史人恣而善蔽真，其敘章典、述文獻，不可廢也；野史人臆而善失真，其徵是非、削諱忌，不可廢也；家史人諛而善溢真，其贊宗閥、表官績，不可廢也。吾於三者豹管耳，有所見不敢不書，以俟博洽者考焉。」〔註10〕這裡的「國史」顯然指官修史書，「野史」指未得到官方承認的私家修史，「家史」為記述家族事跡、人物的私修史籍，範圍更小，誇飾、美化傾向更為濃厚。王世貞從史料利用的角度，談到了官修史與私修史各自的缺陷和相互補正、不可偏廢的狀況。對於「國史」與「野史」的史料價值，明末清初的許多史家均有論述，這是明代官修史多所隱諱甚至罔顧史實、肆意黨同伐異，而私修史大量產生、良莠不齊引發的反思。清初潘耒參加康熙朝的官修《明史》活動，他認為：

> 國史之敝，其由野史之雜乎？野史者，國史之權輿也，微野史，則國史無所據依。然古之書苦少，今之書苦多，古之作史者難於網絡，今之作史者難於裁擇……夫所以作野史者，，正以身不當史官之職，懼賢人傑士、奇節異能之日就泯沒，故及時書之，以待後之人。苟不詳慎，且將以吾書之紕漏，而反疑所記之人之事為虛，其駭可勝道哉！善著書者則不然，必親見其人，灼知其事，度非吾不能紀也，而後為書；必覆核校量，無一言不核也，而後成書。斯其書可行於今，可據於後，即與國史相表裏也。〔註11〕

〔註9〕 《文史通義》外篇三，《家書二》，見《章學誠遺書》，文物出版社，1985年版，第92頁。

〔註10〕 王世貞：《弇山堂別集》卷二十，《史乘考誤一》。

〔註11〕 潘耒：《遂初堂文集》卷六，《交山平寇本末序》。

　　這是從私修史如何能夠與官修史相互補益的角度發出議論，主要是對私修史提出了撰著態度方面的要求，同時也略微窺見官方史學與私家史學的某種互動的關係。但古代學者都沒有探討官方史學與私家史學深層關係的自覺意識，大多僅僅圍繞官修史書與私修史書的比較、以及從二者不可偏廢的史料價值上發表議論，清康熙年間官方纂修《明史》而廣泛徵集史籍資料，就是基於這樣的認識所做出的舉措。

　　中國近代的史學在西方文化思想影響下轉型、成長，1902 年起梁啓超發表《中國史敘論》、《新史學》，抨擊傳統舊史學、高唱「史界革命」，標誌著中國史學進入新的發展階段。而近代的史學家，卻對清朝的官方史學狀況總體上不甚措意，更無論考察官方史學與私家史學的關係問題。例如梁啓超批判舊史學是「茲學之發達，二千年於茲矣。然而陳陳相因，一丘之貉」，而且「中國之史，非益民智之具，而耗民智之具也」〔註 12〕。很明顯地一股腦予以否定，而沒有特別針對官方史學作出評析。他所著《中國近三百年學術史》一書，評論了清代多種史籍，而對《明史》之外的官修史如《西域圖志》、《大清一統志》、《御批通鑒輯覽》、「清六通」、《皇清開國方略》、《大清會典事例》等等重要史籍，基本未曾涉及，是全然不在其學術視野之中，這對於正在興起的「新史學」可謂影響甚巨，關注清朝官方修史活動的學者十分稀少，梁啓超以後的眾多史學大家，多無視清朝官方的修史成就，原因之一即在於此。當然，梁啓超後來在論述中國史學史的做法時，將「史官」列爲四項內容之一，解說中還談到史館制度對於史學發展的重要作用。〔註 13〕

　　著名清史專家孟森是關注了清廷修史的少數學者之一，但卻對之採取貶抑態度，例如所撰《讀清實錄商榷》一文就認爲「改實錄一事，遂爲清世日用飲食之恒事」，「清實錄爲常在推敲之中，欲改即改，並不似前朝修實錄之尊重，亦毫無存留信史之意」〔註 14〕。此說廣爲流傳，許多學人信從，沿襲至今，而實爲偏頗。蓋民國初年排滿情緒彌漫，對學界亦不無潛在影響，故而從心態、情緒上多認定清廷於文化事業僅以施行皇權專制爲特色，學術水平則從來處於不值一提的末流。王鍾翰《清三通纂修考》一文提出清乾隆年間之「續三通」、「清三通」三種書史之間，內容多有重複，不如僅修「通考」

〔註 12〕梁啓超：《新史學》，載《飲冰室合集》文集之九。
〔註 13〕梁啓超：《歷史研究法補編》分論三，第四章《文化專史及其做法‧史學史的做法》。
〔註 14〕孟森：《讀清實錄商榷》，載《大公報圖書副刊》1937 年 3 月 25 日。

一種，參酌「通典」、「通志」體例而有所擴充，「合三書而成一部，廣加纂排，務求詳賅」。此見解頗爲精到，但行文之中仍不乏攻訐之語，甚至指責對明人王圻《續文獻通考》「既錄其舊文，竊其菁華；而猶毀之詆之，不遺餘力，豈非所謂『盜憎主人』哉？」〔註15〕事實上，清官方所修《續文獻通考》無論體例、內容，皆遠邁王圻之撰述，一展卷即可認知。方甦生《清太祖實錄纂修考》、《清實錄的修改問題》〔註16〕等論文，在對滿文本、漢文本清實錄的細緻核對的基礎上，指出所謂清朝修改實錄，「惟康熙朝爲甚，初被華風，不得不爾。雍乾兩朝，僅曾校訂，一經纂成，未聞修改也」。總之，雖然研究尚未充分展開，但對於清廷的記史、修史活動，已經呈現出學術討論的端倪。

清朝纂修《明史》，是官方史學的一大事件，前後總共經歷了九十多年，其間充滿官方修史與私家修史的各種矛盾的交錯。近代以降，史學界對官修《明史》研究與論述者頗多，有些學者也看到其中官方與私家的共同參與，如李晉華《明史纂修考》一書，專門設定「朝野學者之建議」一節，顯示了官方與私家早期在纂修《明史》上的互動現象，還特別列舉了顧炎武、黃宗羲等寄給史館的建議信件。《明史》纂修中萬斯同以遺民身份全力投入編纂且拒絕擔任史官，是官方史學與私家史學關係的一個典型事例，在史學史上十分罕見，正好可以作爲分析清代官方史學與私家史學關係的樣板。但近代學者多在著書內強調《明史》編纂乃萬斯同居功獨巨，此說在清代即有片斷言談，而至於近代，陳守實較早發表了詳細的論述，他的《〈明史稿〉考證》一文〔註17〕，認爲《明史》的纂修充滿萬斯同的學術心血，卻被王鴻緒所剽竊和篡改。此文受到梁啓超的大加讚賞，遂影響整個學界。黃雲眉後亦發表《〈明史〉編纂考略》一文〔註18〕，對萬斯同、王鴻緒的評論同於陳文，更強調了清廷對修史的「鉗制」。李晉華之書亦不例外，在引錄康熙帝的一項諭旨後，不對引文細緻核查，即以按語譏評「康熙帝此問，雖自作聰明，然亦可知其淺陋矣」〔註19〕。李著之書書前有顧頡剛《序》、書末有謝國楨《跋》，

〔註15〕 王鍾翰：《清三通纂修考》，載《史學年報》2卷5期，1938年12月。
〔註16〕 依次載於《輔仁學誌》7卷1～2期合刊，1938年12月；8卷2期，1939年12月。
〔註17〕 載《國學論叢》1卷1期，1927年6月。
〔註18〕 載《金陵學報》1卷2期，1931年11月。
〔註19〕 李晉華：《明史纂修考》，哈佛燕京學社，1933年印本，第2頁。

皆言萬斯同纂修《明史》之功，抨擊王鴻緒「攘竊」萬稿。惟侯仁之《王鴻緒明史列傳殘稿》一文，指出王鴻緒對《明史稿》進行了大量的修訂工作，付出很大心血，替王鴻緒作了初步辯解〔註20〕。後來臺灣學者黃彰健，在《明外史考》〔註21〕中通過對明史稿的考證，指出萬氏草創之功，固不可沒，但由《明史列傳殘稿》看來，卻是那樣繁冗待刪，而且有些記載還需查其出處與考訂其真偽。王氏之能編成一書，其功亦不在萬氏之下。黃愛平發表《王鴻緒與〈明史〉的纂修》〔註22〕等文，全面地分析和對比萬稿與王稿，指出了王鴻緒在《明史》纂修上並不屬於攘竊。但是，以上學者都沒有從官方史學與私家史學的角度分析萬斯同、王鴻緒與明史館之間的關係，對這一值得探討的學術空間輕輕錯過。唯葛兆光在縱論明清時期史學思潮變遷時順便提出：康熙年間清廷利用編纂《明史》的機會，使考據的風氣彌漫於史館內外，採取鉗制和誘導兩手政策，清除了史學中的民主因素，使考據風氣發揚光大，促進了後來乾嘉考據風氣的形成。這個論點大可商榷，但卻觸及了官方史學與私家史學之關係的邊緣。〔註23〕

　　1989年喬治忠發表《清代歷史文獻學的發展》一文〔註24〕，其中論道：

　　　　康熙朝的明史館是「開門」修史，名流學者不分朝野，皆可參訂義例、討論史料異同，甚至請不與清廷合作的黃宗羲審閱史稿，延聘萬斯同以布衣身份參修，這就使官私雙方的歷史文獻研究相促進。乾隆時官方修書，乃是以壟斷姿態包攬一切近代、當代文獻，獨佔史學著述的陣地，由皇帝親自嚴密控制，迫使私人學者將治學範圍限於古典的和瑣屑考證的狹小境地。

　　這裡包含了官方史學與私家史學相互關係的思考，隨後《說〈康熙起居注〉》、《清朝的修史制度及其特點》、《論清高宗的史學思想》、《清太祖一朝實錄的纂修與重修》、《〈舊滿洲檔〉與內國史院檔關係考析》、《清代國史館考述》、《〈大清一統志〉的初修與方志學的興起》〔註25〕等等系列性論文，專

〔註20〕載《燕京學報》第二十五期，1939年6月。
〔註21〕載《中央研究院歷史語言研究所集刊》第二十四本，1953年6月。
〔註22〕載《史學史研究》1984年第1期。
〔註23〕葛兆光：《明清之間中國史學思潮的變遷》，載《北京大學學報》1985年第2期。
〔註24〕載《清史研究通迅》1989年第1期。
〔註25〕依次載於《史學史研究》1991年第1期、《南開史學》1991年第1期、《中國史研究》1992年第1期、《南開學報》1992年第6期、《歷史檔案》1994年第

注與清初官方史學的探討，並且與 1994 年出版《清朝官方史學研究》一書
〔註 26〕。在《清朝官方史學研究》中，設有《官方明史學與私家明史學的關
係》一節做專題論述，在這個歷史長久的纂修《明史》問題上，考慮到官方
史學與私家史學之間的關係，提出「官方明史學與私家明史學之間有對立、
有聯繫，也有著一定程度的相互促進和補益」，比較細緻地敘述了「官、私明
史學彼此消長的發展大勢」〔註 27〕，指出「康熙十八年清廷重開明史館纂修
《明史》，採取了籠絡明遺民、廣泛徵集明史遺籍的做法，形成朝野合作的興
旺局面。官方修纂《明史》在人力、財力和資料上，有各個私家不可比擬的
優越性，康熙朝吸取明遺民以布衣身份參與修史的開明政策，博得許多有志
纂修《明史》而爲條件所限之人的支持，他們向史館提出建議、貢獻史料，
對官修《明史》抱有不小的期望。許多私家學者也從興朝撰寫勝朝之史的史
學傳統角度，承認官修《明史》爲當時明史學的主流。隨著纂修工作的進
展，官修《明史》活動表現出良好的發展勢頭，私家撰述明史活動便逐漸消
減……」〔註 28〕清季私家明史學又創新興起，而其中不無得自官方明史學的
裨益，「直至光緒年間，王頌蔚還利用官方考證《明史》的底稿編成《明史考
證捃逸》。這說明官、私明史學既屬於同一個學術領域，就必然存在互相汲
取、互爲促進的一面」〔註 29〕。而隨後《清代乾嘉時期的官方史學與私家史
學》、《清高宗與章學誠史學思想的比較研究》等文〔註 30〕，則立意探索清代
官方史學與私家史學的關係，前一文提出：「乾嘉年間官、私史學之間，相輔
相成、相互補益的關係佔據主要方面，官方對私家史學的壓抑僅爲次要方面。
以往的研究往往過分誇大文字獄的作用，應當更正。乾隆時期固然發生很多
文字獄，但文字獄打擊的對象，極少屬於著名學者、傑出史家。文字獄對私
家史學的影響不大，即使沒有文字獄，乾嘉之際的私家史學仍然會是大致相
同的發展狀況」。後一文認爲清高宗是史學思想的官方總結者，而章學誠則是
私家史學理論的代表，「乾隆時期朝野進行的史學思想總結，實質上構建了貫
徹綱常倫理、官方主導史學方向、提倡經世致用價值觀的史學體系，三者緊

---

1 期、《文史》第 39 輯，1994 年 3 月、《齊魯學刊》1997 年第 1 期。
〔註 26〕（臺北）文津出版社，1994 年 3 月出版。
〔註 27〕《清朝官方史學研究》，（臺）文津出版社，1994 年 3 月版，第 221 頁。
〔註 28〕《清朝官方史學研究》，（臺）文津出版社，1994 年 3 月版，第 223 頁。
〔註 29〕《清朝官方史學研究》，（臺）文津出版社，1994 年 3 月版，第 229 頁。
〔註 30〕分別載《學術月刊》2007 年第 8 期、《天津社會科學》2007 年第 6 期。

密、有機地結合一起，起到加固傳統史學舊有軌道的作用。而舊史學體系的加固、加密，最終總是要拖累社會發展的腳步」。

　　1980 年代之後，研討清朝官方史學內容的論文明顯增多，各文分別在清理史實、評述事件、剖析書史、解說修史制度方面作出新的探索，例如陳加《〈盛京通志〉纂修考》（《圖書館學刊》1980 年第 3 期）、李鵬年《國史館及其檔案》（《故宮博物院院刊》1981 年第 3 期）、王鍾翰《清國史館與〈清史列傳〉》（《社會科學輯刊》1982 年第 3 期）、寶日吉根《〈蒙古王公表傳〉纂修考》（《內蒙大學學報》1987 年第 3 期）、何冠彪《清高宗〈御撰資治通鑑綱目三編〉的編纂與重修》（《中央研究院歷史語言研究所集刊》1988 年第 9 本）、夏宏圖《清代方略館設立時間舉證》（《歷史檔案》1997 年第 2 期）、王清政《清代實錄館考述》（《江漢論壇》1999 年第 2 期）、姚繼榮《清代方略館與官修方略》（《山西師大學報》2002 年第 2 期）、齊木德道爾吉《關於康熙本〈三朝實錄〉》（《內蒙古大學學報》2002 年第 3 期）、鄒愛蓮《清代的國史館及其修史制度》（《史學集刊》2002 年第 4 期）等等，這些論文基本沒有探尋官方史學與私家史學關係的立意，所以這裡不一一列舉和評述。2009 年，王記錄《清代史館與清代政治》一書出版，其中論及許多私家學者「在治史思想與方法上受史館修史影響」，例如「趙翼撰寫《皇朝武功紀盛》，主要受益於方略館編纂《平定準噶爾方略》」。另外，私家修史「在資料運用上得益於史館修史」〔註31〕的情況更爲普遍。這些均屬理所當然的問題，歷代史家纂修史書皆從官方的歷史記載中汲取資料，歷代官方修史也不排除從私家史書中取材。總而言之，清代官方史學與私家史學關係之研究，在史學界尚遠遠缺乏詳細的探索，整體上處於有待開拓的狀態。

三、研究的難點與前景

　　清代官方史學與私家史學的關係，提出這個問題和研究這個問題都有很大的難度，其中既有學術背景的原因、史學界研究視角的局限，也有課題本身的難點。

　　第一，中國古代史學的發展之中，存在連續性的官方記史、修史活動，這本是一個十分明顯的事實，但近代以來的中國史學史研究，雖然也涉及官

〔註31〕以上見《清代史館與清代政治》，人民出版社，2009 年版，第 142、143、144 頁。

方的史館與官修史籍，但並未將之視爲具有與私家史學並立的史學活動主體地位，這樣，中國官方史學就得不到應有的重視，不能被作爲一種特殊的文化現象做系統性研究，當然更不可能與私家史學做比較研究以探尋其間的區別及聯繫。換言之，只有在學術理念上將中國官方史學看作一種與私家並立的史學活動的主體，才會進行專題的深入研究，才會進而考察官方史學與私家史學的區別與聯繫。

喬治忠於 2005 年發表《中國古代官方史學的興盛與當代史學新機制的完善》〔註32〕一文，清晰地提出：「在整個中國古代史學史上，史學活動的主體不僅僅有各自獨立的史家和史家私下的組合，而且有著政府專門的實體機構。中國政府記史、修史和修史機構的組建，呈現爲制度化、規範化，許多記史、修史機構更是常設性的。因此，我們在中國古代史學史的研究中，不能不注意到官方、私家這兩類性質不同的史學活動主體，不能忽視中國史學史上切實存在的官方史學與私家史學的區別問題。」後來在另一論文中又強調：「中國古代官方史學與私家史學，是互相矛盾又互動、互補的兩條發展軌道。而從總體來看，官方起主導方向的作用。首先，官方史學依據中央集權、君主專制的政治體制，具有尊貴的名分和權威的地位，官方認可的史學思想、修史方式，影響力遠大於私家異說。官方史學具有私家史學不可比擬的財力、人力資源，官方能夠掌握和調動的歷史資料也優於私家。而私家的歷史名著，大多是直接或間接依靠官方記錄和整理的史料來撰寫，這樣，傳統史學處處滲透著以君主爲中心的官方立場。」〔註33〕近來更進一步提出：「中國傳統史學的發展，除了撰史求眞準則與史學致用觀念之間的矛盾之外，更爲明顯地表現爲官方史學與私家史學的互動、互補和互有排抑的矛盾運動，二者交織一起，構成中國古代史學紛繁多彩的景象。中國古代史學史的研究，應當以官方史學與私家史學互動關係爲主導線索，從中發掘記史求眞理念與撰史致用觀念的矛盾運動，藉以深入評析史學活動和史學現象，形成嚴密、眞確的史學史知識體系。」〔註34〕具有這種明晰的學術認識，才會提出對官方史學與私家史學之間關係的考量，然而一項新的學術理念，不可

〔註32〕 載《河北學刊》2005 年第 2 期。
〔註33〕 喬治忠：《中國與西方古代史學的異同及其理論啓示》，載《學術研究》2007年第 11 期。
〔註34〕 喬治忠：《論中國史學史知識體系的更新》，載《廊坊師範學院學報》2012 年第 1 期。

能憑空產生，需要多年的探索。學術思想和其它社會觀念一樣，流傳已久的習慣性認識往往具備強大的惰性力量，很不容易轉化，因而新的理念即使形成，一時也難於被史學界廣泛接受。於是對於整個史學界的中國史學史研究而言，在基本理念缺乏的情況下，就難以充分開展官方史學與私家史學關係問題的學術討論。

第二，史學界對於清朝官方修史活動的研究，正在逐步發展，而時下的狀況是遠未成熟和系統，大量論述還限於基本史蹟的梳理階段，不少論文對清朝官方修史事實的敘述存在較大誤解和錯訛，先驗性貶低和攻訐清廷修史活動傾向時有呈現，相互矛盾的見解雜存共處，尚缺乏認眞的商榷、討論和求眞、求是機制。對清朝官方史學研究的不很充分，直接導致研討清代官方史學與私家史學之間關係的困難。

第三，具有官方史學與私家史學兩條相互聯繫的發展軌道，是中國史學史的特色，西方史學與此大不相同，其始終缺少眞正的官方史學機制。而中國史學的近代化轉型，是在西方史學理論的影響下進行的，西方史學理論在「官方史學」問題上全然是思想與認識的空白，不可能給近代中國史家提供考察官方史學的理念和啓示。於是，官方史學得不到應有的重視和研究，而且加之上文所說到的民國時期排滿情緒之影響，連時隔未久、明擺著的大量清朝官修史書也被學界淡出研討的視野，這實在有著深刻的文化背景。對於官方史學研究的起步很晚和成果甚少積累，乃是探索清代官方史學與私家史學關係的難點之一。

第四，研究清代官方史學是與私家史學的關係，本身就是一個難題。官方史學是清代史學史上的客觀存在，有官方史學、有私家史學，就必然有著官、私史學之間某種關係。官方修史必須任用一個一個的史家，史家在參與官修史中，必有一些人並不放棄其私下的撰述，利用官方的資料是不可避免的。官方修史肯定對史家修史有一定的排抑作用，官方列爲纂修項目者，私家從名分、實力上都難於爭鋒；朝廷的史學理念、修史構想，也難以完全切合所有史家的意願。這樣的分析，在邏輯上無可爭議，但在現實的史料上卻稀少而分散，因爲官方與私家在史學方面的關係，大多是隱性存在，無論是相互矛盾還是互爲補益，官方和私家都記述得比較零散和片斷，只有在典型的修史活動如官修《明史》中，記載才比較地豐富和明顯。特別是清朝後期，官方史學已經退守於維持本朝史的記史、修史格局，對私家修史也放鬆了控

制，官、私史學較少衝突和糾葛，較少大的事件，二者之間的聯繫處於按部就班狀態，隱而不顯，資料難於發掘，因而也成爲研究的難點。

在中國，一個朝代的史學史是官方史學與私家史學的總和，史學史研究不僅要研討私家史學和官方史學，而且還應研討官方史學與私家史學的關係，惟有如此才能深化認識，向揭示史學發展機制、探尋史學發展規律的目標挺進。如前所述，清朝官方史學在古代中國乃是繁榮興盛的典型，更具有從萌發、進展、成熟、衰退的完整過程，與私家史學的糾結也相當紛繁，因此探索清代官方史學與私家史學的關係，具有可觀的學術前景，可以成爲深化中國史學史研究的突破口，應當投入較大的學術關注，值得試點、值得一搏。但這樣一個具備學術前景的難題，需要多人的分別探討，一人之力難以獲得十分理想的成果。當前，學術上需要開拓的研究內容，一是深入考察清朝官方史學活動，並且予以準確的分析評價，二是對官方史學與私家史學的聯繫，進一步鉤稽史料、清理文獻，多發掘相關的記述和線索，這就要對清代特別是清朝後期的私家文集、筆記、史部、子部各書等等，予以廣搜博取，細緻查找，以全面掌握史料，努力使隱藏的官、私史學之間的關係盡量地顯露出來。很明顯，這不是一人一時所能勝任和最後完成的事業。以此之故，本書所作的論述和探討，只不過是拋磚引玉、給史學界時賢研討這個問題開個端緒而已。

第一章　清代以前的官方史學與
　　　　私家史學

　　在研討清代官方史學與私家史學相互關係之前，應當對中國歷代官方史學和私家史學的發展歷程作一概略的考察，以明晰其來源與基礎。在中國史學史的研究中，如果將中國傳統史學的活動主體，按照官方與私家予以分析，就形成一個新的視角，各個朝代的許多史學現象，置於不同的修史主體之下而予以歸納、對比和分析，就可以得出新的結論。中國自古以來的史學活動及史學成果，其實很適合從這個角度重新進行探討，因為中國史學最早就是由官方產生，後來擴散到私家，從先秦時期即有官方記史和私家史學的並行於世，直至清代也不曾斷裂。我們的這裡研討也應當從先秦時期開始。

一、中國官方史學與私家史學的產生

　　歷史學在一個民族或國度原發性地產生，需要一些很具體的條件，因此不是每個民族都會自己產生連續發展的史學。根據中國上古史學與古希臘史學的比較，可知史學的產生需要以下三個基本條件：

　　第一，比較完備的文字和曆法。文字產生並且將之用於記述史事，與對於往事的口耳相傳有著十分不同的意義，它能夠使其中所包含的內容凝固下來，保持相對穩定的面貌，避免口述往事那種不斷流動、遺忘、添加而無蹤跡可以核查的狀態。曆法也是史事記述能否完備的一個重要條件，沒有確切時間的記載，無論其事件的真實程度如何，價值都會大打折扣，即使單單從史料的利用角度而言，也必須首先將其中關鍵的時間要素梳理清楚，否則很

難進行深入的研究和評價。如果記事者沒有寫明其確切時間的意識，記事文獻缺乏完整的時間要素，則根本不能作爲歷史學產生的標誌。因此，史學的誕生，只能是在比較完備的文字和曆法通行之後。我國上古文字和曆算方法，產生甚早，陝西半坡仰韶文化遺址發現的彩陶，就有一些刻畫符號，疑似文字，但學術界尚有不同的判斷和見解。而無可爭議的是殷墟出土的甲骨卜辭，顯示出殷商已經有了相當完備和成熟的文字。

至於曆法，據說自有夏之際就已產生，孔子曾主張「行夏之時」〔註1〕，據傳在戰國時期，有講述夏曆的《夏小正》一書。但在中國曆法產生的問題上，許多記載語焉不詳，甚或相互矛盾，還有若干未能考察清晰的疑難問題。殷商甲骨文中，已經以干支記日，並且記載月份已十分普遍，這是非常明晰的，唯在紀年方法上還存在較大的缺陷。當然，有了文字和曆法，是否會自覺、充分地運用於記述史事，仍然具有非確定性。

第二，社會運行機制上產生了對於準確歷史記憶的客觀需要，或社會大變動、大事件引起系統性描述和記載史事的衝動，促使人們予以總結以及進行理性的思考。對社會大變動、大事件進行這種描述和記載、總結與思考的主體，可以是作爲國家機構的官方，也可能是某些有知識、有能力的私家，在中國，是官方首先執行了此項使命，在古希臘則是私家學者，如希羅多德等首先在記述史事上獲得突破性成就。

第三，在追憶往事而漸次形成文字撰述的早期階段，一定的社會歷史背景和文化環境，促成較普遍的自覺記史意識與記事求眞的強勁理念，並且此種理念得以立足於社會，歷史學才能眞正破土萌發，由可能性轉化爲現實。

中國上古史學意識和記事求眞理念的確立，經過了很長的歷程。周武王伐紂之後，西周以周公旦爲代表的統治者，產生了具備憂患色彩的「殷鑒」觀念，乃是歷史意識萌生的肇始。周滅殷商之後，周仍然面臨著殷民的反抗，這一切引發了周初主要統治人物的憂思：殷商爲何敗亡？周政權如何鞏固、如何避免重蹈殷商的覆轍？於是形成了明晰的「宜鑒於殷，駿命不易」觀念，〔註2〕意思是：以殷商的覆滅爲鑒戒，則知「天命」之難保，即從歷史的思考出發而重新認識天命。這種思考得到反覆的強調與深化，例如《詩經·大雅·蕩》說：「殷鑒不遠，在夏后之世」，《尚書·召誥》言：「我不可

〔註1〕《論語·衛靈公》。（朱熹《四書集注》本《論語集注》卷八）
〔註2〕見《詩經·大雅·文王》。按《文王》一詩，據《呂氏春秋》爲周公旦所作。

不監於有夏，亦不可不監於有殷」，即將夏、商興亡的歷史引為借鑒。「殷鑒」
表達了對歷史的思索與總結，就是要以前朝歷史的經驗和教訓，作為行政的
借鑒與警惕，直接的後果乃是認識到過去的事實有些應當牢記，牢記往事，
可能對現實事務的處理很有益處。於是，周初進行了公文文件的保存和整編，
這就是如今《尚書》一些篇章的最早來源，保存和整編官方文書，是歷史意
識向史學意識邁進的最初一步。但在這些官方文書中，還沒有產生連續、規
範的記載史事之時間觀念，也缺乏全過程地記述歷史的意識，甚至這些官方
文書的內容也缺乏對史事發生時間的交待。缺乏敘述事件的時間因素，就是
歷史意識不足和史學意識極其淡薄的體現，因此，檔案文書的簡單編存，不
能作為歷史學成立的標誌。史學的產生，還有待於按時間線索連續性歷史記
載的出現。

中國在什麼時間開始自覺地、系統性記錄史事？古籍中沒有直接的歷史
記載，只能依據零星史料加以推論。白壽彝先生提出：

> 《墨子‧明鬼》為證成己說，列舉各書。於宗周晚年以後之事，
> 引周、齊、宋、燕之春秋，而以所引宣王殺杜伯一事為最早。在此
> 以前，不是引某國春秋，而是引《尚書》和《大雅》。《國語》記周
> 事，以穆王征犬戎一事為最早，然記事同時又記年者卻始於宣王。
> 這兩事似可提供一些跡象，說明編年體國史的出現在周宣王或其前
> 不久的時期。〔註3〕

這個見解雖然只是依據《墨子‧明鬼下》等較少資料，其可信性仍然很
強。但是白壽彝對於編年史籍出現時間的推論還是一個寬泛的估量，即「周
宣王或其前不久的時期」。能不能在做進一步的推論呢？筆者認為是完全可以
的，其樞機就在於中國曆法文化發展蹤跡的剖析之中。

中國古代的曆法，記日方法和記月方法產生很早，也比較完善，唯獨紀
年方法十分模糊，至西漢初年也沒有多大改善。從現存殷商、西周的甲骨文
和銅器銘文來看，長期沿用「唯王」若干年（祀）的紀年方式，而對於在位
君王又缺乏明確的稱謂，〔註4〕以致於今存銅器銘文即使有其紀年，但所屬
哪一君王，仍然不易判斷，這反映出紀年方法的嚴重缺陷。在這種紀年方法

〔註3〕 白壽彝：《中國史學史》第一冊，上海人民出版社，1986年版，第210頁。
〔註4〕 西周君王有諡號，如「成王」、「康王」、「昭王」等，應為死後所加。史學界
　　　　有人認為早期這些王號可以「生稱」。但從紀年中從未出現在位周王的稱號來
　　　　看，「生稱」之說難以成立。

不完善的情況下，必須形成連續的記事文籍，「唯王」而不明哪一君王的缺憾才可以得到彌補，而較長時期按時間順序連續性的記事，也就是編年體史籍的誕生。根據《史記》的記載，中國久已公認的確切紀年始於公元前 841 年的共和行政，所謂共和行政，是周厲王被「國人暴動」所驅逐，暫由共伯和執政。據顧頡剛、徐中舒等學者考訂，共伯和就是很有歷史意識的衛武公，〔註5〕那麼憑衛武公的政治眼光，不難明瞭共和行政只是一個過渡時期，則有必要記錄時政，以備將來查驗，免遭譴責與禍患。因此可以推斷：共和行政開始了按時間先後連續性的記載史事，從而也有了確切的紀年，那麼中國上古史學的產生與準確紀年的起始，是同時的、一致的事件。換言之，就是中國上古之所以會在紀年方法很不完備的情況下，能夠在「共和行政」具有確切的紀年，只能得之於官方連續記載時事體制的出現，連續性、按時間順序的歷史記載彌補了紀年方法的缺陷。這是上古中國與其它古民族曆法文化不同的特點。

周厲王時期，發生「國人暴動」、周厲王奔逃與「共和行政」等等重大的事件，經歷了特殊的動蕩之後，西周政權渡過一次政治危機。此後的周宣王時期，力圖重振國運，對內實行一系列整頓措施，對周邊外族進行了多次征戰，取得相當大的業績，也遭受一些挫折，而歷史上稱為「宣王中興」。這些重大事件不僅激發記載史事的意識，而且增強如實記述的理念，因為王朝的政治的得失已經無法隱瞞，人所共知。共和行政開始的記錄史事，完全有條件延續下來。

開始用編年體方式記錄歷史，標誌中國上古時代從朦朧史學意識向自覺史學意識的跨越，即真正開始有目的、有系統地記載自身的經歷以留存後世，應當視為史學活動在中國得以鞏固的標誌。有意識地按時間順序記載史事，不論內容怎樣簡單，在史學史上都比口頭講述往事、比保存公文文書的行為有更為重大的文化意義，官方的記史制度亦當由此而形成。自覺地、系統地、連續地記述歷史，進而制度化，史學意識便得到了全社會性的承認和確立。

官方記史制度在春秋時期迅速發展，周王朝與諸侯國皆以編年體形式記載史事，出現了許多著名的史官，形成各國官方記錄的史冊，這些史冊多以

〔註 5〕 顧頡剛：《史林雜識初編》第三十八「共和」條，中華書局，1963 年，第 203 頁；《徐中舒歷史論文選輯》（下），中華書局，1998 年，第 1005 頁。

「春秋」爲名，也有如晉之「乘」、楚之「檮杌」等別名。一些史學上的基本原則，也陸續提了出來。

　　春秋時期各諸侯國史官名稱與王室類似，如魯、齊、晉、鄭、衛皆有「大史」，晉與楚有「左史」等等，〔註6〕史官具有多方面的行政職能，而其中包括了記述本國史事和君主言行這一史學活動機制。齊管仲說：「夫諸侯之會，其德、刑、禮、義，無國不記……作而不記，非聖德也」。〔註7〕「無國不記」，顯示了自覺記錄史事已經在各個諸侯國普遍化，地處較爲偏僻的秦國，也於周平王十八年（公元前753）「初有史以紀事」，〔註8〕可見各諸侯國在記載史事方面已經成爲制度化的舉措，並且用於輔助政治，所謂「史不失書，矇不失誦，以訓御之」〔註9〕。曹劌向魯國君主進諫時曾說：「君舉必書，書而不法，後嗣何觀？」〔註10〕表明記史制度遵循「君舉必書」與講究一定書法的規則，「君舉必書」表現出自覺記史意識與如實記載史事的理念，這與孔子讚揚史官董狐「古之良史也，書法不隱」〔註11〕的如實直書準則完全一致，是史學能夠產生和發展的思想基礎。而講究「書法」，則顯現了官方記史在行文方式上的制度化，從曹劌的語氣上看，這已經實行許久、得到了普遍的社會公認。總之，至春秋時期，各主要諸侯國都建立了史官記史的制度，這項與西方相比獨具特色的官方記史體制，在戰國時期也一直因襲，中國史學的產生和確立，首先是在官方實現的。

　　戰國時代是我國學術事業蓬勃發展的時期，學派林立，思想繁榮，出現了「百家爭鳴」的興旺景象。形形色色的政治觀點、學術見解紛紜雜出，其流派之多且同時湧現，這種景象在中國古代並不常見。思想、學術的百家爭鳴，意味著人人可直抒己見，言論自由，平等爭辯，極有利於文化學術的全面發展。

　　中國典籍產生甚早，至遲在春秋時期即有了書籍形式的專門著述，例如文獻記載孔子曾經反覆讀《易》，而至於「韋編三絕」，這裡由皮條（韋編）穿連竹簡而成的《易》，就是一部專門的書籍。戰國時期，隨著諸子爭鳴的逐

〔註6〕 以上史官名稱零星見於《左傳》、《國語》，其確實與否，尚須考訂。
〔註7〕 《左傳》僖公七年。
〔註8〕 《史記》卷五，《秦本紀》。
〔註9〕 《國語》卷十七，《楚語上》。
〔註10〕 《國語》卷四，《魯語上》。
〔註11〕 《左傳》宣公二年。

步展開，私家著述迅速興起。儒家的《孟子》雖經過後學整理而成書，但其中的一些內容則是他親自撰寫，即孟子已具有個人著述意識。《老子》、《墨子》等書是弟子、門人以及後學整理前人撰述、言行而編輯成書，《管子》、《伊尹》等等爲附託名人的纂輯之作，諸如此類，在戰國時期皆極爲普遍地出現，反映了撰著意識的逐步普及和強化。戰國中期、後期，進行學術撰述的學者明顯增多，惠施、公孫龍、鄒衍、荀況、韓非等，均撰寫了系統性的著述，呂不韋更組織門客，有目的地纂修《呂氏春秋》。私家著述的較普遍出現與撰著意識的逐步強化，首先是出自於私家教學的活動和學派內思想賡續的需要，《論語》、《老子》、《墨子》等都是這樣產生的；其次是個人思想與社會現實之間、不同見解之間碰撞和交流的產物，內中往往包含作者以其見解干預時世的動機。無論屬於哪種情況，這種私家撰述最初都是口耳相傳、語言傳揚的派生物，甚至是游說活動不得意之後的作爲。然而著述一經產生，便以口耳之學所達不到的時間跨度和空間範圍來傳播，顯示出很大的優越性。如韓非的政見在韓國不被採用，因而著書十餘萬言，流傳到秦國，秦王發出由衷的稱賞；這都是靠口耳相傳所不可企及的。

　　戰國諸子之中，雖然不是人人都將撰寫著述作爲闡揚見解的最主要方式，但私家著述風氣大開，則是不爭的事實，各類私家著述接踵而出，這是春秋時期沒有的景象。在諸子爭鳴的歷程中，各派學者的撰著意識不斷地得以強化，這對於學術事業的進步、學術思想的傳播、學術成果的存續，有著十分深遠的意義。在這種歷史文化的背景下，私家學者也開始編纂歷史著述，史學從官方下延到民間，《國語》、《左氏春秋》就是戰國時期私家歷史著述的代表作，其史學水平已經躍居於官方史學之上。春秋時期各個諸侯國多有稱爲「語」的官方文獻，楚莊王時申叔時談到教育太子方法說：「教之春秋，而爲之聳善而抑惡焉，以戒勸其心……教之語，使明其德，而知先王之務用明德於民也……」〔註12〕《國語》應是收集各國零散之「語」彙編成書，但往往加入一些新撰文字以作補充，例如《國語·鄭語》實際只記述了鄭桓公與史伯的對話，其人時在西周末年，然而文末敘述東周時期的大國稱霸狀況以驗證史伯的預測，則爲編輯者撰寫的內容，這也證明了《國語》的編纂者就是戰國時期的士人。《左傳》是一部言事兼載、內容完備的編年史，記事有明晰的時間順序，一些過程很長的史事，有時會分敘於不同年份，但也有時綜

〔註12〕《國語》卷十七，《楚語上》。

合於一處，從而首尾完具，類若後世的紀事本末，可見編年體的歷史著述，從來不是機械地純以編年的方式敘述。《左傳》不但記述歷史事實、人物言行，還有以「君子曰」、「君子謂」標明的歷史評論，特點是言簡意賅，且常常引證《詩》、《書》以及格言警句，思想傾向明顯屬於戰國時的儒家學派，書中大量引用或假託孔子及其弟子的言論，以作為對歷史事件的評議，更顯示了儒家學派的特色。總之，《左傳》在形式與內容的完備上，超過先秦時期的其它史籍，開啟了史學發展的新篇章。

戰國時期私家史學的發展，主要歸功於儒家學派。儒學為孔子所創，在諸子百家中產生最早，孔子曾招收眾多學生，薪火傳承，戰國時期必有數量可觀的儒士，但在百家爭鳴中凸現的「大儒」並不多見。戰國時期的學術跡象顯示：眾多儒士進行了沉潛的文化工作，第一是將一些早期典籍、文獻予以改編或解釋，納入儒學的文化體系，《詩》、《易》、《書》、《春秋》與周的禮制都是選定的目標，被儒家重視和掌握，後來構成所謂的經典。第二是編纂一些史籍，《左傳》是其中的代表性創作。儒家這些佔據「元典」和佔據歷史的工作，到戰國後期卓有成效，其中也汲取了其它學派的思想因素。按照儒家思想的價值觀，必然會重視歷史和史學，這是其顯著優點，在「殷鑒」理念強烈的中國古代，佔有歷史就會最終擁有未來，儒學自漢代開始興盛並且最終佔據官方獨尊的地位，並非是偶然的幸運。

二、孔子與《春秋》關係之辯正

在許多歷史著述和幾乎所有中國史學史的專著中，皆稱孔子為中國私家修史第一人。因此，論述中國官方史學與私家史學的關係，孔子與《春秋》的問題無法迴避。

流傳至於今世的《春秋》，是否經過孔子的修訂？這是學術界討論不休、尚未解決的問題，《孟子》的言論、《史記》的記載以及古代幾乎所有經、史、子、集著述中的說法，大多認定孔子作《春秋》，但是記述孔子及其弟子言行的《論語》之中，卻無片言隻字提到修訂《春秋》之事，因此近代以來，否定孔子曾經修訂《春秋》的學者亦不在少數。

孔子是否修訂過《春秋》，考清這個史實自然是十分重要的，但這裡還存在另一層面的史實，即在整個中國古代，孔子修《春秋》乃是久被認定的。這個史實對於史學史研究來說，重要性並不亞於孔子是否真的修過《春秋》，孔子與《春秋》聯結一起所造成的影響，在中國古代史學發展上具有極其重

大的意義。

　　孔子爲春秋後期人，而對《春秋》大力推崇並且將之與孔子聯繫起來，則在戰國時期。孟子首先旗幟鮮明地將《春秋》說成是孔子的有爲之作：「世衰道微，邪說暴行有作，臣弒其君者有之，子弒其父者有之。孔子懼，作《春秋》。《春秋》，天子之事也。是故孔子曰：知我者其爲《春秋》乎！罪我者其爲《春秋》乎！」他把孔子修《春秋》與大禹治水、周公平定天下等偉大功業相提並論：「昔者禹抑洪水而天下平，周公兼夷狄、驅猛獸而天下寧，孔子成《春秋》而亂臣賊子懼。」〔註13〕這樣，《春秋》所能起到的政治作用就不可估量，成爲撥亂反正以安定天下秩序的法寶。按照孟子的說法，孔子將修訂《春秋》視爲「知我」、「罪我」的最重要的事業，是以一般平民身份而行「天子之事」。但《春秋》的內容畢竟是記載史事，尊崇《春秋》，也就同時提高了史學的地位。

　　春秋時期人們強調史學的鑒戒作用、輔政作用、教育作用等等，而是否真的以史爲鑒，占主動地位的乃是君主、統治者，而不是史學和史家，魯莊公時，夏父展因事以歷史記載會傳於後世來向魯君進諫，就沒有被接受。〔註14〕而孟子鼓吹孔子鑒於「世衰道微」而作《春秋》、「孔子成《春秋》而亂臣賊子懼」，以孔子爲榜樣，倡導撰史者積極用世的主體意識，眼界已經放大、放遠，即史家以撰史方式主動地干預世事，無論有權勢的統治者是否願意接受，史家都將使其歷史記載流行當時、傳揚後世，從而鼓舞善行，令惡人知懼。正是在這種信念之下，建立了歷代優秀史家崇高的社會責任感，史學經世致用的精神，成爲傳統史學的準則。史學的終極宗旨，已不是關注具體當權者的是否接受與採納，而是關注於整個社會和未來的政治方向及道德價值。

　　如上所述，不管孔子是否真的修訂過《春秋》，古人基本上公認《春秋》爲孔子所作，隨著孔子的不斷聖化及《春秋》成爲儒學的經典，其崇高的地位在古代主流思想意識中，已經不容懷疑和否認，這爲中國古代史學的發展鋪墊了日趨繁榮的坦途，其影響之大者有以下幾點：

　　1、《春秋》成爲儒學的經典，在漢代公羊學派的鼓吹中，尊崇到嚇人的程度，此後經學中的《春秋》學長盛不衰。但《春秋》畢竟是記事的史

〔註13〕《孟子·滕文公下》。
〔註14〕《國語》卷四，《魯語上》。

籍，推重《春秋》其實即會連帶地推重史學，《春秋》地位的高漲帶動史學地位的提高。《春秋》經學不能完全脫離史學，經與史之間密切地聯繫在一起。〔註15〕《春秋》經學的論斷，有相當大的部分可以納入史學理論的範圍。因此，是孔子聯結《春秋》而促成了史學的重要地位，帶動了史學理論的探討。

2、認定孔子修《春秋》，是在根本原則上認可私家修訂國史，這是對私家史學最大程度的承認。歷史上隋朝等朝代曾短暫地禁止私修國史，但這僅限於當代史，而且根本就難以真正施行。孔子這位至聖先師的「修史」行為，令歷代君主找不到禁止私家史學的法理。於是私家撰史不斷，史家無不推重孔子《春秋》，懸為楷模，歷代以「春秋」為史著書名者即不可勝計。《春秋》在政治文化中的獨特地位，促成了官方史學與私家史學兩條相聯繫的發展軌道，而這種史學的雙軌，是古代中國史學持續繁榮的最重要的條件。

3、據說孔子修《春秋》，是要對歷史人物予以華袞斧鉞之褒貶。聖人的榜樣使後世史家具備這樣的信念：不僅撰史，而且論史，不僅論史，而且聯繫時事。在絕大多數朝代，官方也只能承認或默認史家有撰史、論史的權力，這應當說是得自孔子與《春秋》精神的無形庇護。

《春秋》之義對於中國古代的史學，也有消極的影響，它規定了史學思想的主流方向，納入禮制和倫理的規範而難以突破。然而若考究中國古代史學發達興旺的原因，不能不強調孔子與《春秋》聯結於一起所起到的特殊作用。

綜上所述，中國傳統史學自先秦時期就形成官方史學與私家史學並存發展的方向，官方制度化、組織化的記載歷史和保存歷史文獻，而私家則纂修出內容完備、思想性很強的歷史著述，歷史鑒戒的觀念、自覺記史的意識、記史求真的理念等等，都成為官方與士人的共識。整體上看，史學成就雖尚屬薄弱，但根基已牢，中國史學的獨有特點正在發育，史學的發展呈現良好的前景。

三、中國傳統史學官方與私家兩條發展軌道的形成

中國古代史學在先秦時期產生與初步發展之後，遭受秦朝極端文化專制主義的摧殘，陷入十分衰微的狀態。西漢建立之後，史學活動漸漸恢復，發

〔註15〕與《春秋》起到相同作用的還有《尚書》，但不如《春秋》為突出，此不備論。

展歷程經過了大的迂迴，完成了方法的更新、創建，以及史學宗旨、史學理念上曲折地復歸，到東漢時期，完整實現了傳統史學官方與私家兩條發展軌道的形成，從而奠定了中國古代史學發展的根本基礎，決定了中國古代史學的基本特色和基本途徑。

（一）從《史記》的撰著到《東觀漢記》的纂修

戰國之後，秦朝政權對於史學而言，有一個短暫的破壞時期，秦始皇焚書坑儒，「史官非秦記皆燒之」，〔註16〕說明秦朝官方仍有「秦記」這種歷史記載。司馬遷概歎曰：「秦既得意，燒天下《詩》、《書》，諸侯史記尤甚，爲其有所刺譏也。《詩》、《書》所以復見者，多藏人家，而史記獨藏周室，以故滅。惜哉！惜哉！獨有秦記，又不載日月，其文略不具」〔註17〕，從司馬遷之言看來，或許秦朝官方的「秦記」只是一種不完善的歷史紀錄。秦始皇好大喜功，並非不想揚名於世，但他不懂得利用史學的載筆功能，而只是隨處刻石勒銘，《史記‧秦始皇本紀》記載了他在多處山石上的刻辭，如琅琊刻石曰：「……人迹所至，無不臣者。功蓋五帝，澤及牛馬。莫不受德，各安其宇。」〔註18〕皆屬歌功頌德之詞，僅留下某種史料，無關乎史學宗旨。

西漢建立之後，逐步地走上恢復學術文化的途徑。劉邦起初也未認識到文化、學術事業的重要，但由於陸賈等人的進諫，開始講求文治和禮儀，「乃謂陸生曰『試爲我著秦所以失天下，吾所以得之者何，及古成敗之國。』」陸賈於是撰《新語》十二篇，這是總結政權興亡歷史經驗的政論之文，絕大多數篇目均引述歷史上興亡成敗的經驗教訓，解說治國的政治方針。《新語‧術事》稱：「善言古者，合之於今；能述遠者，考之於近。故說者上陳五帝之功，而思之於身；下列桀紂之敗，而戒之於己。」基本遵從了先秦的重視歷史功用的價值觀，堅持以史取鑒、以史輔政的理念，爲漢代史學的恢復和發展啓動了良好的開端。隨後到漢文帝、漢景帝時期，今文、古文《尚書》皆已行世，各地對《詩》學、《易》學、《春秋》學等等的講授也持續不斷，與儒學思想相聯繫的史學逐漸漸興起。

經過幾代的建設，到漢武帝時期國勢逐漸增強。以漢武帝爲代表的統治階層，再也不願意恪守黃老之學「清靜」、「無爲」的政治信條，政治文化導

〔註16〕 《史記》卷六，《秦始皇本紀》。
〔註17〕 《史記》卷十五，《六國年表序》。
〔註18〕 《史記》卷六，《秦始皇本紀》。

向的轉變勢在必行。漢武帝主持的政治、軍事、經濟、文化措施，無論後世評價如何，總之是一系列的大手筆、大動作，具有博大氣勢。特別是對匈奴的大規模戰爭，在世界歷史上影響極大，表現出恢宏壯闊的時代氣概。董仲舒構建的以天人之學為特點的儒學體系，倡導公羊《春秋》學，溝通天人，總論千古，力圖對自然、社會、歷史的一切事物予以統一範式的解說，哲理思想同樣是恢宏博大的。西漢最受推重的文學作品是大賦，司馬相如是最有名的作者，作品極得漢武帝的讚賞。大賦篇幅甚大，盡量將環境景觀、人事排場、行動過程一一描述、渲染，對事物的歸類式描述，構成一定的邏輯系統，它要將對象所能涉及的方方面面囊括無餘，具有恢宏的精神、壯闊的氣勢。西漢武帝時期的這種大作為、大視野、大氣概的社會文化氛圍，是司馬遷撰著《史記》這部通史的時代背景。

　　《史記》為首創性的紀傳體通史著述，記史的時間範圍，上起傳說的黃帝，下至於司馬遷自己生活的當代即漢武帝時期，真正為貫古通今之作。《史記》記載的空間範圍也異常廣大，凡所能瞭解的地區，都納入記載的範圍，而決不限於漢朝統治的地域，可以說是當時條件下的「世界史」。《史記》內容的豐富，也達到了以往史籍無可比擬的程度。作為一部古代的通史，記載政治事件和政治人物，是理所當然的，但《史記》在重點記述政治內容的同時，給與經濟和文化內容以充分的重視，還注意記載社會上各個階層代表人物的事跡，展示出全景式的社會生活面貌，則是前人所無，後史不及。《史記》以其內容的宏博、體裁的首創、文筆的生動，顯現極大的魅力，在中國史學史上發生重大的影響，具有極其重要的地位。

　　然而司馬遷撰著《史記》的最終宗旨，乃是「成一家之言」，他在《太史公自序》內所說「欲以究天人之際，通古今之變，成一家之言」，前兩句都是達到「成一家之言」的手段和途徑，即以究天人與通古今的探研，最終寫出「成家」、「立言」的歷史巨著。司馬遷早期遵照其父的囑咐，也具有要使漢朝「盛德」和功業彰顯於後世的動機，但受到侮辱性的刑罰之後，宗旨已然轉變，他在《報任安書》中聲明：受宮刑而「所以隱忍苟活，函糞土之中而不辭者，恨私心有所不盡，鄙沒世而文采不表於後也」。《報任安書》全文已絕口不提撰史的任何政治意圖、社會責任，而且針對任安提出的要為朝廷「推賢進士」的建議，予以拒絕，稱其「無乃與僕之私指謬乎！」依照這裡顯露的心態，可知司馬遷撰寫《史記》，早已只剩下留名後世的「私指」，就是「則

僕償前辱之責，雖萬被戮，豈有悔哉！」〔註19〕司馬遷的史學思想，表現爲古代少有的人生「個性」精神，並不顧及統治者的喜好或厭惡，欲將著述「藏之名山，副在京師，俟後世聖人君子」〔註20〕，這是一種反傳統的史學價值觀，實際是將「殷鑒」觀念爲根基的史學意識拋開，把史學的宗旨拉向一旁，離開先秦以來以史輔政、以史教化、懲惡勸善等等社會功用的軌道，另闢一條張揚個人旨趣的發展路線。

司馬遷因個人遭際，激發出獨到的個性覺醒，呈現了撰史要擺脫政治附庸地位的獨立要求。但是，古代中國的歷史文化積澱與集權政治的環境，不可能讓《史記》的撰著宗旨成爲主流的文化意識，古代史學不過歷經了一個迂迴，最終仍然返還到傳統價值觀導引的方向。司馬遷之後至東漢初年，馮商、劉向、劉歆、揚雄、班彪等等十幾位學者爭相接續，但大多只是服膺司馬遷的撰史方式、內容的豐富和精湛的文筆，卻對其史學思想頗多訾議和指謫。如揚雄在《法言》中批評《史記》的歷史觀點「不與聖人同，是非頗謬於經」，班彪、班固父子指責司馬遷「其是非頗謬於聖人，論大道則先黃老而後六經，序游俠則退處士而進奸雄，述貨殖則崇勢利而羞賤貧，此其所蔽也」〔註21〕。漢明帝則發表了代表官方的評論，他說：「司馬遷著書，成一家之言，揚名後世。至以身陷刑之故，反微文刺譏，貶損當世，非誼士也。」〔註22〕接受《史記》的編纂形式而扭轉司馬遷的史學宗旨，成爲東漢朝廷與史家的治史方向，班固撰寫《漢書》，成爲關鍵的節點之一。

班固（32～92年）字孟堅，東漢初扶風安陵（今陝西咸陽東北）人。其家世在西漢代代貴盛，其父班彪既具有很高的政治眼光，又有傑出的學術才能。他博采資料，自撰接續《史記》的本紀和列傳之作65篇以上，還對上古至漢代的史籍作了扼要的評論，史才、史識，均爲突出。班固自少年就得到很好的文化教育，二十歲時爲父守孝回鄉，開始了《漢書》的撰寫。永平五年（62年），有人告發班固私改國史，因之繫獄，其弟班超爲經營西域的武將，奔赴朝廷爲班固辯解，漢明帝取書稿閱讀，非常欣賞，任命班固爲蘭臺令史。所謂「蘭臺」，是國家藏書之所，班固得任此職，私撰史書的條件大爲改善。

〔註19〕 司馬遷：《報任安書》，載《漢書》卷六二，《司馬遷傳》。
〔註20〕 《史記》卷一三〇，《太史公自序》。
〔註21〕 《漢書》卷六二，《司馬遷傳》。
〔註22〕 見班固《典引·序》，載（清）嚴可均輯《全後漢文》卷二十六。

　　班固撰寫歷史的最強意旨，就是要將漢朝推尊到極爲崇高的地位，「尊漢」是他貫徹全史的中心思想。當然，出於尊漢的忠心，也要對西漢的失策和弊端予以匡正，以供東漢政權借鑒。《漢書‧敘傳下》說：

　　　　固以爲唐虞三代，《詩》、《書》所及，世有典籍。故雖堯舜之
　　　　盛，必有典謨之篇，然後揚名於後世，冠德於百王。……漢紹堯
　　　　運，以建帝業，至於六世，史臣乃追述功德，私作本紀，編於百王
　　　　之末，廁於秦、項之列。太初以後，闕而不錄。故探纂前記，綴輯
　　　　所聞，以述《漢書》。起於高祖，終於孝平、王莽之誅，十有二世，
　　　　二百三十年，綜其行事，旁貫五經，上下洽通，爲春秋考紀、表、
　　　　志、傳凡百篇。

　　這裡首先指出必有史籍，才能將聖王的功德傳揚於後世，繼而批評司馬遷私作本紀，將漢朝帝業「編於百王之末，廁於秦、項之列」，有「不敬」之嫌，連其父班彪續寫《史記》的做法也一併否定。於是他決定採用紀、表、志、傳四部分組成的紀傳體體例，撰寫一部起於漢高祖的斷代史《漢書》。班固自覺地將著述宗旨體現於撰史形式的改作，表現出對史籍之形式、內容、政治義理相互配合關係的深刻理解，也做出一個私修書史能爲朝廷的利益著想的典型範例。在歷史觀念上，他通過批評司馬遷，表明要尊崇儒學的經典，恪守漢代推重的儒學思想體系，在評價歷史人物上，採取與官方一致的價值尺度，貫徹「唯聖人之道然後盡心」〔註23〕的原則。總之，班固不但將《史記》的紀傳體通史改造爲斷代史，而且取消司馬遷的個性精神，重新使撰史成爲政權的附庸，使史學思想附隸於官方的思想體系。

　　班固撰著的《漢書》，在史學上成就突出，對後世史學的發展影響巨大。創建紀傳體斷代史這一修史方式，既保留了紀傳體可以容納豐富歷史內容的優點，也具有了首尾比較明確，便於纂修成書，便於總結一代興亡之跡的特點，特別適用於政權屢屢更迭的中國古代。班固一舉結束止於其父的續寫《史記》的做法，是漢代史學發展方向的一大轉折。假若史家總是按照接續《史記》的時間下限的方式逐次續寫，那麼中國古代史學會形成一個以司馬遷爲第一人的史書編纂系統，這個系統將具有很大的相對獨立性，「尊王」、「鑒戒」、「經世」等史學觀念都會淡化。這當然是中國古代的政治文化不能容許的，但在東漢早期就由《漢書》這部私修史將之打斷，不能不說是班固

〔註23〕　《漢書》卷一○○上，《敘傳上》。

其人的特殊作用。司馬遷將要把史學引上史家個性發展的路線，而班固的《漢書》，則成爲將之扳回到先秦傳統軌道的關鍵一步。

與班固個人修史的同時，東漢官方已經開展了新的史學活動，進一步確定了古代傳統史學的發展方向。自漢明帝時起，官方組織了本朝紀傳體國史的纂修，稱爲《漢記》。自漢章帝之後，皇家典藏圖書、文獻之處移於「東觀」，修史亦在此處，故後來被稱爲《東觀漢記》。《東觀漢記》久佚，但對於中國古代史學的發展意義甚大。前已述及永平五年（公元 62 年），班固被人告發「私改作國史」，漢明帝閱其史稿而大爲欣賞，起用爲官。《後漢書·班彪附班固傳》記載他被朝廷「召詣校書部，除蘭臺令史，與前睢陽令陳宗、長陵令尹敏、司隸從事孟異，共成世祖本紀。遷爲郎，典校秘書。固又撰功臣、平林、新市、公孫述事，作列傳、載記二十八篇奏之」。這表明：第一，班固被任爲官，隨即進行了「世祖本紀」的纂修，撰成之後，班固又撰寫列傳、載記28篇，這就是《東觀漢記》纂修的開始。第二，漢明帝時，此書就有新設的「載記」名目，說明在體例上已然有所規劃。第三，纂修《漢記》，應是漢明帝的意旨，起因是已經感受到司馬遷撰寫的《史記》對西漢有所貶損，而閱讀了班固的《漢書》稿，得到啓示，決心由官方開創本朝斷代紀傳體國史的纂修。

作爲當代國史，《東觀漢記》的纂修自然是一個持續進行、不斷遞進的過程，但進度也不會完全均勻和平穩。據現有史料，東漢編纂此書，除漢明帝時肇始開基、成果顯著之外，還有漢安帝至順帝、漢桓帝至靈帝兩大段時期也取得重要進展。

漢桓帝時，《東觀漢記》的纂修已經頗具規模，據劉知幾《史通·古今正史》記述，紀、傳撰成的篇目已然大增，還修成《百官表》，書稿共達到 114 篇。漢靈帝時期，統治根基動搖，東漢已成末世，而纂修國史，卻頗有起色，原因是一些有識官員並學者，看到國情已呈衰亡之象，因而更有撰成其史的緊迫感。馬日磾、蔡邕、楊彪、盧植均爲參與纂修的官員，其中蔡邕對此情有獨鍾，他另行創立《車服》、《朝會》二志，在體例上有自己的見解。後來因故被判罪流徙，仍然以己力致志於撰史，撰四十多篇紀、傳之外，還完成「十意」即十篇志，〔註24〕並將成稿全部進獻給朝廷。漢獻帝初期，動亂不已，朝廷不僅無力修史，且已成之稿也有所散佚。

〔註24〕蔡邕將「志」改稱爲「意」，應當是出於避諱漢桓帝之名劉志。

《隋書·經籍志》著錄《東觀漢記》有 143 卷。此後佚失日漸嚴重。清代學者進行了輯佚工作，乾隆朝《四庫全書》館從《永樂大典》中進一步搜集補充，分為 24 卷。今人吳樹平予以補充、校訂和研究，形成較好版本。但是，此書真實全貌終究遠遠不能再現。

在中國官方史學的發展中，記史與修史大有區別，記史是當時記錄時事，作為一種資料保存起來，修史則要修成一個成品的歷史著作，使之得以傳世。《東觀漢記》的編纂，是中國古代史學史上的大事，是官方纂修本朝國史的首次嘗試，而且取得顯著的成就，成書一百多卷，流傳至於唐代，此後才多所佚失。《東觀漢記》曾經與《史記》、《漢書》並稱「三史」，具有很大的影響，其結構由紀、表、志、列傳、載記組成，明顯參照《史記》、《漢書》而有新的變通，即設立了「載記」。《史記》有「世家」一體，《漢書》去之，帝紀之外，人物概從「傳」例。但西漢末年出現許多割據的政權，後陸續被東漢光武帝削平，《東觀漢記》體例的設計者，不願將這些割據勢力的首領與本朝功臣同置於列傳，但其內容也不宜使用「世家」名目，故創「載記」一體。「載記」帶有附載記錄的含義，即附載那些不歸本朝轄屬、不屬於叛亂者、也不承認其可與本朝並列的不正當、不正統的政權或勢力，此舉不失為體例上的變通良法。

官修本朝紀傳史，是一種不可能完成的事業，紀、表、志、傳等結構完備的紀傳體史書，需要在全面掌握史事及其演變脈絡的基礎上，予以歸類性邏輯分析，這只能在所要記述的歷史時期過去之後才能進行，東漢不亡，完備的紀傳體東漢史是寫不成的。《東觀漢記》未佚失之前，也不是一部東漢全史，從其纂修過程來看，晚期蔡邕的史稿，一未撰寫完畢，二未經過認真考校修訂，這樣，它的地位被後來的范曄之作所取代，應不足為怪。後代唐朝、宋朝、清朝朝廷所纂修的紀傳體國史，最後也無一不成為後代重新纂修「正史」的資料。

《東觀漢記》纂修的史學意義，主要不在於該書的著述水平和史料價值，而在於這種纂修活動的本身。中國上古史學起源於官方，但在戰國時期戰爭頻仍、私家學術大發展的特定背景下，私家修史水平已經躍居官方之上，惟史學理念尚未脫開官方的路向。待司馬遷《史記》橫空出世，華光萬丈的成就使官方僅僅記錄史事的作為黯然無色，而且在史學宗旨、史學理念方面也試圖背離官方認可的傳統思想。雖然有不少時人批評司馬遷的思想，有班固

修纂中的《漢書》可抵擋《史記》的個性史學路線，但以漢明帝爲代表的統治者，得到班固撰寫斷代紀傳史的啓示之後，遂不讓官方在修史上無所作爲，迅速進行了本朝（東漢）紀傳史的纂修。這一開拓性的修史措施，使古代官方不僅記錄歷史，而且開始與私家一樣撰寫成品著作性的史書，特別是利益攸關的本朝史。這種舉動，在古代中國史學發展中有巨大影響：

第一，從此官方不再僅僅記錄史事，而開始了纂修成品史著的活動，並且逐步組織化、制度化，不聽任私家獨佔修纂傳世史書的文化陣地。尤其是本朝之史，更表現出越來越限制私家而由官方主導和壟斷的趨勢。

第二，中國古代朝廷不僅記史，而且修史（指纂修傳世的成品史著），極大地擴大了官方史學的公開影響，對於周邊民族政權以及外國政權具有特別的文化魅力，促成其學習和模仿。

第三，正式形成官方與私家兩種修史主體、官方史學與私家史學兩條史學發展軌道的局面。而中國古代史學的發展，具備官方與私家這兩條相互聯繫、互補互益又互相矛盾的雙軌，是中國史學最重要的特徵，是中國古代史學得以繁榮興旺的重要原因。

（二）漢代官方史學與私家史學互動關係的開始

兩漢政權的大量公文、檔案文件，成爲日後可查用的歷史資料，但這在史學意義上不同於有意識地連續記錄史事，前一章已然論述。這裡產生一個被學術界疏忽的問題，即漢朝是否具有像先秦時期那樣的記載史事制度？由於史籍中缺乏明晰的敘述，多數中國史學史著述並未談到這個問題。

在《漢書·藝文志》內，著錄有「漢著記百九十卷」，表明西漢時期存在官方「著記」這一歷史記載的形式，唐顏師古對「著記」予以注釋曰：「若今之起居注」〔註25〕。「著記」又寫作「著紀」或「注記」，在《漢書·律曆志》中，班固羅列西漢高祖到東漢光武帝各個皇帝的著紀，有的以簡要文字概括了其中內容，如「漢高祖皇帝著紀：伐秦繼周，木生火，故爲火德，天下號曰漢」，「孺子著紀：新都侯王莽居攝三年，王莽居攝，盜襲帝位，竊號曰新室」，「更始帝著紀：以漢宗室滅王莽，即位二年，赤眉賊立宗室劉盆子，滅更始帝」〔註26〕。這說明這類「著紀」乃是記載史事的史籍，有人認爲「著紀」只記載天人感應事例，是不對的。據《漢書·律曆志》，漢高祖至東漢光

〔註25〕《漢書》卷三十，《藝文志》。
〔註26〕《漢書》卷二一，《律曆志第一下》。

武帝每朝皆有著紀，連高后（呂后）、孺子嬰、更始帝亦不遺缺，構成完整系列，可見漢帝著紀的編輯，乃是制度化、體制化的行為。

　　漢代「著紀」，或曰「著記」、或曰「注記」，足見此名稱並非專門之書名，而只是記載、記述之泛稱。由於漢朝著紀屬於宮廷的內部檔案，又無專稱，故司馬遷、班固雖利用其撰史，但都沒有將之提及。東漢漢明帝時，馬嚴與杜撫、班固等共同「雜定建武注記」〔註27〕，即編輯光武帝的著紀。「雜定」就是正其煩雜，定其可依，從多種記述中整理出定本著紀，其編纂方法應當是從西漢承襲而來。漢安帝時，劉毅上書稱「古之帝王，左右置史，漢之舊典，世有注記」〔註28〕，這裡所謂「漢之舊典」是從西漢算起的，而「注記」與「左右置史」呼應，必當密切相關，也證明兩漢存在記錄史事的官方體制。

　　漢代的著紀是「雜定」而成，而非隨時的最初記載，體制上確與唐代起居注不完全相同。但就其形式、內容而言，以編年體記載一朝皇帝事跡，且作為朝廷檔案文獻，將之比擬為起居注並無大誤。宋王應麟曰：「唐陳正卿作《續尚書》，其表謂『漢臣著記，新體互約於表志』，則著記為漢起居注，昭昭矣！」〔註29〕因此，漢代的著紀，可以說是後代起居注記史體制的前身。

　　根據現存資料，東漢還有名之為「起居注」的文獻，即「明帝起居注」、「靈帝起居注」、「獻帝起居注」三種。但這時的所謂「起居注」，乃記載後宮日常起居雜務，並不包括朝廷大政和國家大事。漢末荀悅《申鑒》說：「先帝故事，有起居注，日用動靜之節必書焉。宜復其式，內史掌之，以記內事。」〔註30〕這裡講明起居注記述的是「內事」，即皇帝的「日用動靜之節」。更重要的是：荀悅是在詳細論述設置尚書官統攝的史官予以記載重要史事之後，再言起居注記載「內事」，聊為補充而已。西漢時期，尚沒有稱作「起居注」的文獻，有些筆記聲稱西漢有過「禁中起居注」之類，乃是無稽誤傳，學界

〔註27〕　《後漢書》卷五四，《馬援傳附馬嚴》。
〔註28〕　《後漢書》卷十，《帝紀第十上・漢安帝》。
〔註29〕　王應麟：《玉海》卷四八，「漢著記」條。按：王應麟引語來自《為陳正卿進續尚書表》，唐朝蕭穎士撰寫，載《唐文粹》（影印文淵閣《四庫全書》本）卷二五。
〔註30〕　荀悅：《申鑒・時事第二》，明黃省曾注釋，上海古籍出版社，1990年版，影印明代文始堂刊本。

早已予以考辨。即使東漢，也未必每朝皇帝都有起居注，上引荀悅稱之爲「先帝故事」，即先帝曾有過的做法而已，他主張「宜復其式」，即要求恢復，可見並非連續存在。

東漢的起居注，不是後世起居注記史制度的前身，因爲它只記載後宮雜務，甚至古人曾認爲「漢時起居，似在宮中爲女史之職」〔註31〕，從記述朝政大事的制度化記史體制來看，兩漢各帝的著紀才是後世起居注制度的前身。但因「著紀」乃是關於記錄和寫作的泛稱，「起居注」卻爲新穎的專用名詞，因而此名稱竟被後世所採納，這其中有一個「名」與「實」轉化的過程，這是在史學史研究中需要特別注意的問題。

宋人章如愚說：「非有《漢著記》百九十卷、《大年紀》五篇，則孟堅十二帝紀何所考證而作也？」〔註32〕這一設問不僅針對《漢書》，同樣適合於《史記》。《史記》從漢高祖到漢景帝的《本紀》，也應當是依據西漢著紀所編纂的，否則其中詳細的史事及其確切的時間從何而來？司馬遷父子續任太史令，這雖是掌管天文、曆法之官，但在將天人之際密切聯繫一起的西漢政權，天官能夠掌握人事間的文獻資料，「百年之間，天下遺文古事，靡不畢集太史公」，司馬談逝世後，「遷爲太史令，史記、石室金匱之書」〔註33〕，朝廷的一切檔案、文獻、書籍，司馬遷都可以方便地利用。即使是司馬遷受刑之後，他的撰史條件仍未惡化，據《漢書・司馬遷傳》，「遷既被刑之後，爲中書令，尊寵任職」，這種宦官職銜自然使司馬遷感到屈辱，但得到朝廷尊崇，至少撰寫《史記》的各種有利條件可以繼續保持。因此，司馬遷撰著《史記》實際得益於官方的記史制度，受惠於朝廷的優越條件，這表明即使如《史記》這樣張揚個性的歷史著作，也與官方的史學活動有著千絲萬縷的聯繫。班固撰寫《漢書》，蘭臺令史的職務爲他利用官方的圖書、資料提供了很大的方便，這是不言自明的道理。私家修史或多或少、或直接或間接地利用官方的史料及其它有利條件，是中國古代史學發展的常態，戰國時期的《國語》、《左氏春秋》如此，漢代的《史記》、《漢書》亦然。

官方創始的按時間順序連續、系統記載史事的機制，需要任用一個一個的史官，這還不屬於官、私史學之間的關係，但自東漢纂修著作性的國史《東

〔註31〕《隋書》卷三三，《經籍志二》。
〔註32〕章如愚：《山堂考索》前集卷十三，《正史門》，中華書局，1992年版。
〔註33〕《史記》卷一三〇，《太史公自序》。

觀漢記》，就不可能再與私家史學完全脫離而毫無干係。《東觀漢記》本來是因司馬遷《史記》「貶損當世」刺激，以及班固《漢書》的啓迪而編纂，其體例也是仿從紀傳體的《史記》和《漢書》，纂修最初任用的班固直至末期任用的蔡邕，都發揮了作爲私家學者個人的史識、史學和史才，即得益於私家史學的發展成果。

東漢時期，還有相當多的歷史著述，顯示官方史學與私家史學以及二者相聯繫的狀況。光武帝朝有衛宏撰《漢舊儀》四篇，桂陽太守衛颯撰《史記要傳》十卷，漢明帝至漢章帝時，趙曄撰有《吳越春秋》十二卷，漢桓帝時，伏無忌纂《伏侯注》（又稱《古今注》）八卷，諸如此類，都是私修史的成果。另外值得注意的是：漢和帝時，有郎中楊終「受詔刪《太史公書》爲十餘萬言」〔註34〕，這是朝廷動手刪節司馬遷《史記》的記錄。漢順帝時，應奉「刪《史記》、《漢書》及《漢記》三百六十餘年，自漢興至其時，凡十七卷，名曰《漢事》」〔註35〕。《漢事》之書，是首見的私家利用官修《東觀漢記》修史的記載。另有侯瑾撰《漢皇德傳》三十篇，亦取材於《東觀漢記》。漢獻帝時，應劭撰《漢官儀》、《漢官禮儀故事》等多種著述，記述漢朝的典章制度，這樣的史著也必然取材於官方的史料和史書。由此可見，在東漢官方《東觀漢記》還在纂修進程之中，已經被官員用作纂修私家史書的資料，而官方也對私修的《史記》動手刪削，去除其不滿意的內容，官方史學與私家史學的互動、互補又互相牽制的機制，已經初步地運行起來。

（三）荀悅的史學實踐與史學理論

東漢末年漢獻帝時期的史家荀悅，是中國史學史上的重要人物，他的修史實踐，將漢代史學的發展推進到一個新的高度，他的史學思想，使傳統史學的理論表述呈現系統化特色，標誌著漢代完成了傳統史學基礎的奠定。

荀悅（148～209）字仲豫，潁州人（今河南許昌），出身於東漢世家大族，漢獻帝時辟爲曹操幕僚，後陸續升任秘書監侍中，實際只是漢獻帝身邊的侍從文官而已。荀悅很有政治抱負，但處於當時形勢，「謀無所用，乃作《申鑒》五篇」，論述自己的見解。建安三年（198），漢獻帝「常以班固《漢書》文繁難省，乃令悅依《左氏傳》體，以爲《漢紀》三十篇，詔尙書給筆劄」〔註36〕，

〔註34〕　《後漢書》卷七八，《楊終傳》。
〔註35〕　《後漢書》卷七八，《應奉傳》唐李賢注。
〔註36〕　《後漢書》卷九二，《荀淑傳附荀悅》。

《漢紀序》記述其事更詳：「詔給事中、秘書監荀悅，抄撰《漢書》，略舉其要，假以不直，尚書給紙筆，虎賁給書吏。悅於是約集舊書，撮序表志，總為帝紀。」〔註37〕這就是撰著《漢紀》的緣起。

《漢紀》三十卷，取材於班固《漢書》，並且依據《漢書》的帝紀為線索，擇取西漢的國家大政、人物要事，以編年體方式予以編纂，起自漢高祖，止於漢平帝之後的王莽篡位。這是中國史學史上第一部皇朝編年體斷代史，是繼班固創設紀傳體斷代史之後，又一史書編纂形式的創新。劉知幾評論說：「班、荀二體，角力爭先，欲廢其一，固亦難矣。後來作者，不出二途。……各有其美，並行於世。」〔註38〕對《漢紀》成就和影響給予了充分的肯定。

荀悅具有強烈的以史為鑒觀念，《漢紀》的編纂宗旨就是「爰著典籍，以立舊勳，綜往昭來，永監後昆」。〔註39〕但這還不是他的史學理念的核心，理論性地論定撰史的規範和史學的總功能，才是荀悅關注的要點。對於撰史的內容規範，荀悅論道：「夫立典有五志焉，一曰達道義、二曰彰法式、三曰通古今、四曰著功勳、五曰表賢能。」他認為有此五項，就是「天人之際，事物之宜，粲然顯著，罔不能備矣」〔註40〕。其中「達道義」是指史籍要通達儒學思想體系倡導的根本原則，「彰法式」則是要史籍彰明國家綱紀與符合綱紀的制度，這在原則上，當然未否定可對不合綱紀的政體予以批評，但彰明法式主要還是要突出記述正面的內容，少講政權的「陰暗面」。「通古今」是要講明社會歷史演進的源流。「著功勳」、「表賢能」是指對國家有功勳、品德高、能力強的人物應當著重記載和表彰。

此「五志」單看每一項，都具有歷史記載的合理性，而總括起來可以發現，它排斥了司馬遷乃至班固撰史的許多豐富內容，例如歷史人物方面，所謂著功勳和表賢能，都是表彰皇朝統治的得力維護者而已。《申鑒·時事》說：「史官使掌典其事，不書詭常，為善惡則書，言行足以為法式則書，立功事則書，兵戎動眾則書，四夷朝獻則書，皇后、貴人、太子拜立則書，公主、大臣拜免則書，福淫、禍亂則書，祥瑞、災異則書。」所言記載的事項大致符合「五志」的原則，而且朝廷大量瑣碎事務以及祥瑞、災異都在「則書」

〔註37〕 荀悅：《漢紀序》，載明張溥輯《漢魏六朝百三家集》卷十七，《荀悅集》。
〔註38〕 《史通》卷二，《二體》。
〔註39〕 《漢紀序》，載明張溥輯《漢魏六朝百三家集》卷十七，《荀悅集》。
〔註40〕 《漢紀》卷一，《高祖紀一》。

之內，那麼「不書詭常」究竟是指哪些內容？荀悅沒有解釋，看來應當是根本上不利於或無關於朝廷政治統治的歷史現象，他所提倡的歷史記載範圍是十分狹窄的。「五志」中的四項既然皆爲官方政治範圍內的狹窄內容，那麼語意含糊的「通古今」，也不過是政治成敗的古今演進而已。荀悅「立典有五志」的史學理論，高度概括和凝練了最適於皇朝政治需要的歷史記載內容，反映了更加把史學推向政治附庸地位的一種傾向。

關於史學的社會功能，荀悅有十分經典的論述：「君舉必記，臧否成敗，無不存焉，下及士庶，等各有異，咸在載籍。或欲顯而不得，或欲隱而名章，得失一朝而榮辱千載，善人勸焉，淫人懼焉，故先王重之，以嗣賞罰，以輔法教。」〔註 41〕在談到自撰《漢紀》時，自稱「懲惡而勸善，獎成而懼敗，茲亦有國之常訓，典籍之淵林」〔註 42〕。

這裡的論斷，除先秦以來早已有過的論說之外，值得注意的新的闡發是：其一，史學具有「以嗣賞罰，以輔法教」的作用，即臣下在得到朝廷的賞賜或處罰之後，還有史籍隨後記上一筆，這樣，歷史記載就成爲接續朝廷賞罰的道義性「賞罰」，有輔助「法教」的效用。這個見解是十分深刻的。其二，歷史記載的史學機制，可使人「得失一朝而榮辱千載」，這揭示了史學、史籍所具備的對人生價值的終極性判定，將史學的功能推拓爲無限的時間延續，而不止於現實社會的鑒戒作用。這個論述深刻、精闢，達到高度抽象的理論性層次。但是，對史學社會功能的這種表述，不僅徹底拋棄了司馬遷「成一家之言」的個性精神，也淡化了史學在如實記載史事基礎上的相對獨立地位與學術性能。這是站在朝廷立場上，將史學予以「理想化」的理論，得到歷代統治者的讚揚，但卻難以完全實行。

兩漢時期的史學，固然不能按照司馬遷的道路前進，但也未被官方絕對壟斷，私家修史仍然繼續，史學思想也未成爲僵化的狀態。因此，兩漢傳統史學基礎奠定的結果，主要表現於以下幾個方面：

第一，《東觀漢記》的纂修，使中國古代具備官方史學與私家史學兩條相互聯繫的發展軌道，這成爲史學極其繁榮發達的重要原因。官、私修史的互動，在東漢時期即已明顯地表現出來。

第二，編年體和紀傳體成爲撰寫歷史的最重要體裁，在歷史編纂學上形

〔註 41〕　《申鑒》卷二，《時事》。
〔註 42〕　《漢紀序》，載明張溥輯《漢魏六朝百三家集》卷十七，《荀悅集》。

成較爲成熟的規範，特別是編年體和紀傳體斷代史，都具備了成功的樣板，即《漢書》與《漢紀》。

第三，歷史觀與史學思想大體上與儒學思想體系和皇朝的根本利益保持一致。

第四，先秦以來以史爲鑒、以史輔政、以史教化、以史懲勸等史學經世致用功能，成爲撰史宗旨的根本理念。荀悅的史學理論，集中地體現了以官方思想體系爲主導價値的取向。

第五，漢代奠定的傳統史學沒有否定記史求眞的理念，而是明確地得到保持，有時還有所強調，這表現於對司馬遷「不虛美、不隱惡」的普遍肯定。而對於私家撰史的個性精神，只要不嚴重傷及統治者利益，仍然有所容忍。司馬遷撰史所高調標舉的「成一家之言」的宗旨，潛在地存於史家心底。

整個中國古代的史學，大致就建立在漢代形成的史學基礎之上，史學經世功用、統治者的利益要求，與求眞務實的史學理念之間存在著對立統一的矛盾，這對基本矛盾，在官方史學與私家史學互動、互補也時有衝突的運行機制中鬥爭、磨合與調整，成爲中國古代史學發展的內在動力。

四、魏晉南北朝史學發展的多方探索

在三國兩晉南北朝這一較長的歷史時期內，除西晉有短期的統一局面外，長期處於政權分立、相互戰爭和社會動蕩的狀態。這種不安定的政治和不斷發生的戰火，對經濟的發展具有破壞作用，但是總體上卻沒有阻礙文化、學術的發展，包括史學在內的學術文化反而有所興盛。據《隋書‧經籍志》著錄的史籍粗略統計，此時期的歷史書籍已經達到 870 多種，16550 多卷。其中除了漢末之前的 40 多種以及隋朝撰寫的 10 多種史籍之外，餘下的 800 多種史籍都是三國至南北朝時期的史籍。此外，還有一些今天應當視爲史籍、當時列爲「經部」之書者。這 800 多種史書，形式多樣，內容紛繁，有不少是屬於官修，而更多的屬於私修，顯示了史學發展多方向探索的趨勢。

（一）官方史學體制建設的新景象

魏晉南北朝時期各個政權官方的史學建設，在積極的探索中向前發展，爲後來官方記史、修史的制度化、規範化準備了條件。尤其値得注意的是：

這一時期官方的史學建設，不僅僅限於漢民族建立的政權，「十六國」及北朝的少數民族政權，同樣在史官建置和史學活動方面做出影響深遠的探索，其成就融入後來的史學發展。少數民族政權的官方史學建設，在整個古代文化史上具有重要的意義，甚至對中國歷史的發展趨向也影響頗大。

三國時期，魏明帝太和年間設立了最早的專職史官，即著作郎，《晉書‧職官志》記載說：「魏明帝太和中，詔置著作郎，於是始有其官，隸中書省。」曹魏不僅設置史官，而且早就依照東漢纂修《東觀漢記》的先例，纂修紀傳體的魏史，但「草創紀傳，累載不成」。後來，又先後任用王沈、應璩、傅玄等多人撰寫本朝史，「其後王沈獨就其業，勒成《魏書》四十四卷。其書多為時諱，殊非實錄」〔註43〕。三國時吳國也設立了專職史官，稱「左國史」、「右國史」。吳國吳大帝（孫權）太元元年（251），曾令丁孚、項竣編修《吳書》，但二人俱非史才，所撰無足稱道。至吳少帝建興年間（252～253），又命史官韋昭、華覈、薛瑩等多人纂修《吳書》。三國時期，蜀漢則沒有史官建置的明確記載，是其制度上的缺失。

晉朝仿照曹魏設置著作郎為史官，晉惠帝時著作郎改隸秘書省，增設佐著作郎，人數可達8名。〔註44〕著作郎一人，稱「大著作」，常由秘書監等高官兼領。史官始到職，須撰名臣傳一篇，史官制度開始初步地走向規範化。後又別置著作省，仍隸於秘書省，西晉著作省的職能記載不詳，但此機構的名稱，後來南朝、北朝皆有因襲，應為最早的專門修史機構，東晉沿襲了西晉的史官建置，南朝宋、齊、梁、陳大體未變，而佐著作郎改稱「著作佐郎」。據《史通‧史官建置》，南齊、梁、陳還曾設過「修史學士」之職，但「修史學士」有何具體活動，與原設史官的關係如何協調，史書皆未述明。這表明直到南朝，史官制度依然處於探索之中，遠未定型。

西晉和東晉都曾纂修本朝國史，據《晉書‧束皙傳》與《史通‧古今正史》，佐著作郎束皙撰寫《晉書》帝紀、十志，可知西晉官修國史乃紀傳體，這應當是東漢和曹魏官修本朝紀傳史體制的承續。隨後因西晉發生大動亂，所修本朝紀傳體史稿不存。晉室南遷伊始，就準備再次纂修西晉之史，東晉初王導上書稱：「中興之盛，宜建立國史，撰集帝紀……宜備史官，敕佐著作郎干寶等漸就撰集。」這個奏請得到晉元帝採納，干寶於是領國史之職。

〔註43〕《史通》卷十二，《古今正史》。
〔註44〕《晉書》卷二四，《職官志》。

〔註 45〕東晉時受朝廷敕令修晉史者，還有王隱、郭璞，事載《晉書·王隱傳》。晉哀帝時桓溫上疏「宜選建史官，以成《晉書》」〔註 46〕，這裡所言應是包括東晉歷史在內的《晉書》。至晉安帝時，即有詔令著作郎徐廣撰寫國史的明確記載，徐廣又薦舉荀伯子、王韶之爲著作佐郎，「助撰晉史」。〔註 47〕晉朝在政治很不安定的局勢下，官方修史活動雖未能連續不斷，但畢竟還是堅持和推進了官方史學建設的理念，探索了官方記史、修史的發展模式。

南朝自劉宋始，官方不但記載和撰述本朝之史，而且開展對前代史的編纂活動，《宋書·謝靈運傳》載：宋文帝「以晉氏一代自始至終竟無一家之史，令靈運撰《晉書》。」這是一朝皇帝操辦纂修前代之史的首次舉措，從理念上開新朝代纂修往代正史之先河，但官方並未將修史完全壟斷，沈約欲撰《晉書》，也得到朝廷的許可與支持。梁武帝對前代史的纂輯具有更宏大的目標，即致力於官修《通史》，同時也准許和支持蕭子顯纂修《南齊書》。陳朝則有許亨「領大著作，知梁史事」，《隋書·經籍志》著錄許亨《梁書》53 卷，應屬於陳朝官修。南朝官方對前代史纂修方式的探索，乃是唐代開館大修前代紀傳史的前奏。從上述修史事項可知：南朝是將本朝史的記錄和纂修都歸於修史機構和著作官負責，非本朝史的編纂則另作安排，可以是著作官也可以非史官之職。

少數民族政權熱衷於官方史學的建設，是西晉末年出現的嶄新歷史現象。首先起兵叛離西晉而建立政權的匈奴族劉淵，其出生和成長都在晉地，深受經史之學的薰陶，「幼好學，師事上黨崔游，習《毛詩》、《京氏易》、《馬氏尚書》，尤好《春秋左氏傳》。《孫吳兵法》，略皆誦之，《史》、《漢》、諸子，無不綜覽」〔註 48〕。其子劉聰繼爲君主，有「公師彧以太中大夫領左國史，撰其國君臣紀傳」；「領左國史公師彧撰《高祖本紀》（按即劉淵）及功臣傳二十人，甚得良史之體」。〔註 49〕公師彧既然有「左國史」之職，則當時設有史官，其修史當爲官方行爲。這是古代少數民族政權首見記載的史官建置與官方修史活動。

後趙石勒（羯族）稱王之後，即命任播、崔濬爲「史學祭酒」，似乎是「史

〔註 45〕 《晉書》卷八二，《干寶傳》。
〔註 46〕 《晉書》卷九八，《桓溫傳》。
〔註 47〕 以上見《晉書》卷五五，《徐廣傳》；《宋書》卷六〇，《荀伯子傳》。
〔註 48〕 《晉書》卷一〇一，《劉元海載記》。
〔註 49〕 《史通》卷十一，《史官建置》。

學」一詞的首見應用，但石勒政權後來還是改設了佐著作郎等史官，撰《上黨國記》、《大將軍起居注》、《大單于志》，記載本國和石勒本人的歷史事跡。至公元 332 年，石勒強化史官建置，「擢拜太學生五人爲佐著作郎，錄述時事」。〔註 50〕又據《史通‧古今正史》記述，石勒曾命其臣纂修《趙書》，後又令王蘭、陳宴、程陰、徐機等相次撰述。這說明後趙自建國初始，就將學習史學、記述歷史作爲一項官方的必備行爲。

氐族前秦苻堅政權設「著作郎」等史官之職，有趙淵、車敬、梁熙、韋譚記錄起居注等史書。〔註 51〕

鮮卑族慕容氏建立的前燕、後燕和南燕政權，皆設置史官並且實際進行了記史、修史活動。據《魏書‧崔逞傳》記述，崔逞在前燕慕容暐時曾任著作郎之職，是前燕政權設有史官。《史通‧古今正史》稱：「前燕有起居注，杜輔全錄以爲《燕記》。」可見前燕官方進行了比較完整的記史工作，並且被抄錄爲史書《燕記》。後燕慕容垂建興元年（386），「董統受詔草創『後書』，著本紀並佐命功臣王公列傳，合三十卷。慕容垂稱其敘事富贍，足成一家之言。」南燕有王景暉在慕容德、慕容超時任官，「撰二主起居注」，後來仍撰寫《南燕錄》六卷。〔註 52〕

鮮卑族南涼禿髮部君主烏孤「初定霸基（按約 387 年），欲造國紀，以其參軍郭韶爲國紀祭酒，使撰錄時事」〔註 53〕。

賨族（又稱巴氐族）成漢李雄政權，據《晉書‧李雄載記》記述，李雄「興學校，置史官，聽覽之暇，手不釋卷」。

匈奴族劉淵、羯族石勒及鮮卑族慕容氏先輩，都曾長期在晉朝任職，受到漢族文化的影響，待其組建獨立政權之後，模仿漢族政權記史、修史的制度，體現了上層政治文化方面的融和趨勢，這與軍事上的衝突與敵對狀態並行不悖。從現存的史料記載來看，也有諸如苻堅等少數民族政權的統治者，早期並未長期接受內地歷史文化的薰陶，他們模仿進行記史、修史活動，則體現了漢族政權官方史學的文化魅力和強大影響力。

鮮卑拓跋部建立北魏政權，公元 5 世紀初逐漸強大，繼而統一北方，中國歷史進入所謂南北朝時期。北魏政權「初稱制即有史臣，雜取他官，不恒

〔註 50〕《晉書》卷一〇五，《石勒載記下》。
〔註 51〕《晉書》卷一一三，《苻堅載記上》；《史通》卷十一，《史官建置》。
〔註 52〕《史通》卷十二，《古今正史》。
〔註 53〕《史通》卷十一，《史官建置》。

厥職」，後來即於秘書省置著作局，著作郎二人、著作佐郎四人。雖曾因史獄
誅殺史官崔浩等多人並廢除史官制度，但後來恢復並且更加重視記史、修
史。北魏季年又「別置修史局，其職有六人」。著作局、修史局，皆是官方的
專職修史機構。魏孝文帝推行「漢化」改革之時，在官方史學上的舉措尤為
顯著。太和十四年（490），孝文帝下令「置起居令史，每行幸讌會，則在御
左右，記錄帝言及賓客酬對。後別置修起居注二人，多以餘官兼掌」。〔註54〕
次年春，又分置左右史官。孝文帝「嘗從容謂史官曰：『直書時事，無諱國惡。
人君威福自己，史復不書，將何所懼？』」〔註55〕這是第一次明確地規定「起
居注」應為當時當地、如實地記錄人君言論與行動，〔註56〕開唐朝起居注體
制之先河。

　　自北魏孝文帝另設起居令史，著作郎等史官便撰著史書而不掌管起居
注，起居注與撰著本朝史分途，但撰著本朝史和前代史卻未分立，乃由著作
郎等史官纂修，這與南朝的史職分途有所不同。至隋唐時，乃綜取南朝、北
朝的史職分工，將本朝起居注、本朝史、前代史的纂修，分開為三，各為一
系，由不同職官分掌。

　　北魏的官方史學建置，影響很大，北齊直接承襲其記史和修史體制，修
史機構有時非正式的稱呼為「史館」、「史閣」，又出現有「監國史」的設立，
魏收以太子少傅、陽休之以光祿卿曾經兼任其職，是為唐代設「監修國史」
之所本。北周除了史官名稱為著作上士、中士外，記史、修史事務大致與北
魏、北齊相同。

　　北魏官方纂修本朝史雖頗有周折起伏，但成效很大，自崔浩、高允等多
人撰著國史之後，歷朝有李彪、崔光、崔鴻、山偉等人掌修國史，加之北魏
具有起居注等歷史記錄，故北齊時魏收纂修《魏書》資料較為充足。北齊對
前代史、本朝史皆十分重視，直接掌控《魏書》的編纂，且進行本朝史的編
纂，由魏收、陽休之任監修，二人曾有關於北齊史起始年限問題的爭論，朝
廷亦曾「敕集朝賢議其事」〔註57〕。當時，李德林、魏澹參加了北齊國史的
纂修。北周除延續前朝史家未竟的修史項目外，官方較大的舉措是周明帝組
織文官纂修通史著述《世譜》500卷。

〔註54〕 以上見《史通》卷十一，《史官建置》。
〔註55〕 《魏書》卷七下，《高祖紀》。
〔註56〕 北魏起居注是當時記載君主言行，但日後還要有所修訂，此處不具論。
〔註57〕 《北齊書》卷四二，《陽休之傳》。

　　由於大量史籍的佚失，於今所知的少數民族政權的史學活動不免零碎，但已足以顯現出各個民族政權普遍仿從漢族政權官方的記史與修史，而且在仿從的同時，因與本民族政治、文化的協調與磨合，也做出了一些新的探索，從而具有與南朝史學不同的特點，豐富了古代官方史學的內容。隋唐時期史學的發展，乃是汲取了北方少數民族政權史學的許多因素，促成了傳統史學的進一步繁榮與成熟。

　　這一歷史時期，許多少數民族政權進行了積極的記史和修史活動，成果雖然大部分佚失，但在當時不僅極大地促進了傳統史學的進展，而且已經對中國歷史的發展產生了巨大影響，中國史學史的研究對此應當予以深入探討，從史學史學科的高度，來反思與審視一般性的歷史研究。

（二）傳統史學對民族大融合的推動

　　兩晉南北朝時期，多民族政權之間戰爭頻發，恰恰是這個時期卻又出現顯著的民族大融合景觀，其原因何在？中國通史著述和關於這一歷史階段的著述，都未能很好地回答這個問題。所謂民族融合，不同於來自外族的強制性的「民族同化」，是指不同民族之間自願選擇的社會生活、文化習俗的趨同過程。和平方式進行的民族融合，一般是以政治、經濟、文化比較先進的民族爲核心，因此，諸如穩定的社會秩序、豐富的社會文化、清明的政治機制、發達的經濟生活都可形成爲「民族凝聚力」。但隨著歷史的發展，各個民族不同的政治機制與經濟方式積澱成較爲鞏固的模式之後，「文化」就越來越成爲民族凝聚力的核心。這裡所說的「文化」，是指社會體制、社會生活昇華而達到的精神層面的價值觀，倫理規範、思想道德、意識形態、教育理念、禮儀、風俗、學術、文藝等等，皆爲整體文化的組成部分。在中國傳統文化中，史學最爲發達，民族凝聚力的形成不能不從史學發展的角度來考察。史實表明，十六國與北朝政權積極的修史活動，是這一時期民族大融合最先導、最穩固的促進因素。

　　「十六國」和北朝的少數民族政權，存續時間不等、勢力大小不一，但多數仿照東漢以來的漢族政權，進行了官方記史、修史活動。此爲漢代之前周邊民族政權從未出現的特點，也是世界民族史上獨特的現象。說明漢代以來的傳統史學，具有極大的文化魅力，特別是官方的記史、修史體制，能夠記錄統治者的軍政業績以流傳後世，可使許多人物青史留名，致使各個民族政權的許多首領知而向慕、進而模仿，而同時私家與別國的記述，卻又可能

對本政權不利，這形成一種史學文化環境的壓力，因此或早或遲會意識到本國官方修史的必要性。例如北魏太武帝滅匈奴赫連氏夏國，見到夏國官修史的記事，多有貶損本國內容，十分惱怒，隨後又欲追述本國君臣的功業，憂慮「史闕其職，篇籍不著，每懼斯事之墜焉」，因而任命崔浩等「綜理史務，述成此書，務從實錄」。〔註58〕這就是在史學文化的環境下，爲防止功業失傳或被別國所訛傳，做出了大力纂修國史的決定。

少數民族政權向慕內地的史學機制，前提是對漢人的史書、史學有所瞭解，所以模仿漢族官方修史是與接受傳統的歷史觀同步並行的。從西漢開始，傳統史學早已構築了黃帝以下完備的帝王政權體系，形成了大一統史觀和歷史「正統論」。這個源遠流長、朝代更迭、盛衰起伏、統緒銜接的歷史線條，同樣具有很強的文化魅力，使許多少數民族政權將自己的祖輩連接到這個系統之內。例如匈奴赫連氏自稱是大禹後裔，國號爲「夏」，鮮卑拓拔氏自認爲是黃帝的後裔，匈奴族的劉淵自認爲是漢帝劉氏後代，國號亦稱「漢」。其它政權稱「燕」、稱「魏」、稱「秦」、稱「趙」等等，大多數都是中國歷史上有過的國名。總之，歷史觀、史學意識的文化認同，祖先血脈的認同，構成持久的民族凝聚力，凸現爲民族融合的先導因素。

在少數民族政權整體文明尚爲滯後的狀態下，率先仿照內地的修史活動，也會造成激烈的矛盾衝突，最典型的事例是北魏太武帝誅殺崔浩的史獄。由於崔浩不加忌諱地「盡述國事」，並且刊石示眾，引起魏太武帝震怒，崔浩滅族，且牽連多人致死。此案雖然慘烈，但並沒有動搖傳統的史學理念，參與這次撰史活動的高允當時就爲崔浩辯解：「浩之所坐，若更有餘釁，非臣敢知。直以犯觸，罪不至死！」〔註59〕

到了北魏孝文帝時期，不僅官方史學活動全面恢復，而且創行理想化的記錄起居注方式，這些官方史學的建樹，都在魏孝文帝進行一系列「漢化」改革活動的先期，是民族融合的前奏。從兩晉至南北朝，玄學思想暢行，佛教、道教也廣爲傳播，儒學影響力並不十分強盛。北魏統治者尊崇儒術，是與其仰慕三代、兩漢以來豐厚的歷史底蘊分不開的。孝文帝逝世之後，北魏政治走向昏暗，許多改革措施逆轉，但史學理念仍然基本保持，且已深入人心，連北魏宗室成員元暉、元懌、元順三人，都先後按照傳統的歷史觀念撰

〔註58〕《魏書》卷三五，《崔浩傳》。
〔註59〕以上《魏書》卷四八，《高允傳》。

成史書。〔註60〕至北齊，具體修史活動雖有波折、起落，傳統史學的理念與準則卻更為鞏固，大一統與正統論的歷史觀更處於主導地位，官方、私家的修史活動皆卓有成效。北朝時期北方民族政權的官方史學機制趨於穩定化，傳統史學與歷史觀已經成為古代中國民族融合的最穩固的因素，發揮持久的民族凝聚作用。

十六國、北朝這一歷史階段，是漢族和漢族政權相對弱勢的時期，北方多種民族相繼勃興，紛紛建立政權，甚至間或形成少數民族為統治者的強盛國家。這時期民族關係、民族文化如何發展，應當說存在著很多變數。但是恰恰這一時期，各少數民族政權紛紛開始記史、修史的官方史學活動，從而在漢人政權弱勢的形勢下確立了漢文化的主導地位，推動了以漢族為中心的民族大融合，甚至出現北魏孝文帝時期全面、主動的「漢化」改革。中國傳統史學從先秦到漢、晉的長足發展，當然是歷史進程的一個組成部分，但在某種意義上可以說：這一時期，傳統史學通過促進民族的融合，因而引導了歷史、改變了歷史。

（三）私家史學的多姿多彩

傳統史學本身既經兩漢時期奠定了基礎，就具備了進一步增長的趨勢，魏晉南北朝時期的社會狀態，為私家史學的多方向探索提供了有利的條件。紙的製造與使用的推廣，也為撰寫篇幅較大的史著提供了優良、方便的物質條件，成為史學發達的重要原因之一。我國古代自西漢就已發明造紙技術，東漢時期蔡倫發明以麻頭、舊漁網等廉價原料造紙，是工藝的一大飛躍。但紙張作為書寫載體的推廣使用，則在三國兩晉南北朝時期，這對於文化發展的推動作用極大，特別是對於部帙較大的史籍編纂，紙的製造和使用顯得尤為重要。由於士族門閥勢力強化，選官任職的「九品中正」制度，演化成許多官職僅按出身門第擔任的狀態，讀書治學在仕途上的作用消減，做了官的士族人士也不務政事。於是，文人學者多依個人興趣投身於文化、學術、藝術之事。這個時期出現許多文學、科學（如祖沖之）、書法（如王羲之）、繪畫（如顧愷之）方面的名人，成就卓著。士族、庶族讀書人都不大靠研習經學典籍作為進身之階，他們可以從事自己感興趣的文化事業，自然會出現較

〔註60〕元暉著《科錄》270卷，分類編纂歷代史事；元懌撰《顯忠錄》20卷，載往昔忠烈之士；元順編《帝錄》，輯帝王史事。依次見《北史‧魏諸宗室傳》；《魏書‧清河王懌傳》；《魏書‧任城王順傳》。

多的、各個方面的著名文人、學者，促使文化繁榮。史學是學術文化之重要組成部分，吸引大批學者投入，是理所當然之事，而戰爭和政權的交替局面，也比政治穩定時期能夠產生更多引人注目的歷史性事件，激發人們記述史事、撰寫史著和予以評論。國家政權勢力較弱或政權分立的不統一狀況，統治者對文化事業的控制不得不有所鬆弛，思想、學術、文化活動可能獲得較大的自由度。在這個歷史時期，史籍數量劇增和史籍種類的多元化，是十分顯著的特點，史家撰寫史書已經不是以模仿先前史著爲主導意識，而是力圖有所開新、自成特色，即使是斷代的紀傳史與編年史，形式與內容也呈現了許多不同於《漢書》、《漢紀》的景象。

魏晉南北朝時期的史著，占主要地位的是編年體和紀傳體斷代史，兩種史著按數量與部帙約計，大體勢均力敵，正如唐代史學家劉知幾所言「角力爭先」的狀況。編年史除如同荀悅《漢紀》那樣的斷代史之外，還有的史書僅記述了一、二位皇帝在位期間的史事，並非完整的斷代編年史。另有不少非斷代的編年史，如孔舒元《漢魏春秋》9 卷、習鑿齒《漢晉春秋》47 卷，跨越兩個以上的皇朝，蕭方等《三十國春秋》分國別記述而共纂一書。而一些名爲「起居注」的史籍，並非朝廷的原始記載，而是經過私家的整理纂輯，實際類似於資料性的編年史，例如東晉李軌編輯的《晉太始起居注》20 卷、《咸寧起居注》10 卷，宋劉道薈編輯的《晉起居注》322 卷等等。各種編年體史書除袁宏《後漢紀》之外，其它皆無完整存本流傳至今，但從輯佚所能得見的片斷內容，可以發現許多已經佚失的編年史，實際作出了史學方法的探索和創新，其成就十分突出，曾經有力地推進了中國古代歷史編纂學的發展，如干寶《晉紀》、習鑿齒《漢晉春秋》、孫盛《魏氏春秋》、《晉陽秋》等，是其中的佼佼者。

斷代紀傳史有班固《漢書》的成功範例以資參照，至三國兩晉南北朝時期不僅撰述數量增多，而且形成體例上的一些新特點，留存至今者數量多於編年史，計有范曄《後漢書》以及司馬彪《續漢書》八志、陳壽《三國志》、沈約《宋書》、蕭子顯《南齊書》、魏收《魏書》5 部（其中《宋書》、《魏書》應當屬於官修史，緒論中對此已作論述）。各個史家對斷代紀傳史的編纂意旨和編纂體例，分別做出不同的史學探索，豐富了古代歷史編纂學的內容。

地方史志、地理書也是此時期數量較多的書籍，《隋書·經籍志》將之皆著錄於史部，稱爲「地理之記」。三國至南北朝時期，此類書籍知書名者有幾

十種，若計入唐初即已佚失及失名之書，則應達到 200 種左右。其中名作如晉常璩《華陽國志》、東晉僧人法顯（334～420）撰《佛國記》、後魏（東魏）人楊衒之撰《洛陽伽藍記》等，留存至今，具有寶貴的史料價值。爲他書作注釋的名作，有三國時期的韋昭《國語注》、西晉時杜預的《春秋左氏經傳集解》、劉宋時期的裴松之《三國志注》、北魏酈道元的《水經注》等。

其它各類史籍層出不窮，例如史論、史評類撰述，有晉徐眾《三國評》3卷、晉何琦《論三國志》9 卷等等。南梁劉勰的《文心雕龍·史傳》篇，雖然僅爲書中一篇，但在史評的發展中具有重要地位與影響；西晉譙周撰《古史考》25 篇、司馬彪據新出土的《竹書紀年》駁譙周《古史考》中凡一百二十二事，〔註61〕兩書乃爲超前呈現的歷史考證專著；人物傳記之書、譜牒纂輯、涉及政權典章制度的史籍，類似筆記的歷史故事等等，更是不勝統計，只是這些書史無一完整保存，只能根據片段佚文略知其一鱗半爪而已。

三國兩晉南北朝時期史學發展的多方探索，造就史籍多樣化與空前繁盛，導致圖書目錄分類方法的演變，史籍終於自成書籍中獨立的一類。西晉荀勗所編的圖書目錄《中經新簿》，將書籍分爲甲、乙、丙、丁四部，丙部爲史籍，已經獨立出來而排位第三。東晉李充編定《晉元帝四部書目》，五經爲甲部，史記爲乙部，諸子爲丙部，詩賦爲丁部，開後世圖書部類按經、史、子、集次序排列之先河。到唐朝纂修的《隋書·經籍志》，圖書正式分爲經、史、子、集四部，而史部書籍之多，又不能不進行內部的分類。〔註62〕這顯示了魏晉南北朝時期史學的多方探索，已經對歷史學的社會文化地位發揮了重大影響。

（四）史學在官、私互動中的矛盾和發展

中國傳統史學承認記史求眞的準則，而同時器重史學經世致用的宗旨，各個皇朝在重視史學的同時，強烈要求史學活動與統治者利益保持一致，這就與記事求眞的理念產生矛盾。如何解決這個矛盾，在各個政權之內，因統治者的見識與史家行爲的不同而有較大的區別。三國至南北朝時期史學發展的多樣化，特別是少數民族政權中民族文化的差異，曾使史學在官、私互動中出現較多的衝突與磨合，其具體狀態和發展方向值得認眞研討。

〔註61〕《晉書》卷八二，《司馬彪傳》。
〔註62〕《隋書·經籍志》史部書分爲 13 類，即正史、古史、雜史、霸史、起居注、舊事、職官、儀注、刑法、雜傳、地理、譜系、簿錄。

　　史學求眞原則與統治者利益的衝突，在三國時期就有所凸現。吳末帝孫皓之時，韋昭任左國史，是纂修《吳書》最主要的史官。孫皓本從宗室旁支入承帝位，其父孫和未曾爲帝，但孫皓想在國史中爲其父立帝紀，韋昭認爲「和不登帝位，宜名爲傳」〔註63〕。鳳凰二年（273），韋昭被捕入獄，不久即遭處死。韋昭身爲史官主筆官修史書，卻堅持私家的史學理念，不顧最高統治者的利益訴求，因忤旨而遭殺身之禍。

　　陳壽於西晉時期撰寫《三國志》，編纂設計頗費心機。以曹魏爲正統而爲其君主立紀，是與西晉政權的歷史觀念保持一致，但又將之分爲三國，各具首尾，以顯示蜀漢、吳國的獨立地位，這是從形式上做出的一點補救。他原爲蜀漢官員，對蜀漢不敢如實地稱之爲「漢」，而標以地區名稱曰「蜀」，乃是極大的曲筆行爲。全書立意從簡記述，將歧異的史料、有爭議的人物和事件，較多地採取省略不載的方法予以化解。這樣一來，達到了不與當局衝突、獲得官方承認的效果，由此可知，撰史的求眞與迴避政治忌諱、史書的或繁或簡以及史事取捨，都受到官方與私家史學間不同宗旨之矛盾的制約。

　　東晉孫盛纂修《晉陽秋》一書，記史下限直至當代，其中渲染了權臣桓溫北伐時在枋頭作戰的失敗。「桓溫見之，怒謂盛子曰：枋頭誠爲失利，何至乃如尊君所說？若此史遂行，自是關君門戶事！」由於孫盛自己不肯修改，而其「諸子遂竊改之」，〔註64〕沒有發生劇烈的文字獄事件。梁武帝時，文臣吳均請修南齊之史，沒有得到梁武帝支持，於是私撰《齊春秋》30卷，「書稱帝爲齊明帝佐命，帝惡其實錄，以其書不實……敕付省焚之，坐免職。」〔註65〕然而不久，又召見吳均，任用其纂修《通史》。孫盛與吳均的事例，都是從可能形成慘烈史獄的狀態而得到緩解，反映了當事雙方在傳統史學觀念的觀照下，取得理性收斂、各退一步的妥協結局。先秦以來傳統史學理念的長期積澱，可以使撰史追求眞確與史學社會功用之間的矛盾，在相互消長的擺動中找到一個平衡點。因此，古代史學發展的內在矛盾是能夠以舒緩的方式運行的。

　　但是在少數民族政權內，情況與漢族政權有所不同，這些政權多靠武力

〔註63〕　《三國志》卷六五，《韋曜傳》。
〔註64〕　《晉書》卷八二，《孫盛傳》。
〔註65〕　《南史》卷七二，《吳均傳》。

得以建立，統治者的暴力傾向也較爲濃重，因此史學建設過程中的衝突就可能比較激烈，特別是在一個政權建立的早期。

匈奴族政權在劉聰之時，領左國史公師或曾撰修其國史，《史通・古今正史》稱其「甚得良史之體」，但「淩修譖其訕謗先帝，聰怒而誅之」。「甚得良史之體」的史書，統治者劉聰等卻視爲「訕謗先帝」，必是其中如實記載了匈奴政權創建者的某些諱莫如深的實事。

後趙創建者石勒熱衷於記史、修史，待其逝世，石虎廢除石勒之子而奪位，竟將史籍「並令刊消，使（石）勒功業不傳」〔註66〕，但鮮卑慕容氏燕政權的官員田融撰寫了《趙書》，記述石勒、石虎政權事跡，〔註67〕以私家的修史活動彌補官方的缺失。

氏族前秦政權的君主苻堅本來向慕中原文化，設史官記載起居注。「初，堅母少寡，將軍李威有辟陽之寵，史官載之。至是，堅收起居注及著作所錄而觀之，見其事，慚怒，乃焚其書」〔註68〕。但苻堅焚史後，有「著作郎董誼追錄舊語，十不一存」。又有前秦秘書郎趙整曾經參撰國史，「值秦滅，隱於商洛山，著書不輟，有馮翊車頻助其經費」，趙整死後，車頻於南朝宋元嘉年間纂輯成書，劉知幾評其書爲「年月失次，首尾不倫」。〔註69〕且無論這些撰述是否眞的「首尾不倫」，要之苻堅最忌諱的史事卻流傳下來，前秦創建政權的業績反而「十不一存」。這類事例，會使入主中原的少數民族統治者逐步認識到：以強力撲滅歷史的負面記載是不智行爲，通過史學價值觀的磨合而走向融合，才是最有利的結果。

公元439年，北魏吞併北涼，國勢強盛，太武帝向崔浩頒發詔書，令其組織修史，指示「綜理史務，述成此書，務從實錄」〔註70〕。這種「務從實錄」的表白，說明其史學價值觀已大爲進展，然而更大的衝突和波折卻潛伏其中。憑藉北魏太武帝有過修史「務從實錄」之詔令，崔浩竟然毫無忌諱地「敘述國事，無隱所惡，而刊石寫之，以示行路」，「而石銘顯在衢路，往來行者咸以爲言，事遂聞發」。公元450年，崔浩坐此夷三族，同被處死的還有128人，釀成史無前例的慘烈史獄，北魏也於此時廢止修史和取消了史官。

〔註66〕　《史通》卷十二，《古今正史》。
〔註67〕　見《史通》卷十二，《古今正史》；《隋書》卷三三，《經籍志二》。
〔註68〕　《晉書》卷一一三，《苻堅載記上》。
〔註69〕　以上見《史通》卷十二，《古今正史》。
〔註70〕　《魏書》卷三五，《崔浩傳》。

〔註 71〕崔浩的悲劇與韋昭同樣是屬於自身角色的錯位，其文字獄表面上產生於官方史學的內部，實際是修史者以私家的獨立理念從事官方修史活動，其中縱橫交織著史學求眞與政治功用之間、以及官方史學與私家史學之間的矛盾。

崔浩的案件並沒有徹底阻斷傳統史學在少數民族政權內的恢復和發展，因爲雖多人罹難，而傳統的史學價值觀並未動搖。同一案件中得到寬宥的修史人高允，敢於公開爲此辯解，並且直接申述主張：「夫史籍者，帝王之實錄，將來之炯戒，今之所以觀往，後之所以知今。是以言行舉動，莫不備載，故人君愼焉。然（崔）浩世受殊遇，榮耀當時，孤負聖恩，自貽灰滅。……至於書朝廷起居之跡，言國家得失之事，此亦爲史之大體，未爲多違。」〔註 72〕十年之後，北魏恢復官方史學活動，至孝文帝時期更達到空前興盛，從而對以前的史學低落做出加倍的補償。魏孝文帝曾對史官說：「直書時事，無諱國惡。人君威福自己，史復不書，將何所懼？」〔註 73〕這顯然是接受傳統史學觀念中最理想化的內容，實際否定了前朝處理崔浩案件的方式。而與之相應，漢族學人充當史官後，也謹以尊崇本朝爲懷，如李彪、高祐上疏奏請用紀傳體纂修國史，稱北魏「惟聖朝創制上古，開基《長發》……嘉符禎瑞，備臻於往時；洪功茂德，事萃於曩世」〔註 74〕。於是，北朝史學進入了穩定化的發展時期，官方史學機制逐步完善。隨後北齊、北周的史學活動承襲北魏，都具備與南朝相類似的發展水平。

三國至南北朝時期，官方史學與私家史學的衝突是個別的、具體的，雖然出現不少引人注目的非正常案件，但總體上並未形成互不相容的對抗。隨著史學的興旺發達，官方史學與私家史學的聯繫也大爲擴展，逐步形成和確立了二者互動、互補也相互制約的社會運行機制。這種機制大致可以概述爲四個方面：

1、修史資料的相互利用

私家修史往往利用官方史料，例如西晉時華嶠「以《漢記》煩穢，慨然有改作之意」，說明他是閱讀《東觀漢記》，掌握了其中史料，後來撰成《後

〔註 71〕《史通》卷十二，《古今正史》；《魏書》卷三五，《崔浩傳》。
〔註 72〕《魏書》卷四八，《高允傳》。
〔註 73〕《魏書》卷七下，《高祖紀》。
〔註 74〕《魏書》卷五七，《高祐傳》。

漢書》。三國至南朝時期，各家東漢史的編纂，皆直接或間接利用了官修史《東觀漢記》的史料。

在這一歷史階段，各個政權都有記史機制，自西晉起已將官方史料記錄和彙編稱爲起居注，這是一代皇朝的史料淵藪。今從《隋書・經籍志》的著錄可以看到，許多起居注是又經私家編輯、匯總而流行於世的，如李軌是東晉時人，也未任史官，卻編輯了西晉、東晉多種起居注。劉道薈是劉宋時人，官職爲徐州主簿，卻編輯兩晉各朝起居注爲一書，達 322 卷。可見官方的史料並非總是深藏秘府，管理放鬆、政局動蕩、朝代變遷都可以使之散入民間，更不用說有些官員本來就可以觀覽國家圖籍。因此，私家修史有時能夠利用起居注等官方史料，成爲私修史發達的重要原因之一。兩晉及宋、齊、梁、陳，各代都有不少私修之史湧現，這得力於官方史料、文獻常被私家利用。

北齊文宣帝曾下詔徵求史料，其中曰：「雖史官執筆，有聞無墜，猶恐緒言遺美，時或未書。在位王公、文武大小，降及民庶，爰至僧徒，或親奉音旨，或承傳傍說，凡可載之文籍，悉宜條錄封上。」〔註 75〕說明掌握史料處於優勢的官方，有時也向私家徵用資料以助修史。

2、官方所修之史委以私家，有的轉化爲私修之史

三國至南北朝，官方記史、修史活動進一步發展，組織結構逐步建設，但政局動蕩，戰爭頻發，官方有時會把意欲開展的修史活動，委託給官員去獨自進行。北方的少數民族政權，因爲史才缺乏，也往往委任一名官員全權負責。這些委託的修史項目，朝廷查問有嚴、有寬，甚至可以放任不管，事過境遷，有的則轉化爲私修之史，與官方脫鉤。但追本溯源，官方實對史書的修成起到不可抹殺的作用。這種情況，是官方史學與私家史學互動的表現。

東晉初年，在權臣王導的舉薦下，委任干寶纂修晉史，前已有述。然干寶推崇編年史，遷延若干年後撰成《晉紀》23 卷，竟爲個人私著。王隱有志纂修《晉書》，在東晉被任爲著作郎，「受詔撰晉史」，但被同僚虞預排擠失官，後在大臣庾亮支持下繼續纂修，成《晉書》89 卷，進獻朝廷。〔註 76〕這些都顯示官、私史學之間，有時會出現複雜的關係。南朝裴松之奉宋文帝詔

〔註 75〕《北齊書》卷四，《文宣帝紀》。
〔註 76〕見《史通》卷十二，《古今正史》。

令而撰《三國志注》，完成之後進上皇帝，雖屬個人著述，但實藉官方之力，其引錄書籍達 200 種以上，必得利用國家之藏書，編纂起因也來自皇帝，是官、私互動的又一形式。

至於私家修史成功而得到官方任用為史官，更不乏其例。例如東晉時王韶之「私撰《晉安帝陽秋》，既成，時人謂宜居史職，即除著作佐郎」。〔註77〕南梁時裴子野撰成《宋略》，因受到著名學者沈約等人讚譽，從縣令提任為著作郎，「掌國史及起居注」〔註78〕，成為史學史上的嘉話，反映了官方史學與私家史學具有的協調而密切的聯繫。

3、私家修史以官方認可為歸宿

私家修史成書後，往往進獻官方，希望得到官方承認和表彰，官方也會主動徵求私修之史，或幫助、獎勵私家修史。例如西晉時陳壽死去，朝廷則派人到其家抄錄《三國志》。〔註79〕南齊王智深私撰《宋紀》，朝廷曾「敕索其書」。〔註80〕至於私家修史進獻朝廷，更是十分普遍的現象，例如西晉末年虞溥撰寫《江表傳》，東晉初由其子虞勃進上朝廷，「詔藏於秘書」。〔註81〕南齊王珪之撰有《齊職儀》五十卷，齊武帝永明九年（491）其子王顥將之進上，「詔付秘閣」。〔註82〕北魏張彝撰《歷帝圖》五卷，進獻朝廷，得到北魏皇帝的讚賞。崔鴻著《十六國春秋》一百零二卷，後由其子崔子元進獻於北魏朝廷。〔註83〕像這樣撰史成書紛紛進上朝廷的做法，乃兩晉南北朝時期的新現象，反映私家撰史具有主動融入官方史學文化體系的趨勢。以後歷代的史家，對此有所光大發揚，成為中國古代史學文化的常態。

4、私家修史彌補官方史學之缺失與偏頗

官、私史學互動機制的一個重要作用，是私修史可以彌補官方史學的缺失和偏頗，使傳統史學得以多樣、豐富和比較全面地發展。三國至南朝之所以會出現許多史家的後漢史著述，就是因為魏晉兩代官方未曾開啓纂修前代全史的史學機制，於是私家紛起而編撰，彌補這一空缺。陳壽編纂《三國志》，

〔註77〕《宋書》卷六○，《王韶之傳》。
〔註78〕《梁書》卷三○，《裴子野傳》。
〔註79〕《晉書》卷八二，《陳壽傳》。
〔註80〕《南齊書》卷五二，《王智深傳》。
〔註81〕《晉書》卷八二，《虞溥傳》。
〔註82〕《南齊書》卷五二，《王逸之傳》。
〔註83〕分別見《魏書》卷六四《張彝傳》、卷六七《崔光附崔子元傳》。

實際也是對西晉官方史學活動涉及未廣的補充。

劉聰殺史官公師彧，毀棄了記載劉淵之史籍；石虎廢除石勒之子而奪位，將史籍「並令刊消，使（石）勒功業不傳」〔註84〕。但卻有和苞私撰《漢趙記》，記述劉淵至劉曜的歷史；前秦統治者苻堅發怒焚毀官方的史冊之後，就有董誼以私家身份追錄史事，又有前秦秘書郎趙整曾經參撰其史，「值秦滅，隱於商洛山，著書不輟，有馮翊車頻助其經費」，趙整逝世，車頻於南朝宋元嘉年間將前秦之史纂輯成書。〔註85〕而在南朝劉宋任職的裴景仁，早年在北方對舊事多有聞知，則遵從徐州刺史沈曇慶授意撰《秦紀》10卷，述苻堅政權史事。〔註86〕這是私家有意識地拾遺補缺，力圖避免歷史事實的湮滅不傳，體現了史學意識在整個社會得到普及和強化。一旦出現歷史記載的缺漏，若官方史學未加顧及，則即有私家起而補撰。

東晉習鑿齒撰《漢晉春秋》，並且發布了否定曹魏正統地位的議論，力圖改變晉朝官方的主張，欲將自己的正統論觀點貫徹於官、私史學之中。南齊之初，有劉祥撰著《宋書》，立意「譏斥禪代，尚書令王儉密以啓聞，上銜而不問」。〔註87〕劉祥撰史譏斥偽裝成禪讓的篡奪行為，否定官修史對這類把戲的美化，大犯當局的忌諱，但卻具有儒學綱常倫理上的「正氣」，南齊武帝忍下怨恨，不加追究。整個事例，是私家史學向當朝統治者與官方史書（以及合乎官方意旨的私史）予以勇敢挑戰的典型。

官、私史學的互動並非處處和諧，其間亦有相互排抑的矛盾狀態，如梁朝吳均欲撰《齊書》，向梁武帝「求借齊起居注及群臣行狀，武帝不許」，私撰《齊春秋》之後，又遭梁武帝刁難和焚毀，隨後，則任用吳均纂修《通史》，將之拉入官方修史的活動之中，〔註88〕是為官方史學壓制和吞併私家修史的事例。

綜上所述，中國古代既然形成官方史學與私家史學兩條發展軌道，二者的關係就成為十分重要的問題，官方史學不可能不與私家史學發生某種聯繫。東漢時期官、私史學之間的互動，僅僅是初步呈現的開端，能否走向良性發展的通途，全在於此後的社會條件、政治形勢和文化取向。三國兩晉南

〔註84〕　《史通》卷十二，《古今正史》。
〔註85〕　見《史通》卷十二，《古今正史》。
〔註86〕　《南史》卷三四，《沈懷文附沈曇慶傳》。
〔註87〕　《南齊書》卷三六，《劉祥傳》。
〔註88〕　見《南史》卷七二，《吳均傳》。

北朝時期雖然政治動亂頻發，思想異端紛起，對傳統儒學多有衝擊，但史學卻堅持了原有的方向，並且官、私史學都迅速的興盛起來，連少數民族政權也不例外，這又是中國史學史上的一個關鍵時代。在這個歷史時期，官方史學與私家史學最終確立了互動、互補也互有排抑的關係，成為傳統史學的一種社會運行機制，是留於後世的重要史學遺產之一。

五、唐宋的史學成熟化及官、私史學之間的關係

從隋代開始經唐朝、五代到北宋、南宋，中間尚有遼、金兩個少數民族的政權，是一個歷時漫長、政局多變的時代。其中社會文化發展的成果，主要產生於唐朝和兩宋，傳統史學的發展更是如此。唐、宋兩代雖然在軍政、國情上頗有區別，但史學的發展則有共同的特點，即傳統史學的成熟化。史學成熟化的過程中，官方與私家的互動也是促成史學繁榮的因素之一。

（一）唐宋史學的成熟化

唐宋時期傳統史學的成熟化，具有多種表現，其中官方修史體制的積極建設、史書體例的齊備和名著的紛呈、史學理論的深入發展、歷史考據學的成立等幾個方面，在古代史學史上最為顯要。

第一，**官方修史體制的建設**。三國兩晉南北朝時期，官方史學無論是在史官建置、館局設立，還是記史、修史事項與實際操作上，都積累了許多經驗與方法，也經歷了政治與史學、官方與私家之間矛盾與磨合的風風雨雨，這些為官方史學的發展提供了很好的基礎與空間。隋唐至兩宋，官方史學迅速發展，引人注目，中國傳統史學的成熟化，首先表現於官方修史制度的建設方面

隋朝建立之後，擯棄北周以「著作上士」、「著作中士」為史官名稱的復古形式，仍設著作局，有著作郎、著作佐郎負責修史，此乃仿從南朝的建置。南北朝時期，南朝政權有記錄起居注的措施，但並無專門官員，一般由著作郎兼理。北朝魏孝文帝則「置起居注二人，多以餘官兼掌」〔註 89〕。以此為樣板，隋煬帝時設起居舍人二員，記錄起居注，這是使起居注的記載有專官負責，起居注的設置制度化且自成一體，與修史機構分開。強化了這種歷史記錄的重要地位。唐朝承襲隋朝的起居注建置，雖歷有調整，但百變而不離其宗，保持了獨立記史的職能和地位。

〔註89〕 《史通》卷十一，《史官建置》。

唐太宗貞觀年間，「移史館于禁中……宰相監修國史，自是著作郎始罷史職」〔註90〕，即修史機構則正式名為「史館」，負責纂修本朝史書，有監修國史、史館修撰、直史館等史官。原著作局失去撰史職能，改為撰寫碑文、告示等職任，隸屬於掌管草擬一般公文的秘書省，但著作郎等官作為個人，仍可調用修史。可注意的是：史館既設有「宰相監修國史」，則史館乃是纂修本朝之史的機構，主要纂修項目為紀傳體國史與編年體的各朝皇帝實錄。

唐初，監修國史由重臣、寵臣、史學專長之臣擔任，尚無定制。一般是相當於宰相的大臣兼任，但國子祭酒令狐德棻官職很低，卻也曾任監修國史，這是因為他史才優長。這個體制承襲北朝，如北齊魏收以太子少傅監修國史，陽休之以光祿卿監修國史，均非政權要職。唐朝中、後期，才自然形成僅由宰相監修的格局，但唐朝的體制乃是多人同為宰相，監修國史之職亦有時多人兼任。監修之下，史館修撰的職位較高，有專職，也有時兼職和臨時允任，名額變動不定。直史館是低級史官，往往選用「卑品有才」者，是修史工作的實際執筆人。自唐代以後，官方修史機構實行官僚化的組織方式，即設置品級、權限、地位不同的各級史官以實行修史中的管理和控制，基本仿照了行政衙門的等級官僚體制。唐朝中後期以及宋代的史館設置，具體形式變化很大，但嚴密官僚化、組織化的特點始終保持而且逐漸加強，直至清朝，歷代均具備這樣的官方修史機構，是中國古代史學獨有的特點。史館設立於宮廷，由中央政權機構來掌管，象徵著官方史學活動納入了國家事務的核心運作，從唐代開始，官方史學活動已經成為國家政權的政治機制之一。

唐朝纂修前代史，另設修史機構。貞觀年間纂修前五代史，於中書省置秘書內省，作為纂修機構，纂修人員臨時從他官抽調兼任，另任有才而職位卑微者協助纂修，稱修史學士或佐修史。這種修史活動是隨機的、臨時的，記述南朝梁、陳、北齊、北周、隋代史事之五代正史告成，秘書內省即不見於史籍記述，應即撤除。纂修前代史與本朝史機構分開，是從南北朝時期的南朝體制發展而來，以後各代基本沿襲了這項制度。

宋朝重視文治，官方修史活動繁盛，而修史機構多所改動，機構時有合、分，名稱變化頻繁，北宋與南宋也有很大區別，但總的趨勢是機構增多，各負專責。與唐代相比，值得注意的變化有：

〔註90〕《舊唐書》卷四三，《職官志二》。

1、記史、修史機構增多，名目紛雜，變化多端。宋初於門下省置編修院，掌國史、實錄、修纂日曆。宋神宗元豐四年（1081），廢編修院歸史館，隸屬於秘書省國史案，而宋哲宗時又恢復國史院。南宋於秘書省設史館，至紹興十年（1140）罷常設性史館，遇修國史、實錄，各設置國史院、實錄院，使之成爲非常設機構。宋代還曾設立起居院、日曆所、時政記房等等記史機構，此外，纂修各朝會要有會要所、纂修玉牒有玉牒所，南宋還設「編類聖政所」，纂修宋朝各帝的《聖政記》。宋代修史機構之多，居各個朝代首位，變化也最爲龐雜。

2、宋朝官方臨時編纂一種史籍，也會設立書局機構，例如修《新唐書》設「唐書局」，宋眞宗時編纂《歷代君臣事跡》（即成書後改稱《冊府元龜》者）設「歷代君臣事跡局」等。與唐朝的秘書內省負責纂修多種史籍不同，具有對一書編纂專職專責的意旨。

3、北宋宰相仍可監修國史，但掛銜監修國史的宰相，必須重新得到敕令才可以實際掌管修史，這叫作「提舉」修史，未經提舉，監修國史只是虛銜。南宋時監修國史之職從虛轉實，但也只是負責編輯內容繁複的「日曆」。編纂《日曆》是經常的工作，編輯《日曆》的監修國史，實際已與纂修國史、實錄之「提舉」官分爲二途。「提舉」由皇帝隨意任免，無論是否具備史才。宋朝皇帝還往往正式派遣內侍宦官到史館監察修史情況，任命時稱爲「管勾」、「勾當」，南宋時改稱比較文雅的「都大提舉都司」，也是一種「提舉」官。宦官直接介入修史，爲宋代所特有，這是皇權控制官方修史的一種變態。

4、唐朝對本朝史的記載和纂修，格局比較簡要，經常保持的項目是起居注、編年體實錄、紀傳體國史，此外出現過臨時增設的時政記、日曆、會要等本朝史事的彙編，但未形成定制。宋代對於本朝史的記載和纂修，凡唐代出現名目者皆予以光大，起居注、時政記、日曆、玉牒等皆成爲經常編纂、立爲制度的項目，且內容豐富、部帙可觀。其中《日曆》成爲極其重要的史籍，其資料來源於起居注、時政記、各司報送政務資料、皇帝諭令、官員行狀、傳記等等，由史官彙集編校，按每日日期順序排纂，是時間確切、內容周密的編年體史料長編。在重要大臣逝世之日，繫以該人小傳。宋朝一朝皇帝的日曆多爲一千卷以上，資料繁複，鉅細畢攬，是纂修本朝實錄和國史的主要依據。

總之，唐宋在官方記史、修史機構的設置與修史項目的格局上，都呈現成熟化的體制，充分體現了組織化、官僚化的高度發展。

第二，**史書體例的齊備和名著的紛呈**。從唐朝至兩宋，史書編纂形式在前階段多方探索的基礎上進一步擴展，並使中國古代史籍的體例基本齊備，是為史學成熟化的明顯體現。總觀唐宋的史籍，形式多樣、內容豐富，且各種形式和內容的史籍類別之中，皆有水平很高的名著彪炳於當時與後世。由唐至宋，官方極其重視纂修紀傳體皇朝史，唐代編纂的《梁書》、《陳書》、《北齊書》、《周書》、《隋書》、《晉書》、《南史》、《北史》，五代後晉編纂的《舊唐書》、宋代纂修《舊五代史》、《新唐書》、《新五代史》等，皆列於清代御定「二十四史」之內，占總數之半。唐代和宋初史家即已進行編年體通史的編纂嘗試，如馬總編輯《通歷》10 卷、宋庠撰成《紀年通譜》12 卷、賈昌朝編纂《通紀》80 卷等，宋神宗時司馬光的《資治通鑑》面世，揭開史學史的新篇章，影響深遠，衍生出大量相關史著，如北宋江贄《資治通鑑節要》、南宋李燾《續資治通鑑長編》等，洵為佳作。理學家朱熹主持纂修的《資治通鑑綱目》，更成為在體例上有所創新、在理義上樹立旗幟的著作，對後世史學的影響甚至越過《資治通鑑》。

唐杜佑創始性地撰成典章制度內容的通史──《通典》，鄭樵著《通志》的「二十略」，袁樞《通鑑紀事本末》開創了史書的紀事本末體，均為史學史上不朽著述。其它如地理、方志類史籍有《大唐西域記》，全國性志書有唐《元和郡縣圖志》、宋《太平寰宇記》；史論類撰述有孫甫《唐史論斷》、呂夏卿《唐書直筆》、范祖禹《唐鑑》、胡寅《讀史管見》等；金石學著作有歐陽修《集古錄》、趙明誠《金石錄》；筆記類書籍更數量極多，很多具有獨到的史料價值。唐吳兢《貞觀政要》雖被歸類為「雜史」，但影響巨大，不亞於正史，在中國、日本都曾成為帝王的教科書。至於唐太宗時官方修成的《群書治要》50 卷，宋真宗時官修的《冊府元龜》千卷，則是歷史內容的類書，對於治史者和從政者，都有很為方便的利用價值。

官方史學除前所述之外，「實錄」的創始也值得再書一筆。「實錄」作為書名，起始於南北朝時期，這是在史家多、史書也多的背景下，作者力求書名更新的產物。《隋書‧經籍志》「雜史」類有周興嗣、謝昊分別編纂的《梁皇帝實錄》，其書久佚，內容與體裁都無法確知，而列於雜史，可能是隨意敘述一些歷史事件，不一定為編年體。霸史類有《敦煌實錄》10 卷，劉昞撰，

乃十六國時西涼史事，其書名標以地名，更不一定是以君主為主體的史書。
《新唐書·藝文志》有許嵩《建康實錄》20 卷，雜述建都於此地的六朝史
事。上述之書都不屬於官修史。儀注類中有劉孝孫《二儀實錄》、袁郊《二儀
實錄》等，講儀禮之事，均應為唐人所撰，甚至農書類也有《禁苑實錄》1 卷。
可見以「實錄」作為書名，到唐代仍較為隨意，不能見到這種書名字樣，就
與朝廷所修、以編年體記述一朝皇帝之政務的史籍聯結一起。唐宋時期，以
一朝皇帝言行為核心的實錄，是皇朝的正式史冊，官方編纂實錄已經形成定
制，實錄地位之高，超越紀傳體國史。這種實錄的產生，起自唐太宗屢次想
觀看起居注，卻受到官員的婉辭拒絕。貞觀十四年，唐太宗對房玄齡再次提
出觀看起居注的要求，「玄齡等遂刪略國史為編年體，撰高祖、太宗實錄各二
十卷表上之」〔註 91〕，唐太宗命將實錄「並賜皇太子及諸王各一部，京官三
品以上欲寫者亦聽」。〔註 92〕這實際是朝廷官修皇帝實錄的肇始。實錄從唐朝
朝廷纂修以後，逐步變成皇朝壟斷的史籍名稱，其性質是皇朝編纂的、專記
一朝君主政務政績的編年體史籍。唐代之後，中國古代朝廷纂修實錄，成為
官方史學活動的最為緊要、最為堅持不廢的項目。

　　總之，史學發展至於南宋，中國史籍的編年體、紀傳體、紀事本末體等
基本體例已然齊備，各種形式、各種內容的史籍數量豐碩，大量名著的產生
數不勝數，此為傳統史學成熟的景象之一。

　　第三，**史學理論有突出的發展**。唐代劉知幾撰著《史通》一書，是中國
古代一部系統的史學理論著作。此書以旗幟鮮明的態度、尖銳潑辣的筆鋒，
闡發了記史求真的準則，強調了「史之為用，其利甚博，乃生人之急務，
為國家之要道」〔註 93〕的理念。劉知幾提出一套歷史編纂學的具體見解，尤
其主張史書編纂的規範化。對上古至唐代的史學作了全面性總結，這種總
結，包括了對歷來各種史書的批評，即使對儒學的經典亦不迴護，正如清
人黃叔琳所說：《史通》「上下數千年，貫穿數萬卷，心細而眼明，舌長而筆
辣」〔註 94〕。

　　《史通》對傳統史學理論的論述，在唐宋時期不是孤立的現象，此前《隋
書經籍志》的史部小序，已經闡述史學的理論問題，其後的史家也有值得注

〔註91〕《貞觀政要》卷七，《文史》。
〔註92〕《唐會要》卷六三，《國史》。
〔註93〕劉知幾《史通》卷十一，《史官建置》。
〔註94〕《史通通釋》卷首，另本序之三，黃叔琳序。

意的見解。如杜佑力倡史學經世的主張，歐陽修的疑古理念，鄭樵疾呼發揚通史的「會通」精神，理學家對史學「明道」的闡發等等，皆顯示了傳統史學思想的成熟和豐富。

　　第四，歷史考據學的成立，傳統史學在學科結構上大爲完善。中國古人治史中的歷史考訂行爲，自先秦時期即已出現，但歷史考訂不等於歷史考據學的產生。歷史考據成熟的形式和規範的方法，是要舉出多條的證據來證明研究對象的眞實情況，但是要成其爲具有知識體系的一「學」，第一還需要有比較多的專門著述作爲依託，第二還要對這種治史方法及其規範形成清晰的理念，也就是得出理論性的認識。到宋朝時，這些條件方才齊備。

　　宋代出現了大量史考專著，這是十分重要的進展。北宋余靖撰有《漢書刊誤》，參修《資治通鑒》的劉攽著有《西漢刊誤》、《東漢刊誤》，這些著述主要內容是刊正誤字、誤句者，是以校勘之途入於文獻考證。吳縝著《新唐書糾繆》、《五代史記纂誤》，專門針對歐陽修主修的兩種史書予以指謫，內容大多屬於考其史事之誤。南宋時有吳仁傑《兩漢刊誤補遺》10卷，《四庫全書總目》稱其「引據賅洽，考證詳晰，元元本本，務使明白無疑而後已」〔註95〕。陳大昌有《考古編》、葉大慶有《考古質疑》、李心傳《舊聞證誤》等等，多種歷史考據著述的湧現，是前所未有的現象。

　　吳縝撰《新唐書糾繆》，明確提出：「夫爲史之要有三，一曰事實，二曰褒貶，三曰文采……至於事得其實矣，而褒貶、文采則缺焉，雖未能成書，猶不失爲史之意。若乃事實不明，而徒以褒貶、文采爲事，則是既不成書，而又失爲史之意矣。」〔註96〕這裡將「事得其實」置於史學的首位，是歷史考據的理論基礎。宋孝宗時李大性所著《典故辯疑》是一部歷史考據專著，其《典故辯疑序》稱：

　　　　其或傳聞異詞，難以示信，以意逆志，雖知其非而未有曉然依
　　據，則姑置弗辨。其所辯者，必得所證而後爲之說焉。〔註97〕

　　提出歷史考據「必得所證而後爲之說」，道出了歷史考據方法論的基本原則。宋代既有相當數量的歷史考據專著，又具歷史考據學的理性認識，超越了前代僅知具體的考訂、僅爲編纂史書做附帶考訂的局限，達成了歷史考據

〔註95〕《四庫全書總目》卷四五，史部「正史類一」。
〔註96〕吳縝：《新唐書糾繆序》，載《新唐書糾繆》（文淵閣《四庫全書》本）卷首。
〔註97〕馬端臨《文獻通考》卷二〇〇，《經籍考》二七史部「史評史抄類」。按：《典故辯疑》，又作《典故辨疑》。

學的成立，具備史學內一門學科的相對獨立性。此外，唐代纂修《隋書經籍志》的史部，顯示歷史文獻目錄學的新發展，宋代雕版印刷術，開始廣泛運用於大部帙史書的刻印，都顯現了史學發展的整體成熟化。

（二）官方對史學統馭的增強

唐朝是一個統一、強盛且歷時長久的政權，有條件整合先前史學多方探索形成的遺產，而使之進一步發展，這種整合，首先是由官方組織的史學活動所包攬。例如：唐太宗貞觀年間纂修前代史，規模宏大，將大量史家攬入官方修史活動，姚思廉、李百藥秉承家學，能夠分別獨立修成《梁書》、《陳書》和《北齊書》，但都受到朝廷的委託，納入了秘書內省支持和管理的範圍，實際成為官修史。李延壽撰《南史》、《北史》，寫成後請史館監修令狐德棻細緻改正，又「遍咨宰相，乃上表」進呈朝廷，〔註98〕實際接受了官方的控馭。當然，這些現象從另一角度觀察，也是官方史學與私家史學互補的體現，唐太宗等統治者可謂深得官、私史學互補、互益之道，但這種官、私互補的方式，最終是使私家史學附從了官方。

隋文帝發布過禁止私家撰述當代史的諭令，但未見具體施行。唐朝並未有過任何禁止私史的政令，而唐初官方積極大規模修史的結果，私家史學撰著則處於被壓抑的狀態，這是官方史學徵用很多的史家參與，使天下學者「盡入吾彀中」，自然排抑了史家私下的修史活動。另外，官方組織化的修史活動，具有私家不可比擬的優勢，並且在名分、地位也高踞上位，給私家修史以心理、思想的壓力。劉知幾深感在史館「見用於時，而美志不遂。鬱快孤憤，無以寄懷」〔註99〕，歐陽修撰成《五代史記》，生前遲遲不敢令其面世，恐怕就反映了對宋官修《五代史》的暫時迴避心理。

宋朝加強了對官方史學的嚴密控制，防止史家在記史、修史中行其私意。本來唐朝堅持了君主不觀起居注的優良傳統，唐太宗、唐文宗都欲圖觀看起居注而被史臣諫止，可是在宋朝，自北宋太宗時始，起居注要「每月先進御，後降付史館」，即首先由皇帝予以審閱，〔註100〕時政記、日曆亦皆如此，表明宋朝皇帝極端強化了對歷史記載的控制。宋代這種淡化歷史記載的直書、實

〔註98〕《北史》卷一○○，《序傳》。

〔註99〕劉知幾：《史通》卷十，《自敘》。

〔註100〕《續資治通鑑長編》卷三五，太宗淳化五年四月丙戌；《宋史》卷四三九，《梁周翰傳》。

錄原則，史館記史惟取悅於統治者，這是史學意識的一種倒退，造成從宋初開始，各朝實錄、國史即屢被修改，《宋神宗實錄》更因黨爭而反覆重修。可見宋代官方史學雖然興盛，但陰暗面亦十分嚴重。南宋高宗時期，秦檜更奏准禁燬野史，同時，秦檜之子秦熺掌修國史，大肆篡改、銷毀時政記、日曆和詔令、奏議。〔註101〕宋寧宗時，再次禁行私史。〔註102〕上文提到宋朝皇帝往往任用宦官監視修史活動，更為後世史家所不齒，官方史學的發展，在宋代出現嚴重的扭曲。

（三）官、私史學互動與私家史學的創新成就

　　唐宋官方史學相對於私家史學當時雖然處於強勢，但私家史學仍然開闢了廣大的發展空間，這就是在不違抗朝廷根本利益的框架下，盡力利用官方的條件，探尋新徑，開拓史學觀念、方法、體裁與內容的別致領域，這是私家史學在與官方史學的互動中的新特點。官、私史學的這種互動，有如相互爭鋒又相互補益的競賽，將記史、修史向各個方向推進，並且力求史著精良極致，促成了古代傳統史學的全面成熟與繁榮。

　　唐代中期，劉知幾私著《史通》，以其理論的光輝彰顯了私家史學的活力。此書形式、內容和思想，都是創新成就，其中激烈地批評了官方設館修史的弊端，指責了監修大臣的庸碌無能，〔註103〕提出了關於修史的系統性見解。而劉知幾撰寫《史通》的動機，則起自於史館的失意；他對歷史編纂學嚴格規範化的主張，特別適合於集體分工修史的官方史館，許多其它看法，也來自於參與史館修書的體會。劉知幾激烈批評唐朝史館制度的弊病，實際上是為史館修史規則的改進提出了建議，故清代史學家章學誠認為「劉議館局纂修」〔註104〕，所言實為透徹。因此，劉知幾《史通》的產生，某種程度上也可以看作官、私史學互動的結果。

　　杜佑的《通典》是傑出的歷史著作，內容和形式均有創建。而其書也是在官、私史學互動中撰成。唐玄宗開元二十六年（738），官修《唐六典》30卷書成，隨即就有劉秩（劉知幾之子）撰《政典》35卷，皆為獨立於紀傳史之外的典章制度史，一為官修，一為私著，表現出在官、私史學的視野中都

〔註101〕見《宋史》卷四三七，《秦檜傳》。
〔註102〕見《宋會要輯稿‧刑法》二之一三二。
〔註103〕見劉知幾《史通》卷二十，《忤時》。
〔註104〕章學誠：《章氏遺書》卷九，《家書二》。

開始重視此類史籍的編纂。唐代宗廣德二年（764），朝廷因宰相元載奏請，詔修《歷代書志》〔註105〕，這是官方試圖編輯典章通史的構想，雖未能取得實際修纂成效，但杜佑時任高官，必已知曉朝廷此舉，因而從中得到啓發，遂於兩年之後即唐代宗大曆元年（766），就開始了《通典》的纂修，顯現了官方史學與私家史學的互動，時序如此銜接，誰云不然！

司馬光編纂《資治通鑑》，極得朝廷支持，官方爲之配備得力助手劉恕、劉攽、范祖禹等，均爲當時有名的史家，對《資治通鑑》的成功編纂起到很大的佐助作用。南宋李燾撰成《續資治通鑑長編》980卷，徐夢莘撰成《三朝北盟會編》250卷，李心傳撰成《建炎以來繫年要錄》200卷，諸如此類的大部帙編年史，其史料無疑是主要來自官方的記史資料。凡此種種私家史學成就，均得益於官方的記史、修史以及朝廷重視史學的理念。中國官方制度化的記史機制，形成了比較連續而完備的歷史紀錄，成爲官方史學建設的基礎，同時也是中國私家史學得以發展的重要條件。古代取得顯著成就的史家，幾乎無不直接或間接地利用了官方的史料，南宋私家這些大部帙編年史的成書，是典型的實例。

私家史學的存在，對官方歷史記載有理念上的牽制作用，起到加強真實性的作用。如唐太宗曾問史官：「朕有不善，卿必記之耶？」褚遂良曰：「守道不如守官，臣職當載筆，君舉必記」，另一官員劉洎說：「設令遂良不記，天下亦記之矣。」〔註106〕這裡私家史學的「天下亦記之」，對官方記史真實度的壓力和牽制，體現得十分形象。私家撰史也不絕對服從官方的規定，南宋秦檜當權之時以及宋寧宗時，雖曾禁止私史，但實際執行的效果未必顯著，我們看到當時的狀況，卻是大量私修當代史湧現，如李攸撰成《皇朝事實》一書，錄30卷送給秦檜，附帶書信一封而語含譏刺，要求秦檜「宜俊乂旁招於庶位之中，無顏色拒人於千里之外。更願無忘在莒，居寵思危」。秦檜雖怒，但也只是「寢其書不報」而已。〔註107〕隨之李燾、李心傳等人的私修本朝史接踵而出，其中大量取材於官方資料。私史之禁難於執行，是因其有違於中國歷代形成的史學文化傳統，在儒學思想體系和孔子形象面前缺少合理性，必遭普遍抵制與鄙視。

〔註105〕《冊府元龜》卷五五六，《國史部‧採撰》。
〔註106〕《舊唐書》卷八○，《褚遂良傳》。
〔註107〕《江陽譜》，附載《四庫全書》本《宋朝事實》卷末。

　　唐宋官方史學與私家史學的關係，總體上乃是良性的互動，傳統史學的成熟和繁榮，得益於史學的這兩條互相聯繫的發展軌道。官方充分發展當代史的記載機制，並且積極地纂修部分史書，私家史學則致力史書形式與內容的創新，並作史學理論的探索，這些就是唐宋史學發展的基本狀況。

六、元明兩代官、私史學的調整

　　元、明兩代的史學發展，呈現出了與宋代十分不同的特點，就傳統史學的某些方面而言，如官修史的豐富程度，私修史的名著的產生，都遠遠遜色於兩宋。但元朝和明朝是對官方史學作出了必要的調整，甩掉宋代官方史學活動過於繁雜、重複的包袱，進行了新的探索。私家史學的演變尤其顯著，因而官、私史學的關係也也呈現十分特殊的新特點。

（一）官方修史活動的調整和縮減

　　蒙古政權建立之後發動的征服戰爭，是十分殘酷的，宋末元初改朝換代的戰亂，給社會文化與人們生活帶來很大的災難。建立元朝的蒙古族統治者靠戰爭起家，不可能立即像宋朝那樣弘揚文治、重視史學，加之經濟的凋敝，官方史學不能維持宋代的興旺程度，是理所當然的趨勢。在蒙古政權及元朝初年，許多漢人學者選擇隱居生活，視元朝統治者爲夷狄，拒不合作。但也有一些學者、理學家出仕爲官，致力於傳佈漢文化理念，試圖對統治者施加影響，艱難地參與上層文化建設，對元代政治、文化和史學的發展，發揮了重要的作用。

　　當蒙古在北方攻滅金國不久，原爲金國進士、復被蒙古任用爲翰林學士的王鶚，即上奏請修遼、金二史，其奏言曰：「自古帝王得失興廢，班班可考者，以有史在。……寧可亡人之國，不可亡人之史。」〔註108〕王鶚的這一名言不僅流傳後世，而且被蒙古最高統治者所接受，當時就進行了遼、金史編纂。1276 年元軍攻破南宋都城臨安，其將領董文炳稱：「國可滅，史不可沒。宋十六主，有天下三百餘年，其太史所記具在史館，宜悉收以備典禮。」於是「乃得宋史及諸注記五千餘冊，歸之國史院。」〔註109〕可見至於宋末，「國可滅，史不可沒」的理念已經成爲信條，這種理念首先在少數民族政權內形

〔註108〕蘇天爵：《元朝名臣事略》卷一二，《內翰王文康公》。（中華書局，1996 年版，第 239 頁）
〔註109〕《元史》卷一五六，《董文炳傳》，按《元朝名臣事略》卷十四記董文炳語爲「國可滅，史不可滅」。

成，本身就具有很大的政治文化意義。「國可滅，史不可滅」的理念，給記述歷史以不帶先決條件的合理性，減低了史學附庸於政治功用的色彩，也在記史、修史層面上抹去了華夷政權的界限，在古代政治文化、史學建樹上有重大意義。

元朝參考金國制度設立翰林國史院作爲修史機構，翰林國史院的主要工作是纂修實錄及后妃、功臣列傳。也曾有起居注官的設置，以他官兼任，但未能將這種記史體制堅持運行，元英宗至治二年（1322）十一月，御史李端奏稱：「朝廷雖設起居注，所錄皆臣下聞奏事目」，〔註110〕因而要求增加載事內容。可見元朝的起居注常常只是條列事目，無當於歷史記載。纂修歷朝皇帝實錄，爲元朝堅持較好的修史活動，各朝實錄纂修中還附帶修成《聖訓》或《制誥錄》，彙集皇帝的諭旨、誥令等，這一方法後爲清朝所沿襲採用。

元朝對官修史有新的探索，如《元大一統志》、《經世大典》、《元典章》的編纂，皆在史學史上具有相當重要的意義。《元大一統志》早在元成宗大德七年（1303）即已由秘書監修成，1000卷以上，〔註111〕部帙甚大，是資料豐富的全國性官修志書，雖然已經佚失，但已發揮了史學影響，明清時期的官修全國志書，皆以「一統志」爲名，無疑是承襲元朝的稱謂。《經世大典》略仿唐、宋《會要》體裁，彙集元朝典章制度和朝政大事，具有寶貴的史料價值，但可惜已經佚失。《元典章》的纂修早於《經世大典》，全名爲《大元聖政國朝典章》。以往典制之史，多以事類分門，《唐六典》第一次明顯採取以官衙機構爲門類，但這種纂修方式在兩宋時期未能得到繼續和發展。《元典章》再度以行政機構爲綱領，匯總行政事跡，有利於保存原始資料，而且便於編纂，開明、清兩代朝廷編撰《會典》之先河。

編纂遼、金、宋三史，是元朝官方史學的重要成就之一。三史的纂修起始於元順帝至正三年（1343）三月，由翰林國史院專設史局，各衙門抽調人員，丞相脫脫爲總裁官。次年三月和十一月，《遼史》116卷、《金史》135卷先後告成，又次年十月份《宋史》告成。三史各立帝紀，獨立爲書，淡化了正統之爭。三史各有特點，《遼史》與《金史》纂修很爲規範、敘事精要，《宋史》資料豐富，記載周全，達496卷，然而短時間完成如此巨大部帙的《宋

〔註110〕《元史》卷二八，《英宗紀二》。
〔註111〕此書佚失嚴重，其卷數有1000卷與1300卷兩種記載。

史》，缺點、訛誤在所難免，故後人多有訾議。

明朝建立一統政權之後，以恢復中國禮儀、名教相標榜，積極採取一些興辦文化教育事業的措施。同時，明初皇權專制極端強化，政局呈現出政治鬥爭十分激烈的局面，官方史學也表現出相應的特色。

明太祖洪武二年（1369）二月詔修《元史》，次年二月全書告成。其速度之快，超過元朝纂修三史，〔註112〕可謂空前絕後。《元史》依據當時尚存的元朝實錄，其史料價值自然不可抹殺。但因編纂倉促，涉及少數民族人名、地名，翻譯混亂，錯訛多端，有一人誤為二人分別立傳的現象，加之其它各類舛謬，降低了學術水準。又遵從明太祖指令，史臣不許發表議論，這在正史中也獨一無二。

明太祖朱元璋敕令編纂一批針對各個層次官僚、貴族的懲戒性史籍，如《宗藩昭鑒錄》、《相鑒》、《武士訓戒錄》、《儲君昭鑒錄》等，各收載與其書名相關的歷代人物的作惡事跡，及其惡有惡報的結局。《永鑒錄》一書則分類編輯歷代宗室諸王為惡悖逆者，《世臣總錄》擇錄歷代人臣善惡可為勸懲者，《辨奸錄》輯錄歷代姦臣事跡，《臣戒錄》、《志戒錄》敘次歷代為臣悖逆不道者，《武士訓戒錄》等則針對武官予以警示。這類史籍皆屬抄錄纂輯，重點在於懲惡，是站在皇帝立場利用歷史向臣下發出威懾，書成之後必頒賜諸臣或相關人員，令其閱讀，是極端皇權專制主義在史學上的體現。永樂之後，此種史籍的編纂仍然繼續，但有時略添「勸善」內容，算是一種調整。

明朝的史官制度如同元朝，沒有專職、沒有常設的修史館局，如有修史之事，臨時抽調人力，翰林院是提供修史人員的重要機構。作為一個儲備文官人才的機構，翰林院設有修撰、編修的官職，被一些書籍稱之為「史官」，其實這是不確切的稱謂。

明初設有起居注官，洪武年間也編纂了《大明日曆》100卷，但這些仿從宋代官方史學遺緒的纂修項目，並未得以堅持實行，明太祖時曾幾度裁抑起居注官的品級，隨之即罷廢起居注。在明代，僅萬曆朝堅持了起居注的記載，留存下一部內容豐富的起居注冊。宋代曾有過的時政記，明代未曾撰寫，日曆在洪武之後也基本廢止。至於紀傳體國史的纂修，僅萬曆時一試，以失敗告終。唐、宋有過的《聖政記》，明初曾傚仿編纂，但後來僅兩三朝有所仿作，

〔註112〕元修《遼史》亦一年成書，但《遼史》部帙小於《元史》。由於成書過快，《元史》存在不少訛誤、粗率的問題。

終被廢黜。可見明初統治者雖然在文化方面貶斥元朝，欲傚仿宋代，但是其官方史學記史、修史機制最終更接近於元朝。

像元朝一樣，明朝官方一貫堅持的主要是皇帝「實錄」的例行纂修，實錄館爲臨時組建，抽調翰林院官員和其它部門官員任纂修之職。實錄在纂修之中，即進行此朝皇帝《寶訓》的纂修，《寶訓》與實錄同時成書，這也是元朝形成的方法。明朝纂修實錄，亦有不同於前朝的特點，即曾經形成以武臣任監修官的制度。隨著內閣權位的提高，纂修實錄逐步確定由內閣大學士出任首要總裁官，實錄館實際是在內閣主導下組建。另外，官修的《大明一統志》、《大明會典》，乃是仿元代的《元大一統志》和《元典章》。

以纂輯、抄撮方式編定史籍，在明代形成風氣，官方對此尤爲熱衷。其中也有較好的作品，如《歷代名臣奏議》有益於政治參考，編纂形式亦具新意。《勤政要典》採錄古帝王行事，君主可用以自律自勵。抄撮編書，最大規模莫過於《永樂大典》，雖非專屬史籍，但錄存史書甚多，有保存歷史文獻之功，惟其體式粗率，方法笨拙，不足爲訓。至於其它龐雜之書，不多贅述。

明代官方修史也取得一些新的成就，例如成化年間修成的《漕河通志》14 卷，記漕運條規和事跡，是專項經濟史冊，對明代史學發展有新的啓示；成化十二年（1476）成書的《續資治通鑒綱目》（商輅主修）、正德二年（1507）修成的綱目類通史《歷代通鑒纂要》92 卷（李東陽主修），都有較大的史學影響。

官方史學易受政治因素左右，明代尤爲顯著。明永樂帝以藩王奪取皇位，隨即篡改和改修《明太祖實錄》；明英宗以「奪門之變」復辟，導致隱沒和歪曲景泰時期的史事；明世宗經過「議大禮」政治鬥爭，不僅將其沒做過皇帝的父親追尊爲帝，而且像眞正執掌朝政的皇帝那樣纂修了實錄、寶訓，還編撰《大禮集議》、《明倫大典》鼓吹其事。明季黨爭激烈，閹黨曾纂成黨同伐異的《三朝要典》，這些都是明朝官方史學活動中的陰暗面。

總之，元朝以游牧民族入主中原，不可能像宋代那樣建立繁複的修史機構，客觀上起到調整官方史官建置與修史格局的作用。明朝很多方面其實是承襲了元朝的修史格局，這說明宋代將官方記史、修史搞得疊床架屋，過於繁複，元、明兩朝則客觀上承擔了官方史學調整和簡化的使命。但是，元朝對官方史學的壓縮未免過度，可以視作文治方面的後退。明朝則未能處

理好史學求眞、史學學術性與政治需要之間的協調，弊端一如宋代，而重視史學的程度卻遠遜於宋朝。這樣，就使元明官方修史格局的調整沒有達到很好的效果，給清朝官方史學的再興提供了頗大的空間，也遺留下許多的問題。

（二）元明兩代官、私史學的隔膜

蒙古政權開國戰爭的血腥屠殺行爲，給漢族學者留下很深的家破國亡、民族仇視之痛，雖然有一些學者仕元並且參與元朝文化建設，但同時更有大量儒士拒不承認元朝正統地位。表現於史學上，則是官方修史與私家史學的隔膜和疏離。

元朝在許衡（1209～1282）等儒學官員的推動下，尊崇程朱理學。理學主張「三綱五常」是「天理」的體現，是爲政治和人生的準則，這有利於皇帝和朝廷統治地位的鞏固，但理學同樣具有「夷夏之分」的政治歷史觀，可以成爲反抗蒙古統治者的思想武器。因此，隱居的學者群體仍堅持「華夷之辨」的理念，利用程朱理學的官學地位，借助於推重和闡發《資治通鑒綱目》等史學活動，傳佈與元朝政權不相協調的歷史正統論觀念，元代王幼學編《資治通鑒綱目集覽》、劉友益撰《資治通鑒綱目書法》，這類闡釋朱熹《資治通鑒綱目》的著述，都具有在政權正統問題上的華夷之辨思想傾向。

元初產生了胡三省《資治通鑒音注》與馬端臨《文獻通考》兩種史學名著，但此二人的學術根柢基在於宋代。胡三省心目中乃以宋遺民自居，華夷之分理念甚重，凡涉及宋代，或稱「我宋」，或稱「國朝」，不承認元朝的蒙古族政權。馬端臨《文獻通考》雖沒有這種民族意識，但也與元朝官方史學無所聯繫，僅爲私家著作而已。金履祥所撰《資治通鑒前編》一書，亦有學術成就，而也與《文獻通考》類似，無關乎官方的史學活動。但這類私家史著，對元代整體上偏向冷落的史學狀況很有補救效果。

與元代疆域擴張、對外征戰相關聯，域外歷史地理書籍承前代而繼續有作，周達觀《眞臘風土記》1卷、汪大淵《島夷志略》1卷，是有名的域外史地撰述，前一書記載今柬埔寨等地的文物風俗和民情，後一書則記載印度洋沿岸各國和南洋諸島國的民俗風土，具有十分珍貴的歷史資料。但這類史籍數量不多，篇幅亦小，與元代對域外的廣泛交往不相侔合。

官方史學與私家史學的互動，存在於官方對宋、遼、金三史的纂修，三史纂修都利用了私家的史書資料，特別是《金史》的纂修，利用了劉祁、元

好問等人的私撰史稿，提高了史料價值。元代私家編輯一些適於普及歷史知識的書籍，例如宋遺民曾先之撰《古今歷代十八史略》、胡一桂編《十七史纂古今通要》、陳櫟撰《歷代通略》等等，這類書史也起到官、私史學相聯繫的作用，因爲蒙古族官員需要從這種篇幅簡要、文字淺顯的讀物中瞭解歷史。元朝蒙古族高官察罕，也編輯《帝王紀年纂要》，曾進獻朝廷，〔註113〕說明了蒙古統治階層有閱讀普及性史書的需要。

明代私家史學的發展繽紛多彩，具有與往代顯著不同的特點，特別是明中期之後，有相當大的民間自發性特徵。撰史向各個方向探索，史籍種類駁雜、數量繁多，使人目不暇接。其中經濟史撰述如邵寶《漕政舉要錄》、胡彥《茶馬類考》、王圻《兩浙鹽志》等，多當代社會經濟資料。邊防與軍事史著述如鄭若曾執筆、胡宗憲主持的《籌海圖編》、栗在庭《九邊破虜方略》、茅瑞徵撰《萬曆三大征考》等，於嘉靖朝之後不斷湧現。明代的域外地理撰述面世甚多，繁簡有別、良莠不齊，羅日褧《咸賓錄》、張燮《東西洋考》是值得注意的作品，而關於日本的記述，大多與抗擊倭寇的海防之書有所聯繫。

明代歷史評論，見解多遵從綱常倫理原則，嚴執華夷之辨，貶低與否定歷代少數民族政權，特別突出正統論觀念。另外，史論、史評之書數量增多，超越往代，如許浩《宋史闡幽》、顧充《歷朝捷錄》、郭大有《評史心見》、余大朋《史統》等流行當世，影響較廣。而李贄的《藏書》、《續藏書》更爲傳世名著，其歷史觀點在當時被視爲異端。

此外大量經世文編的編輯，如馮應京《皇明經世實用編》、王恕編輯《歷代諫議錄》等，接踵而出，至明末有陳子龍主持編輯《皇明經世文編》504卷、補遺 4 卷，更是一部巨著，資料豐富，對後世有很大影響，清代後期也出現了部帙巨大的《皇清經世文編》及其續編，最初當得自於明代同類文籍的啓示。

歷史考據專書數量甚多，但學術精品較少，王世貞《史乘考誤》、胡應麟《四部正訛》，爲其中佼佼者。歷史考據在明代的發展，主要趨勢不是承襲宋代言必有據的考證原則，不是進一步地講究嚴謹、精深，而是開闢出一塊新的境地，即撰寫一種鈎稽史料以考述某一歷史專題的著述。例如馮從吾《元儒考略》、王兆雲《皇明詞林人物考》、王光魯《歷朝經濟考》，王圻《謚法通

〔註113〕《四庫全書總目》卷四八，史部編年類存目。

考》、袁黃《群書備考》、史繼偕《皇明兵制考》、瞿九思《孔廟禮樂考》等等，名目極多，書名多有「考」字，表明當時社會對於考據爲治學一大法門的普遍認同。

當我們綜合考察不計其數的明代私家史籍時，可以看出多數爲歷史知識普及之書，其撰述目的就具有史學普及意識。明代的史學發展出現普及性潮流，這是史學史上前所未有的特點。明初官修《元史》成書不久，張九韶即撰成《元史節要》，認爲「惟是正史浩瀚冗繁，篇帙重大，未易可得，則夫元之一史，吾懼不能家傳而人誦之也……於是取《元史》正文，仿曾先之所編《史略》例，節其要者爲一書，以便觀覽」〔註114〕。成化年間丘濬在《世史正綱·自序》中稱：「愚爲此書，直述其事，顯明其義，使凡有目者所共睹、有耳者所共聞，粗知文義者，不待講明思索，皆可與知也。」這就是明確的史學普及意識，在無數史書中都有此類申明，成爲當時民間撰史宗旨的主流取向。明代普及性史書形式多樣，撰寫不拘體例，率意爲之，五花八門。但因相互模仿，也形成了在形式上相互模仿以至於有些雷同的幾種類別，擇要可以歸爲以下幾種：

第一，編年體簡明通史，提供系統全面的歷史知識，是其中大宗。宋代朱熹的《資治通鑑綱目》大量印行，江贄《少微通鑑節要》也成爲暢行之書，反覆刻印。隆慶年間，題名「唐順之輯」的《新刊古本大字合併綱鑑大成》，由書林歸仁齋刊行，可能是現今所能見到的最早的「綱鑑」之書。萬曆朝之後，以「綱鑑」爲書名的坊刻普及性史書大量湧現，其勢如潮，形成明後期一道特別的文化風景線。例如題名王世貞的《鳳洲綱鑑》、《王鳳洲先生綱鑑正史全編》等，今存即有八、九種，應屬冒名僞託。其它諸如《鼎鍥葉人史彙纂玉堂綱鑑》（題葉向高撰）、《新鍥國朝三元品節標題綱鑑大觀纂要》（題焦竑輯）、《新刻九我李太史編纂古本歷史大方綱鑑》（題李廷機輯）、《鼎鍥趙田了凡袁先生編纂古本歷史大方綱鑑補》（題袁黃撰）、顧錫疇《綱鑑正史約》等等，書名大多帶有招徠「顧客」的廣告特徵。

第二是史抄、史論及各種雜史著述，在明代相當龐雜。史論之書一如上述，史抄以《十八史略》最爲流行，其書的各種翻新演變版本，曾在明代大爲傳播，並且東傳日本，影響至爲廣泛。

〔註114〕張九韶：《元史節要》（《四庫存目叢書》史部第 131 冊）卷首，《元史節要序》。

　　第三爲私家撰寫前代和通代的歷史人物傳記，《中國古籍善本書目》登錄今存者110多種，如《女範編》、《歷代守令傳》、《廉吏傳》、《忠孝別傳》等，故事性較強，在普及歷史知識上的作用不可忽視。

　　第四是明朝當代史撰述，大部分也具備普及性史書的特點。在眾多讀者需要瞭解古今史實的社會狀況下，卓有特色的當代史著述往往會融入普及性史學潮流。陳建《皇明資治通紀》問世後，廣泛流行，隆慶年間雖然遭到明廷下令禁燬，卻「海內傳誦如故」。〔註115〕而且各種增補、刪節、接續、批點、仿撰之書頻出。這些史籍有聞則錄，不遑訂正，也不顧及官方的忌諱和厭惡。如明朝官方避忌建文帝的史事，民間則有記述其事的張芹《備遺錄》、郁袤《革除遺忠錄》、黃佐《革除遺事》、鄭曉《遜國記》等幾十種史書流行。這屬於私家史學對官方史學的矯正、補遺和對峙。

　　明代的普及性史書雖支派不同，體式各異，但具有一些基本相同的史學特點。

　　首先，明代普及性史書遵循史學規範，採取史書體式撰寫和編纂，總體上做到了不憑空虛構史事，不故意採用已知是虛幻失實的內容。即使靠商業運作謀利的坊間刻本，亦不以誇張情節、塑造形象的文藝手段取悅讀者。這種記述上不違史實的出發點，是史學規範的底線。明人的史識參差不齊，不可能對記載的內容一一嚴密考訂，但除去個別黨同伐異的當代史撰述之外，絕大多數作者主觀上是要如實記述的。這些史書，特別是編年通史著述，極少神異情節，就此而言，超過許多正史，體現明代史識所達到的水平。普及性史書在性質不同於歷史文學作品，底線是不故意編造故事情節、不做無根據的形象塑造。而《三國志演義》等小說作者，對諸如「空城計」之類的虛幻傳聞，則明知已經被陳壽所捨棄、被裴松之所辯駁，但因喜其新奇遂添枝加葉、大肆渲染，甚至不惜編造神異怪誕情節吸引讀者。二者對比，涇渭分明，根本原則完全不同，因此不能將文學作品混淆於史籍。

　　其次，明代的普及性史書十分注重傳佈歷史見解，因而史論的地位相當突出。特別是編年通史「綱鑒」一類撰述，紀事之後羅列多人的有關史論，也常常加入作者自己的見解，令讀者閱讀比較。一書卷首，往往以序言論史，或採取前人已有的史論。在明代普及性史書中，被採用最多的是元初宋遺民

<hr>

〔註115〕沈德符：《萬曆野獲編》卷二十五，《禁焚通紀》。載《元明史料筆記叢刊》中
　　　　華書局，1959年版，第一冊。

潘榮的《通鑑總論》。潘榮事跡未載於正史，今已鮮有人知，而在明朝中後期卻是名聲顯赫、紅極一時的史家，被許多史籍將之與司馬遷、班固、司馬光等並列。潘榮，桃溪（在今江西婺源龍山鄉）人，字伯誠，自號節齋。一生隱居，博通經史。南宋滅亡，秉節不履元地，樓居二十載。除《通鑑總論》外，還撰文百篇。〔註116〕他的《通鑑總論》被冠於多數編年體及其它普及性史書卷首，其文總結歷代治亂興亡，筆勢雄健，語言通暢，成爲傳佈歷史評論的力作。

再次，明代的普及性史書在注重歷史見解的基礎上，必然要求歷史觀點在整體上的一致性。早在宣德年間，民間學者劉剡即立意糾正陳壽、司馬光的影響，將《少微通鑑節要》、《十八史略》進行修訂，在三國時期改以劉備蜀漢政權爲正統，〔註117〕這爲後來所有普及性史書所採納。強調正統論、同時大講華夷之辨，是明代中後期占主導地位的歷史思想，普及性史書亦把元朝稱作「胡元」，往往用「夷狄」、「虜」等字樣稱謂歷代的少數民族政權，說明民間的普及性史學並不具備獨特的歷史觀念，它不過是傳統舊史學以淺易的形式走到社會基層而已。

有明一代，特別是明代中後期，普及性史書在民間廣爲流行。早在明英宗正統十二年，范理《讀史備忘·自序》即言：「史學之繁，浩乎不可勝記，少微先生《節要》所以述也……《節要》固已家傳而人誦之矣」。這「家傳而人誦」一語，也透露出各種普及性史書總的暢行狀況。弘治年間學者祝允明以批評口吻敘述當時學界狀況說：「今人自幼則以近人所類故事等，迨爲學業」，讀史取便捷者「若所謂《少微通鑑》、《史略》之類」。〔註118〕由此可見，這些普及性史書已成爲各階層人員學習歷史的階梯。萬曆時周希孔《史學千一弁語》〔註119〕認爲：「人即不能博覽載籍，至如鄧待詔《函史》下編及坊間所刻《綱鑑會編》者，必不可不閱」。按鄧元錫《函史》下編僅二十一卷，貫通古今歷代典章制度，等同於普及性史書，這裡提到《函史》而僅言下編，

〔註116〕據乾隆二十二年改正定本《婺源縣志》（載於成文出版有限公司影印《中國地方志叢書》），卷十五《人物·儒林》。

〔註117〕《立齋先生標題解注音釋十八史略》卷三載劉剡按語：「……曾氏仍陳壽之舊，以魏稱帝而附漢、吳。剡即尊朱子《綱目》義例而改正《少微通鑑》矣，今復正此書，以漢接統云。」據此，則兩書皆經劉剡所改訂。

〔註118〕祝允明《懷星堂集》卷十二，《答張天賦秀才書》。

〔註119〕日本靜嘉堂文庫所藏抄本《史學千一》卷首。

可見史書的普及性能在時人心目中的地位。至清初，左昊《讀史綱‧凡例》仍認爲：「至於『大方』、『少微』、『玉堂類編』、『正史約』、『綱鑑補』、紀事本末、《函史》、『快編』諸集，前輩俱有成書，學者所當奉爲科律」。這裡「大方」、「玉堂」、「綱鑑補」，應是上文所述題名李廷機、葉向高、袁黃的「綱鑑」之書，「少微」即《少微通鑑節要》，「正史約」乃顧錫疇《綱鑑正史約》，「快編」即趙維寰《雪廬讀史快編》，均爲明代普及性史書中頗享盛譽者。將這些書籍「奉爲科律」，充分反映出明代史學的普及性潮流所具有的強勁聲勢和深刻影響。

明代普及性史書靠書坊刻書業的商業機制運行，私營刻書業在明代非常繁榮，有利於文化知識的傳播。書坊刻書具有盈利的目的，而普及性書籍的大量湧現、層出不窮，表明明代有眾多閱讀者，也有眾多撰寫者。撰史者普遍追求「家傳而人誦」的社會效果，淡化了撰史進獻朝廷的傳統意念，置官方價值標準於不顧，使私家史學與官方在史學思想上隔膜和疏離，但在史學發展上則起到加厚史學建設基礎、走向社會基層的作用。風行的普及性史書，彌補了明代官方修史活動的縮減，是中國古代史學史的新發展。

從漢代以來的官方史學與私家史學的互動關係，經過長足的發展和演變，有幾個階段的衝突、磨合與良性互補，到元明兩代則呈現隔膜、疏離、各行其是的傾向。這給清代官方史學與私家史學相互關係的發展，遺留了難題，也留下選擇和開拓的廣闊空間。

第二章　清朝官方史學概述

　　中國官方史學發展到清朝時期，挽明代官修史之衰，達到了一個繁榮發展的高峰，清廷在記史和修史組織機構的建設、纂修史書的質量、史學思想及史學方法的探討等各個方面，均超越了前代，取得十分顯著的成效。清朝又是起自關外，從一個少數民族政權發展、壯大，入主中原，因而其官方史學經歷了萌發、進展、繁榮和衰退的完整過程。近代以來的研究者對清朝官方史學關注不夠，如梁啓超《中國近三百年學術史》列舉清代史學成就，卻極少提到官修史書。為了考察清代官方史學與私家史學的相互關係，首先應當對清朝官方史學有一個概略的瞭解。

一、清朝在修史制度上的建設

　　清朝的修史制度，部分地承襲了明朝的組織方式，但糾正明朝簡陋、不規範的弊端，也避免了宋朝修史機構過於繁複、組織機構過多變化的不良狀態，達到布局比較妥當和效率較好的機制。清朝在修史制度上的建設，是官方修史活動的組織基礎，是官方史學存在和發展的基本保證。

（一）內閣、翰林院與修史制度

　　早在入關前清太祖努爾哈赤時期，已設有文館，或稱書房，作為從事文字事務的處所。〔註1〕至清太宗天聰三年（1630），將文館人員分為兩值，即翻譯漢文書籍和記錄本國史事。天聰十年三月，改文館為內三院，即內國史院、內秘書院、內弘文院，成為地位較高、組織比較完備的中央文官衙門。

〔註 1〕見《清史列傳》（中華書局，1987 年標點本，後同）卷四，《達海傳》、《希福傳》。

在內國史院的職掌中，明確規定了編纂實錄等修史任務。〔註2〕清廷入關後直至順治十五年（1658），基本保持了內三院的建置，此間纂修實錄、聖訓、《明史》等，雖已專設史館，但這些史館皆被視爲內三院直設的隸屬機構，與內三院的誥命房、典籍廳等辦事處同等看待。〔註3〕順治十五年，清廷曾仿明制設內閣和翰林院，廢除內三院。但順治帝逝世後又恢復舊制，史館地位依舊。直至康熙九年八月，康熙帝下令「改內三院爲內閣，其大學士、學士官銜及設立翰林院衙門等官，俱著察順治十五年例議奏。」〔註4〕於是，內閣、翰林院的設置從此確立，直至清末。

內閣和翰林院雖與官方修史活動有密切關係，但不僅不直接承擔重要的修史任務，而且不獨自承擔重要史館的組建，如實錄館、會典館、國史館等，其人員組成有內閣官員，也有翰林院官員，還有其它政府機關派充的官員，各部尚書、侍郎、都察院左都御史、詹事府詹事等都可充任總裁或副總裁。而方略館由軍機處掌管，內閣和翰林院很少直接參與其事。由此可見，清朝修史之館從組建上即已呈現爲多元化。多元化的組織機制，有賴於皇權的統一協調，因而十分便於皇帝對修史活動的直接控制。

內閣是輔助皇帝辦理國家政務的中樞機關，行政事務相當繁重，它與內三院不同，已沒有直接承擔修史任務的職能。翰林院主要是一個儲才機構，翰林官被稱爲「詞臣」，參與纂修各類書史是其重要職責。但大多數書史纂修工作，亦不是由翰林院獨力承擔，因此，內閣、翰林院的確立，對清朝官方修史活動的組織方式影響頗大。在這種體制下，清朝像明代一樣，史官無專職，清廷可根據所修史書的不同特點，更靈活地任用修史人員。對於多數史書的編纂，翰林院是提供纂修官員的重要機構，備有眾多的尚無其它行政職務的詞臣，並可根據需要擴充和縮減。這樣，即使官方修書活動規模擴大，也不致使國家行政機構過於膨脹。這是內閣、翰林院設置優於原內三院體制的一個方面。

內閣和翰林院建置的確立以及修史組織機制的多元化，使清朝修史各館的地位也各不相同。纂修重要史籍的大型史館，有的名義上還附屬於內閣，如實錄館；有的則無明文確定其附屬關係，如會典館、國史館。但這些重要

〔註2〕《清太宗實錄》卷二八，天聰十年三月辛亥。

〔註3〕參見張德澤：《清代國家機關考略》，中國人民大學出版社，1981年版，第11頁。

〔註4〕《清聖祖實錄》卷三三，康熙九年八月乙未。

的史館無論有無附屬名義，都實際上獨立地執行著修史職能。

（二）清朝的各類修史之館

有清一代開設的修史之館極多，各種修史項目幾乎覆蓋了整個史學領域。由於所修史書的性質不同，各種史館在設置上的持續性、連續性也各不相同，可分為特開之館、例開之館、常設之館和閱時而開之館四類，四類史館組成了官方史學組織上的周密布局。所謂特開之館，是專為修輯特定史書而開設。書成館閉，不再重開，如《明史》館、《明紀綱目》館、《通鑒輯覽》館、「三通」館等等；所謂例開之館，是每至一定時期必應開辦的史館，如實錄館在一朝皇帝逝後不久照例開辦，玉牒館每十年開設一次；所謂常設之館，即常設不閉、持續進行修史活動的史館，如雍正朝之後的起居注館、乾隆中期以後的國史館等等；所謂閱時而開之館，是指根據具體條件議定開設，以纂修接續性、系列性史籍的史館，如會典館、功臣館等。閱時而開之館，既不常設、又無定例，表面上與特開之館相似。其實不同，因為此類史館所修史籍，本身就預示著還將有所接續，而且先後開館，皆以成例、成書相參稽，這又與例開之館類似。

各類史館的組成結構，依據修史項目的性質與重要性略有區別，但標準的官員設置都有總裁、副總裁之職。總裁之下，設提調主持館內日常管理工作、收掌、供事等在提調指揮下分擔各種事務。纂修人員有總纂、纂修、協修等官。協修與纂修結撰初稿，經總纂細加刪改，再由總裁審閱。另外還置有校對、翻譯、謄錄等，這是各史館職官結構的一般模式。〔註5〕史館的上述職銜，有一個充實和發展的過程。至乾隆時期才趨於完備。

（三）對修史人才的任用

史官無專職的結果，一方面可使辟用修史人員具有較大的靈活性，另一方面也可能造成修史人員缺乏專業技能，影響修史的進度和質量。為此，清廷採取一些有效的的措施，使精通史學的人才得到任用，概括而言就是：以科舉考試而廣泛收羅，行薦引延請而專門擢用，視眞才實學而委以重任。

清代科舉考試的內容，經學而外還有史學。乾隆元年曾明確規定鄉試、會試策題必令詳引《通鑒綱目》中史實和人物，敘述歷代的制度沿革，〔註6〕

〔註5〕清起居注館官員職員不同於其它各館，但起居注冊一般亦不被視為正式史著。
〔註6〕《清高宗實錄》卷一九，乾隆元年五月甲寅。

有時策問還提出專門的史學試題，如乾隆元年博學鴻詞科有《史論問》這一策題，〔註7〕連續提出關於歷代史書評價、修史制度利弊、史學人才標準等一系列問題，此後亦常在策試中問及編年、紀傳二體利病、正史類傳是否得宜等等。這樣，科舉考試勢必推動士人習史，有利於培養修史人才。考中進士的人員，多數先經翰林院內任職，大部分都有機會參與修書工作。因此，進士中精於史學的人員，一般皆能得到相應任用。清朝官方修史活動規模較大，需要眾多的修史人員，其主要來源是科舉考試收羅到的詞臣。

針對具體史書的編撰，清朝還允許採用舉薦和延請的方式聘用修史人員，這在康熙年間編撰《明史》之時尤為顯著。乾隆年間纂修《大清會典》，亦規定：「聽該館總裁於進士、舉貢內確知經術湛深、長於編纂者酌保數人一併具奏，以專責成、以收實效。〔註8〕《四庫全書》館開設後，無官職的邵晉涵、戴震、余集、楊昌霖等被舉薦入館，其中邵晉涵是撰寫史部提要的主要執筆人之一。嘉慶年間，安徽貢生汪萊被薦舉入國史館，纂修《天文志》、《時憲志》。〔註9〕清朝後期，有關薦舉修史人才的記載偏少，但國史館往往採取招考協修官的方法補充修史人員，報考者需要原屬衙署出具保舉證明。〔註10〕可見史館任用修史人員，當不會排斥薦舉的方式。採取薦引和延請的方法，可使官方獲得特殊的修史人才，在一些較難纂修的史籍中發揮比較大的作用。

清朝修史各館的纂修官員，在原則上可以隨時調離史職，改為他任。但各館也比較注意保留一些能力較強的修史人才和謄錄、翻譯、校對方面的熟手。史館雖是集眾修書，纂修官也人數眾多，但並不完全排除對個別史才卓越者委以重任。例如：纂修《明紀綱目》以楊椿出力獨多，《通鑑輯覽》全仗楊述曾的盡心盡力，程同文在嘉慶會典館內「嘗修《大清會典》八十卷，裁酌損益，不假旁助，自謂一生精力盡於是書。」〔註11〕諸如此類，皆是獨得修書重任的典型事例。總之，清朝官方在任用修史人才上的多種方法，是修史活動組織方式的一個重要方面，保證了官修史書得以完成並達到一定水平。

〔註7〕 載清高宗《御製文初集》卷一四。（影印文淵閣《四庫全書》本，後同）
〔註8〕 乾隆《大清會典則例》卷首，來保等奏摺。
〔註9〕 見《清史列傳》卷六九，《汪萊傳》。
〔註10〕 見《國史館檔案》人事類，第948號卷。
〔註11〕 以上見《清史列傳》卷七一《楊椿附楊述曾傳》，《國朝耆獻類徵》（初編）卷一二四《楊述曾墓誌銘》，《清史列傳》卷七三《程同文傳》。

（四）清朝修史制度的特點

清朝官方在纂修各種史籍的過程中，修史制度也形成了一些新的特點。這些特點，有的與清朝政治上的特徵相關聯，有的是參照了唐代以來的史官制度而有所發展，有的體現了滿族居於統治民族地位的某些特徵，有的則是修史制度上的新規定。

第一，皇帝親自干預的加強。皇帝干預官方的修史活動，歷代皆然，但也有干預之強與弱、直接或間接的區別。清朝盛時，皇帝親自全面干預修史活動，達到了十分顯著的程度。重要史書的審定，實行以次進呈，即不待全書完稿，就陸續呈交皇上審閱。皇帝對於史稿的載事、行文，審閱後作出的指令往往涉及細枝末節。到了乾隆朝，清高宗干預官方修史活動的作為更進一步加強，幾至於顯示出決斷去取、一身獨任的姿態。他親自設計史書體例和內容範圍，指出舛漏及提出解決辦法，對修史訛誤的斥責和懲處也趨於嚴厲。

第二，史料徵用體制的通暢。清代修史各館在執行任務時，對史料的徵集和利用十分通暢，受到清廷的格外重視，規定：「各館修書處有請領實錄校對他書者，該館出具印領，赴內閣恭請，滿本房檢明卷帙，註冊給發」〔註12〕，各種檔案、公文，也許可修史館局向各個衙門調集。史館雖無政治和行政上的權力，而徵用各類史料卻可以很通暢的實現，其原因即在於重要史書的修纂，乃是奉旨辦理，以欽奉上諭的名義進行。清廷設立「欽奉上諭事件稽查處」，監督、處分皇帝諭令辦理事務的落實情況，纂修重要書史的徵集史料是其中的要務之一，各衙門不能不積極對待。皇權為史館的徵集史料大開了方便之門，這是清代修史制度中值得注意的優點。

第三，保證滿人參與修史。在清代，滿州上層比漢族官僚享有更多的政治上和經濟上的特權，但在文化水準方面，卻遠遠不及漢族士人。由於清廷對官方修史事業極為重視，不願聽任漢人獨佔官方史苑，滿人的史才又不堪與漢官相比，於是便採取在史館的各級官員中都配備滿族員額的方式，以保證滿人參與修史，只有前期的《明史》館稍稍例外。清廷在主要的史館中保證滿人參與修史，與它在其它國家機關中皆規定滿官名額的做法相一致，確實帶有一定的民族戒備心理。但是修史是一種文化事業，與掌握實權的國家機關不同，此中還應當有一種抽象的民族意識，即要使滿洲人在官方史學上

〔註12〕乾隆《大清會典則例》卷二，《內閣》。

也體現出主導地位，哪怕只是表面化的體現。

第四，較嚴格的督察處分制度。清朝對修史工作建立比較嚴格的督察和處分的制度，修史人員定有功課即工作量、對所修史書定有期限、有負責督察的機構、對修史的遲延和錯誤有所懲處，這些都嚴於以往各代。保證官方修史的督察處分制度的執行機制中，最重要的是雍正八年十一月清廷設立的「欽奉上諭事件稽查處」，這個機構職權甚重，專門檢查各部院、各衙門、各旗及所有其它機關辦理上諭特交事件的進展情況。修史既是奉旨纂辦事項，亦在此機構的稽查範圍之內。修史各館總裁酌定的纂修功課數額，須報欽奉上諭事件稽查處，經奏准後遵照實行。纂修的進展情況，各館要「每月於初五前造冊送查，每三月一次，將各館修成書目，及有無告竣期限查奏，有稽延者劾參。」〔註13〕自乾隆三十八年《四庫全書》館制定《功過處分條例》〔註14〕，專爲參修人員設立「功過簿」，記過三次者，總裁罰俸半年、總校以下各員罰俸三月。〔註15〕這是處分修書錯誤趨於制度化之始。嘉慶五年制定「各館修書，纂修官文理錯誤者，罰俸三月，總裁罰俸一月。校對官不能對出錯字，校刊官版片筆畫錯誤不能查出者，亦罰俸一月」〔註16〕等等。而實際上如果引起皇帝震怒，處分往往更加嚴重。

總而言之，清朝修史制度在許多方面都趨於健全和完備，保證了官方能夠進行多種多樣、較大規模的修史活動，因此帶來了官方史學的一度繁榮。但是，清朝並沒有完全克服歷代王朝官方修史的固有缺點，諸如總裁官有的不諳史學、纂修官中有濫竽充數的現象，特別是清朝的修史制度完全是在皇權專制強化的前提下形成，限制了史官發揮其史才和史識。

二、清朝官方記史與修史的起始

（一）滿文「汗的檔子」的編錄

據史籍記載，努爾哈赤於公元1616年正式建立後金政權，而在此十七年之前，即明萬曆二十七年（1599），即令額爾德尼等人根據蒙古文字形創制滿文，這就是無圈點老滿文。滿文的產生，爲撰寫官方文書和記錄史事提供了基本條件。用滿文撰寫的官方文獻保存下來，形成了各種類別的滿文檔冊，

〔註13〕 光緒《大清會典事例》卷一五，《內閣・稽察上諭事件》。
〔註14〕 《辦理四庫全書檔案》，轉引自郭伯恭《四庫全書纂修考》第八章。
〔註15〕 《清高宗實錄》卷一○三七，乾隆四十二年七月戊子。
〔註16〕 光緒《大清會典事例》卷一一二，《吏部處分例》。

但就其內容性質而言，主要可分爲兩種，一種是滿文記事性檔冊，即官方的歷史記錄；另一種原始公文案牘的彙存。

記事性的滿文檔冊，由「汗的檔子」創始而進一步發展完善，是清入關前最重要的歷史文獻。所謂「汗的檔子」，是以當時最高統治者——後金汗努爾哈赤的言論、行動爲中心，按時間順序記載政治、軍事、經濟及外交等方面的事務，形成一種編年體的歷史資料長編，內容十分豐富、廣泛。這種記事性的滿文檔冊，是清入關前最早歷史載籍的雛型。

以記述汗的言行、政事爲主線的「汗的檔子」，同時也選錄公文、案牘的內容和抄載其它檔冊的資料，具備內容的綜合性和記載的全面性，如《舊滿洲檔》天聰九年檔冊之中，就有注明是錄自八旗檔子的內容。這一方面促進了公文、案牘某種程度的保存和利用，另一方面卻因爲經過記事性檔冊的選錄之後，原始公文、案牘的價值更被忽視。這樣，編錄記事性滿文檔冊便成爲清入關前檔案制度和記史活動的核心工作，公文、案牘的備存則處於從屬的地位。

1931 年，故宮博物院文獻館在清理檔案文獻的工作中，才陸續發現了這批檔冊，不僅經過乾隆朝裝裱的三十七冊無一短缺，而且在 1935 年又發現了乾隆朝也未發現的另外三冊，經鑑定亦與此前發現的三十七冊檔冊屬於同一系列。這四十本滿文檔冊恰好是清太祖朝和太宗朝各二十冊，所記史事起自清太祖天命元年之前九年（1607），止於清太宗崇德元年（1636），中間年月有所缺失，記事內容也有重複。各檔冊大多以時間順序記述史事，但也有公文、敕書及雜亂無年月文件的合訂。

這四十冊滿文檔冊歷經輾轉遷移，今藏於臺灣故宮博物院。1969 年，臺灣故宮博物院將之如數影印，定名爲《舊滿洲檔》，以示與學術界早已熟知的另一種歷史文獻《滿文老檔》有所區別。

《滿文老檔》是乾隆三十九年起開始抄錄整理原檔而成的新抄本。據中國第一歷史檔案館所存乾隆三十九年十一月二十二日的一份檔案文件稱：「本月二十一日奉舒、於中堂諭：所有天命、天聰、崇德年間無圈點老檔，派滿纂修官明善、麟喜二員悉心畫一，並派滿謄錄等上緊繕錄一份，逐本送閱，毋得草率……」〔註17〕次日，便派「翻譯官書文、景明以供查考，滿謄錄無量保、佛喜等上緊繕錄」，另有六名供事辦理有關雜務。二十五日至二十八

〔註17〕《國史館檔案》（中國第一歷史檔案館收藏，後同）編纂類，第 47 號卷。

日，又增派人員並將所有三十七冊原檔調集出庫。〔註18〕乾隆四十年二月，又決定按現時通行的滿文字體「另行音出一分」，即用帶圈點新滿文再抄錄一份，這是新添加的一項。

乾隆時重抄的《滿文老檔》，按文字分爲無圈點老滿文的「原本」和新滿文的「音寫本」按規格和繕寫過程又分爲「草本」、「正本」和「副本」。草本是最早抄錄而成的兩種字體的底稿，字跡較爲潦草；正本是依據草本詳加校對後繕寫而成，字體規整、裝幀考究，仍爲老滿文、新滿文各一部，是宮中鄭重典藏之本。乾隆四十三年，又照正本重抄老滿文、新滿文字體各一部，書冊尺寸略小，完成後送盛京（今瀋陽）宮中保存。總之，乾隆朝重抄《滿文老檔》共爲兩種字體、三種規格共六部，清朝滅亡後，比入關前的原檔更早地被發現和利用，並以「滿文老檔」的名稱流傳於世。

記事性滿文檔冊，是不可多得的珍貴歷史文獻，在整個中國古代所有少數民族文字的典籍中，以其歷史紀實性、內容的豐富性和文獻上的原始性而卓然特立。記事性滿文檔冊的存在，表明清太祖努爾哈赤政權具備高度重視歷史記載的意識，在這一點上超過了以往大多數政權的開創時期，這在中國史學史上是一個值得注意的典型範例。

在天命元年（1616）以前的追述部分，以及天命元年後的最初幾年，滿文檔冊在記事時間上還不完全精確，有的有年而無月、日，有的有年月而無日期，顯示出初始時期在記載方法上的不成熟性。但是，天命元年的記事中，已出現了確切的日期，如對七月至十一月準備和進攻薩哈連部的記載，就有一系列準確的日期。〔註19〕天命二年，年、月、日俱全的歷史記載已占很大比例，天命三年，有些記事不但年、月、日俱全，而且準確到一天的時辰。這表明滿文檔冊的記載方法，較快地向著按確切時間記事的方向發展，至天命六年，便基本形成記事有準確日期的編年體形式。所載史事在時間上的確切性，極大地提高了滿文檔冊的史料價值。

滿文檔冊作爲後金政權最早的歷史載籍，是在其自身的軍政活動中產生的。它使用的是本民族的文字，在體例上雖最終成爲按日記事的編年體，而最初卻是由隔一段日期追述史事的方式逐步摸索和發展而來的，不能排除努爾哈赤等人受到漢族文化的影響，但「汗的檔子」並非直接移取漢族高度發

〔註18〕《國史館檔案》編纂類，第47號卷。
〔註19〕《滿文老檔》太祖朝第五冊，天命元年六月至十二月。

展了的史籍形式。所以記事性滿文檔冊的出現，標誌著一種具有自己民族特色的史學的萌芽，它不是在直接承襲中國二千多年傳統史學成就的基礎上產生，而是中華民族史學文化又一旁支的興起。

清入關前記事性滿文檔冊雖有上述特點及史學意義，但也有著較大的史學上的弱點。首先，它長期沒有明確的編載義例和擇取史料的標準，內容不免有些龐雜而且漏略。其次，清入關前的統治者重視記錄史事、重視利用滿文檔冊，卻缺乏對滿文檔冊從文獻學意義上的愛護和尊重，在《舊滿洲檔》原件上，多有後來的塗抹和添注，在重新抄錄件上則間有內容的添寫和修改，這些做法在當時都被視為無可非議之舉，反映出史學觀念上的一個缺陷，對清朝前期官方史學亦有不良的影響，前三朝實錄的反覆修改即為明顯的事例。

（二）清太祖朝實錄的初創性纂修

清入關前，從清太祖時期就形成了記錄和編存滿文檔冊的制度這種滿文檔冊具有後金政權自己的民族特色，是官方史學活動的萌芽，為其進一步發展提供了良好的基礎。但在太祖和太宗朝最初幾年，滿文檔冊記載的內容雖日益豐富，卻沒有出現新類型的書史編輯活動，官方史學的進一步發展是在漢族傳統史學的影響下才實現的。

自清太宗天聰五年前後，後金政權加快調整政策、改革體制的步伐，並加意學習漢族傳統文化。天聰五年（1632）七月，後金設立六部，辦理國家政務。〔註20〕閏十一月，清太宗敦促滿洲貴族子弟讀書明理。〔註21〕天聰五年十二月，寧完我上長篇奏疏，提出在設立六部之後應進一步「立諫臣」、「更館名」、「置通政」、「辨服制」等等，並且指出：若不將官制、法度建設完備，「萬一有亂政者，言漢制不宜行於我朝，又不免將開創嘉謨，中道廢止矣。」〔註22〕很明顯，當時在某些方面仿從漢制，已是最高統治階層的公開決策，否則不會出現這樣的奏請。在文化方面，天聰六、七年間要求學習和接受漢族傳統文化的呼聲十分高漲，如王文奎、寧完我等人即曾上疏請清太宗讀經閱史。〔註23〕編纂人祖實錄的修史活動，就是在這種銳意仿從漢族政權傳統制度和傳統文化的背景下開始的。

〔註20〕《清太宗實錄》卷九，天聰五年七月庚辰。
〔註21〕《清太宗實錄》卷十，天聰五年閏十一月庚子。
〔註22〕《清太宗實錄》卷十，天聰五年十二月辛卯。
〔註23〕見羅振玉編《史料叢刊初編・天聰朝臣工奏議上、中》。

　　為後金政權創立者努爾哈赤纂修實錄，其起始日期史無明文。天聰六年十一月，楊方興《條陳時政疏》曰：「編修國史。從古及今換了多少朝廷，身雖往，有名尚在，以其有實錄故也。書之當今謂之實錄，傳之後世謂之國史，此最要之事。我金國雖有榜什在書房中，日記皆係金字而無漢字。皇上既為金漢主，豈所行之事止可令金人知、不可令漢人知耶？遼、金、元三史見在書房中，俱是漢字、漢文，皇上何不仿而行之，乞選實學博覽之儒，公同榜什將金字翻成漢字，使金、漢書共傳，使金、漢人共知。千萬世後知先汗創業之艱難、皇上續統之勞苦，凡仁心善政，一開卷朗然，誰敢埋沒也！」〔註24〕這裡首次提出了關於纂修實錄問題的建議，應當已被後金政權所採納，天聰七年十月，清太宗諭文館諸臣曰：「爾記載諸臣，將所載之書宜詳加訂正，若有舛訛之處即酌改之。朕嗣大位，凡皇考太祖行政用兵之道，若不一一備載、垂之史冊，則後世子孫無由而知，豈朕所以盡孝乎！」〔註25〕按其語意，當時必正在進行太祖實錄的編纂工作。因此，清太宗時期纂修實錄的活動至遲於天聰七年即已開始，由文館諸臣負責編纂。

　　這次纂修實錄之舉，雖然起因於仿從漢族歷代政權脩史的做法，但實際上對歷代實錄的體式、書法等並無意全面模仿，還獨出心裁地為太祖努爾哈赤的事跡繪製多幅畫圖。天聰九年八月，圖先成，《清太宗實錄》載其事曰：「畫工張儉、張應魁恭繪『太祖實錄圖』成，賞儉人口一戶、牛一頭、應魁人口一戶。」〔註26〕天聰九年（1635）《舊滿洲檔》於八月初八日亦載有此事，稱「張儉、張應魁二畫匠給先英明汗的實錄畫的很好」，〔註27〕兩相對照，可知《清太宗實錄》之中的「太祖實錄圖」字樣，只是後來對該圖的一種稱謂，天聰年間並無此稱，因為努爾哈赤尚無「太祖」這個廟號。更無須將之視為一件完整書冊的正式完成。《清太宗實錄》和《舊滿洲檔》記載的意思十分明顯，天聰九年八月只是繪圖告成，受到賞賜的也只是這兩名畫匠，撰寫文字部分的官員無一受獎之人，因而不是全書的完竣。過了一年又三個月之後，至崇德元年（1636）十一月，實錄的文字部分才完全告成。此時清太宗已於本年四月登基稱帝，定年號為「崇德」、改國號為「清」，其父努爾哈赤也正式有了廟號、諡號，書名才可能堂哉皇哉地題曰「大清太祖承

〔註24〕載《史料叢刊初編・天聰朝臣工奏議上》。
〔註25〕《清太宗實錄》卷一六，天聰七年十月己巳。
〔註26〕《清太宗實錄》卷二四，天聰九年八月乙酉。
〔註27〕見遼寧大學歷史系，1979年印行《漢譯滿文舊檔》，第105頁。

天廣運聖德神功肇紀立極仁孝武皇帝實錄，太后孝慈昭憲純德真順成天育聖武皇后實錄」，這就是後來簡稱《太祖武皇帝實錄》的原本。全書分為四卷，每頁以滿、蒙、漢三種文字繕寫，上下對照，且畫有戰爭場面的83幅插圖。朝廷舉行了隆重的進書儀式和慶典，所有纂修官員均受到不同程度的賞賜。〔註28〕

現今我們能看到的《太祖武皇帝實錄》單一漢文或單一滿文的文本，是源於清順治時期的重新繕寫之本，順治朝初修《清太宗實錄》期間曾繕寫入關前的太祖實錄，但只繕其文，未繪其圖，遂改變原書形式，依照當時所修《清太宗實錄》的樣式，分為三種文本，刪去書名中太后之稱，並且在每卷正文之前都加上書名、卷數。這已經不是入關前原書的樣式了。

清太宗崇德元年修成的《太祖武皇帝實錄》，是清入關前仿從漢族政權傳統修史制度的首次嘗試，標誌著從單純記錄和編彙檔冊向建設官方修史體制的轉變，在清官方史學的發展上邁進了重要的一步。然而，這部清朝首次修成的實錄也存在著一些值得注意的問題，概略而言，有以下三點：

1、與漢族政權傳統的實錄體例不合。《太祖武皇帝實錄》書前沒有皇帝的御製序，沒有目錄、凡例和纂修官職名表，也未收載實錄告成的進書表，在行文書法上也很不考究，如對於清太祖努爾哈赤，天命元年之前書以「太祖」，其後書為「帝」，而不是仿從通例書作「上」；記載日期不採用干支來表示，亦與實錄的體式不合。在組織方式上，只委派希福、剛林等等纂修官員，先是在文館、後由內國史院直接負責，而不設立實錄館，亦與明朝的纂修體制不同。

2、載筆論事阿從清太宗私意。努爾哈赤死後，後金政權在選定繼位者的問題上發生政治鬥爭，結果皇太極（即清太宗）繼承汗位，隨即努爾哈赤的大福金烏拉納喇氏被迫殉死。《太祖武皇帝實錄》記載此事，對大福金毫無姑容地予以貶抑。而與此相對照，清太宗的生母葉赫納喇氏則被極力美化，甚至說清太祖對其病死「齋戒月餘，日夜思慕痛泣不已」，〔註29〕虛飾之詞，十分顯然。不僅如此，據《滿文老檔》載，這部《太祖武皇帝實錄》在修成之時，書名中就同時加有如是所述的「太后孝慈昭憲純德真順成天育聖武皇后

〔註28〕《滿文老檔》太宗崇德朝第三十六冊，崇德元年十一月十五日。
〔註29〕《太祖武皇帝實錄》卷二，辛丑年九月（中國人民大學，1984年版《清入關前史料選輯》本，後同）。

－83－

實錄」字樣，合稱爲太祖、太后實錄。〔註 30〕而實際上，清太宗的生母於戊子年（明萬曆十六年，公元 1588 年）嫁與清太祖，〔註 31〕年十四，於辛丑年（明萬曆二十九年，公元 1601 年）即已死去，〔註 32〕年僅二十七歲。其死時距努爾哈赤正式建國的天命元年（1616）尚有十五年，對後金政權創基立業的活動關係甚微，而實錄修成後竟以太祖、太后並列於書名，顯然是阿從清太宗旨意，藉突出其生母以壓抑諸弟兄地位。據重繪的《滿洲實錄》中的圖畫，以清太宗戰績爲主的有 7 幅，數量爲清太祖其餘諸子所不及，與此相應，敘事中對清太宗的功業也有所渲染，是《太祖武皇帝實錄》的纂修者有意突出清太宗地位的表現。

3、開清朝實錄隱諱、文飾之先河。清朝自入關前纂修《太祖武皇帝實錄》始，已經有意識地對史實加以隱諱文飾。例如自清太祖建國以來，國號一直爲「金」，然而天聰九年十月，清太宗指令一切人等只許稱本國爲「滿洲」。〔註 33〕此後修成的《太祖武皇帝實錄》，也對原來使用的女眞和金國的國名，不顧史實地改爲「滿洲」。表明入關前的清統治者尚本缺乏尊重史實的觀念，這對後來官方史學的發展有著不良的影響。不過，入關前在史事的諱飾方面尚不周密，如卷末稱譽太祖功業時即有「闡微言、創金書」之語。實錄中雖不載早期努爾哈赤入北京朝貢明朝之事，但全書仍對明朝持卑謙詞語，稱之「大明」，且行文樸直，載有許多其它文獻不能見到的史事，具有很高的史料價值。

三、記載與纂修本朝史之基本格局的確立

清廷入關之後，爲了適應對關內廣大漢族地區的統治，不能不進一步接受幾千年來長足發展的傳統文化，在史學方面也不例外。但清初進行的統一全國、鞏固統治秩序的軍事行動延續了較長時期，以滿族爲主體的上層統治集團，在接受漢族文化傳統方面也是一個漸進的過程，這樣，官方史學基礎的奠定也就經歷了較長的過程，至雍正朝才形成與確立了官方記述本朝史的基本格局。

〔註 30〕 後來《清太宗實錄》卷三二敘述《太祖武皇帝實錄》修成，隱去關於「太后」的題名。
〔註 31〕 《太祖武皇帝實錄》卷一，戊子年九月。
〔註 32〕 《太祖武皇帝實錄》卷二，辛丑年九月。
〔註 33〕 《清太宗實錄》卷二五，天聰九年十月庚寅。

（一）順治朝官方修史的過渡狀態

順治朝清廷進入北京，更廣泛地接觸了漢族的傳統文化，官方學習、仿從漢族傳統史學和編纂史書的熱情很高。順治二年（1645）便詔修《明史》，並進行了一些彙集史料的工作，後來又設想編纂大型歷史類書《順治大訓》和編年體通史《通鑒全書》等，〔註34〕但順治時期清政權面臨複雜的政治、經濟、軍事問題，明末凋敝的社會經濟尚未恢復，國內民族矛盾異常尖銳，敵對的政治、軍事勢力不僅有南明政權，而且有農民軍各部。在這種情況下，官方尚不具備從事大規模修史工作的條件，《明史》實際上並未著手編撰，《順治大訓》只議定體例，《通鑒全書》恐僅存設想。

順治朝實際纂修的史書很少，除《清太宗實錄》及太祖、太宗兩朝聖訓外，僅《御製人臣儆心錄》等幾種，《御製人臣儆心錄》為論說體，篇幅極略，引述歷史上姦臣誤國事例以警戒臣僚，是清廷感於寵臣譚泰，陳名夏等獲罪被誅而編輯，〔註35〕其中搜集歷代人物史實為例，加以論述，藉以警告大臣。這種懲戒性史書，明初已曾興起，順治朝編纂此書乃是得自明太祖朱元璋敕撰《辨奸錄》、《臣戒錄》等書的啟示，是君主專制主義在官方史學上的表現。另外，還有一些引據史事、以闡義理的書籍，如《資政要覽》、《內則衍義》之類，雖非屬史籍，但前者「義理一本於經，法戒兼裁於史」，〔註36〕後者以史解經，皆包含大量史書內容。這些書在取材上專取正史、《通鑒》等史籍，摒棄了稗官野史，而不像入關前那樣不分稗官、小說、傳聞一攬全收，為我所用，在史料的鑒擇方面，更貼近於正宗的傳統史學標準。

順治朝修成的《清太宗實錄》體例、書法皆不正規，如日期不書干支，紀事往往缺載月、日，還多採用追述方式，既不合編年之體，又造成內容前後重出，〔註37〕文句俚俗、字義不當、姓名舛錯，語氣不通等問題也十分嚴重。〔註38〕兩朝聖訓的纂修開清代纂修聖訓之書的先河，影響深遠，但順治朝所修之聖訓與《清太宗實錄》一樣存在著詞語俚俗、載事瑣屑等問題，反

〔註34〕見《清世祖實錄》卷八八順治十二年正月辛亥，卷九七順治十三年正月癸未。
〔註35〕見《四庫全書總目》卷七九，史部職官類，《御製人臣儆心錄》提要。
〔註36〕《四庫全書總目》卷九四，子部儒家類，《資政要覽》提要。
〔註37〕見莊吉發：《清太宗實錄初纂本與重修本的比較》，載《清代史料論述》（一）（臺灣文史哲出版，1978年）。
〔註38〕見《內閣檔案殘題稿》，轉自徐中舒《內閣檔案之由來及其整理》，載《明清史料》甲編第一本。

映了官方修史水平的低下。清廷感到《清太宗實錄》和兩朝聖訓的極不成熟。因此書成之後未作爲定本，也未舉行有關告成的任何儀式。總之，順治朝官方雖然有著對修史事業的熱情，但客觀形勢和官方史學水平的低下，決定了官方修史成就的不足。儘管如此，官方史學還是向仿從漢族政權的傳統史學邁進了一步，詔修《明史》的舉措明顯是依照歷代新興王朝纂修勝國之史的成例，聖訓的纂輯更明文提出是要依照《貞觀政要》、《洪武寶訓》的意旨。〔註39〕

僅從修史成書的狀況來看，似乎順治年間比入關之前，並沒有明顯的進展，但全面分析，順治朝修成的史書雖少，卻爲清廷在官方史學建設上取得一定的經驗、教訓，預示了此後的發展前景，順治時期的官方史學，實際是處於文化轉型的過渡階段。

第一，修史機構的組建，仿照明朝舊例設置專項史館，如明史館、實錄館等等，任命總裁、附總裁等官員。這與入關前均由內國史院掌管不盡相同，是在修史體制上實現了一個服從漢制的轉變。

第二，纂修史籍的取資於傳統史學著述即漢籍，而不取本民族早期的歷史故事，也不採用稗官野史。如擬議中的《順治大訓》和修成的《資政要覽》、《御製人臣儆心錄》，皆從歷代正規的史書選擇素材，表現出與內地傳統歷史文化體系接軌的明顯跡象。

第三，探索和施行新的檔案史料整理體制。順治六年（1649）二月，大學士剛林奏准：「臣民章奏、天語批答，應分曹編輯以垂法戒、備章程，爲纂修國史之用。令六科每月錄送史館，付翰林官分任編纂。」〔註40〕這是清廷編輯「六科史書」的肇始，明朝曾有這種整理資料以備修史的制度。在順治朝，六科史書則是官方史學建設的重要舉措，它一方面打破了滿文檔冊單獨作爲修史資料的壟斷地位，而同時又彌補了滿文檔冊的不足。順治朝纂修太宗實錄、聖訓，是以滿文史料爲依據，以編纂滿文本爲基礎；康熙朝修史，則改以漢文爲基礎。這種變化，當然有著各種因素和條件，但是若沒有順治朝編輯的大量六科章奏與六科史書，就很難實現。因此，順治時期的這項舉措，成爲清朝官方史學「漢化」嬗變的催化劑。

（二）康熙朝官方史學的起伏局面

〔註39〕見《清世祖實錄》卷八九，順治十二年二月丁卯。
〔註40〕《清世祖實錄》卷四二，順治六年正月丁酉。

　　康熙朝是清代官方史學發展的重要時期，康熙帝自少年繼承皇位，較多地學習了漢族傳統思想文化。親政之後，十分熱衷於編纂書史。同時清廷的統治也日益鞏固，特別是康熙十九年平定三藩之亂後，清朝步入所謂的皇朝盛世，政局較爲穩定，經濟得到發展，給包括修史在內的文化事業提供了良好的社會條件，官方修史取得了十分可觀的成就。

　　第一是實錄和聖訓的纂修與重修。不僅修成了《清世祖實錄》，而且重修了《清太祖實錄》和《清太宗實錄》，使這三部實錄都具有御製序、凡例、進書表等，在義例和書法上符合爲一朝皇帝纂修實錄的體式。〔註41〕同時也對「三朝聖訓」進行了纂修和重修，全部工作從康熙六年起，至康熙二十六年（1687）最後結束。康熙朝對「實錄」、「聖訓」的纂修，首先是從《清世祖實錄》入手，纂修中間經歷了打擊鼇拜集團的政治鬥爭，因原實錄館總裁班布爾善爲鼇拜死黨，被處以死刑，之後重新啓動纂修程序，將原實錄稿加以修改。因此，如果說清朝大肆修改前三朝實錄，實乃自《清世祖實錄》開始，這個修改是必要的，修改後的《清世祖實錄》去除了鼇拜黨羽對順治朝仿從漢制改革的貶低，有利於康熙朝進一步調整管理體制。

　　《清世祖實錄》嚴謹地按明代實錄的書寫形式纂修，但保持了不爲大臣撰述小傳的特色，這與唐、宋、明三代的實錄不同，使之更加成爲一朝皇帝之史，在體例上達到了成熟化。由於關注點在重在政治取向，《清世祖實錄》未遑進行縝密的史實考訂，疏誤較多。編纂中既採用漢文文獻，又採用滿文檔冊，順治年間仍然沿襲入關前內國史院編纂滿文「內國史院檔」以備纂修實錄的工作，存有編年體的內國史院滿文檔冊，因而在纂修《清世祖實錄》之時，往往不分情況地以滿文史料爲首選，且不作深入查考。例如《清世祖實錄》順治元年（1644）四月記述李自成率兵抵禦入關清軍，挾明崇禎帝太子「及宗室晉王、秦王、漢王等俱來」，其中「漢王」顯然錯誤，因爲明宣宗時，漢王朱高煦謀反，事敗國除，此後再沒有宗室封爲漢王。《明史》卷 118《韓王傳》記載明韓王朱亶塉於崇禎十六年（1643）被李自成活捉，因此，被李自成裏挾的是「韓王」而並非「漢王」。《清世祖實錄》顯然是根據滿文

〔註41〕官方纂修「實錄」自唐朝起始，本爲記述一代皇帝政要之書，但唐、宋、明三代的實錄，均在重要大臣逝世之際，附記其人生平事略。元朝、清朝的皇帝實錄。則沒有這種大臣的「小傳」，這樣似乎更以一朝皇帝的政務活動爲中心，切合「實錄」作爲皇帝之書的體式。

—87—

記載回譯，造成音近而訛，諸如此類的訛誤很多。

《清世祖實錄》立意美化順治帝政治作為，記史頗多隱諱。隨後改修清太祖、清太宗的實錄，粉飾史事的做法更為明顯，如清太祖努爾哈赤的所有「諭旨」，都被修改成文縐縐模樣，就大失真貌。至康熙朝，清官方在纂修實錄和聖訓方面，體例業已成熟，制度基本定型。

第二是《明史》的纂修。康熙十八年（1661）開明史館，是《明史》實際修撰的開始。通過多年的編纂，成四百一十六卷初稿，奠定了《明史》纂修的基礎，雖未最後成書，卻是《明史》纂修過程中最重要的時期。

第三，創修了方略之書，是為清朝在官方史學上的新創作。康熙二十一年（1682），清軍取得平定吳三桂等三藩之亂的最後全勝，渡過清朝建國後的一大危機。是年八月，大臣上奏「……比年以來，凡係用兵詔命、密旨征剿機宜，並應編輯成書，以重不朽」〔註 42〕，至十月，即開設方略館纂修《平定三逆方略》。〔註 43〕這種「方略」之書專記一場戰爭的始末，內容以彙錄有關皇帝諭旨、命令和大臣奏議為主，按時間先後編排，被史部目錄歸為紀事本末體，而具有資料的元初性質。此後，康熙朝還纂修了《平定羅剎方略》、《平定海寇方略》和《平定朔漠方略》，確定了每在重大軍事征戰活動之後，便著手編輯相應方略之書的定制。

第四，康熙十年（1653）八月，清廷首設起居注館，記錄和編定起居注冊；首開國史館，編撰開國以來功臣列傳；首次修成《大清會典》。這些都是整個清朝官方史學的重點內容，均由康熙朝創始。

入關以後的順治朝，屢有大臣奏請按照傳統史學理想的模式設立起居注，但未被採納。至康熙朝康熙帝真正執政之後，起居注館才得以設立。關於起居注館的設立時間，《大清會典則例》、《清朝通典》等多種典制體史籍均記載為康熙九年，惟《清聖祖實錄》卷三十六記載為康熙十年八月十六日，《皇朝詞林典故》卷十七記載為康熙十年八月。《清聖祖實錄》所載康熙十年八月十六日設起居注館，年、月、日明確、齊備，應據以為信。康熙時著名學者、朝官王士禛《池北偶談》記述曰：「康熙十年二月，講筵初開，工部尚書王熙、翰林學士兼禮部侍郎熊賜履進講《大學》……三月，禮科給事中吳

〔註42〕《清聖祖實錄》卷一○四，康熙二十一年八月乙酉。
〔註43〕《清聖祖實錄》卷一○五，康熙二十一年十月辛卯。

國龍疏請復設起居注，得旨報可。」〔註44〕這既說明了設立起居注的緣起，也證明了起居注設於康熙十年，《大清會典》等記載為康熙九年，乃是以訛傳訛的謬誤。

起居注館置於宮中太和門西廊，設滿州記注官四人、漢人記注官八人，俱以日講官兼攝。又有滿、漢字主事共三員、漢軍主事一員，滿文、漢文、漢軍筆帖式各四員〔註45〕。此為初設時規模，後歷有增減調整。起居注館一開始即為翰林院的附屬機構，館中事務由翰林院掌院學士兼攝，館中文移均使用翰林院印信。起居注官例無專職，從翰林院官、詹事府官中以原銜簡充。有資格簡充起居注官者，皆為已任的日講官（每年春秋二季向皇帝進講經史的官員），故又稱「日講起居注官」。

康熙起居注館的設立，在清朝官方史學的發展中有重要意義。在入關以前，清太祖、清太宗政權均有以滿文記錄的汗的檔子，為編年記事體裁。清太宗時期設內三院，其中的內國史院仍負責編錄類似的編年體滿文檔冊，以備纂修實錄。這是入關前具有滿族特色的歷史記載的方式。康熙朝設立的起居注，則取代了原先那種滿文檔冊的歷史載籍地位，是按漢族政權傳統方式建立的新制。這標誌著清朝官方史學在主體上完全納入仿從漢族傳統修史體制的軌道，入關以前史學萌芽時期的一些記史方法和形式，只作為一種因素融彙於整個修史體制之中，沒有了獨立保留的地盤。

康熙二十九（1690）年三月，山東道御史徐樹谷疏請纂修太祖、太宗、世祖「三朝國史」，經禮部等衙門議准，於是康熙帝指示：「依議即行編纂，……應行事宜，著內閣、翰林院會同詳議具奏。」〔註46〕四月，正式開設國史館，大學生王熙為監修總裁官，大學士伊桑阿、阿蘭泰、梁清標、徐元文為總裁，尚書、左都御史、侍郎、內閣學士、副都御史、詹事等職銜者十三人為副總裁官。〔註47〕其它人員有滿、漢纂修官各十二人，由內閣、翰林院、詹事府等衙門派充，設提調官二名，收掌官六名，謄錄、翻譯等二十四名，供事、伙房、門官共十八人，紙匠九人。〔註48〕可見初設時規模就比

〔註44〕　王士禎：《池北偶談》卷一，「起居注」條。
〔註45〕　光緒朝《大清會典事例》，卷一〇五五，《起居注》。
〔註46〕　《清聖祖實錄》卷一四五，康熙二十九年三月乙未。
〔註47〕　《清聖祖實錄》卷一四五，康熙二十九年四月乙丑。
〔註48〕　《清三朝國史館題稿檔》，載故宮文獻館編《文獻叢編》，1937年第二輯。

較龐大。康熙朝的國史館至少開設了二十餘年，〔註49〕但三朝國史的纂修工作成效不大，主要工作僅在於爲開國功臣作傳，而且只纂成一些很不成熟的初稿而已。

康熙二十三年（1684）五月，清廷開會典館纂修《大清會典》，至康熙二十九年四月書成閉館。按文武衙門、政府機構匯總清朝的典章制度，起自開國，下至康熙二十五年，共 162 卷。文字敘述之外，還配以疆域、建築、禮儀服飾、禮器、兵器等圖畫。雖其中仍有訛誤，但編纂水平已經超越明代《大明會典》。

第五，康熙朝還纂修了許多其它史籍，如《大清一統志》（未告成）、《鑒古輯覽》、《皇輿表》、《歷代紀事年表》以及與康熙帝施政、治學行爲有關的《政治典訓》、《省方盛典》、《幸魯盛典》、《萬壽盛典》、《御批通鑒綱目》等書，表明康熙朝修史活動具備了一定的廣度。

康熙朝的修史規模和修史水平，已具備可與以往歷代王朝相比擬的程度，其修史項目的組成結構上，也大體與歷代王朝政權相符，已完全納入了官方傳統史學的發展軌道。但是到康熙晚期，卻出現了十餘年之久修史廢弛時期，自康熙四十八年（1709）前後，除了爲康熙帝纂修《萬壽盛典》、《省方盛典》外，再無新的修史項目。康熙帝一改「治天下之事莫備於史，人主總攬萬幾，考證得失，則經以明道、史以徵事，二者相爲表裏，而後郅隆可期」〔註50〕的理念，再不像先前那樣談論史學的重要，不再提倡讀史、修史，甚至認爲「書中之言，皆不可憑，二十一史，朕皆曾披閱，悉屬筆底描摹，無足徵信。」〔註51〕這種史學虛無主義態度，是導致官方史學廢弛的直接原因。對於起居注，康熙帝早就疑其不實，至康熙五十七年（1718）三月明令裁撤，認爲起居注「甚屬無益」。〔註52〕對於國史館，雖未有明令裁革之旨，但纂修「三朝國史」之事不了了之，國史館也就萎縮不存。《明史》、《大清一統志》等書的編纂，也都中途廢弛。康熙朝在官方史學上雖然創樹很多，但因爲晚期廢弛史學，故未能確立官方修史的格局，這種狀況，至雍正朝得到了迅速撥正。

〔註49〕據《清三朝國史館史館題稿檔》，康熙五十一年尚有國史館總裁除授的記錄。
〔註50〕清聖祖：《文獻通考序》，載《聖祖仁皇帝御製文集》卷十九。影印文淵閣《四庫全書》本，第 1298 冊，第 184 頁。
〔註51〕《康熙起居注》，五十六年八月初四日乙酉。
〔註52〕《康熙起居注》，五十七年三月初三日壬子。

（三）雍正朝對官方史學的興復

興復康熙朝廢弛的修史事業，是雍正朝對官方史學的重要貢獻。雍正元年（1723）四月，清世宗即下令恢復起居注館，重建編錄起居注冊的制度。七月，下令重組明史館纂修《明史》。〔註53〕九月，諭令纂修「四朝國史」，〔註54〕至十一月組成國史館，終雍正朝未關閉。一年之內，多項修史項目啓動，可謂動作迅速、雷厲風行。雍正六年（1728）十一月，又開館纂修康熙朝久已廢輟的《大清一統志》，並在全國範圍徵集資料、動員各地編纂方志。〔註55〕總之，凡在康熙朝廢弛的修史項目和修史制度，都全面地予以恢復，這是清世宗的既定方針。

清世宗恢復起居注的諭令，說法頗有趣味，他說：「自古帝王臨朝施政右史記言、左史記動，蓋欲使一舉動、一出言之微，無不可著爲法則，垂範百世也。皇考聖祖仁皇帝英年踐阼，即設日講起居注官，於詞臣中擇其才品優長者，以原官充補。鉅典茂昭，度越前代，誠爲聖帝哲王之盛事。御極六十一年，紹精一執中之統，勵敬天勤民之心，文謨武烈，經緯萬幾，盛德日新，大業鴻顯，天下臣民、仰瞻至治。不啻日月麗天，江河行地，莫不敬信悅服，記注之臣，美不勝書。皇考聖祖仁皇帝謙德彌光、聖不自聖，惟恐史官或多溢美之詞，故康熙五十六年以後裁省記注。」但清世宗認爲自己達不到皇考的水平，因此不能缺少起居注的戒懼作用，標榜爲要借起居注「用以自警，冀寡悔尤」，「其仍復日講起居注官，如康熙五十六年以前故事。爾衙門即遵旨行」〔註56〕。但清世宗並非真的喜歡歷史記載對皇帝的監督作用，雍正二年，就下令「嗣後各衙門奏事，所奉諭旨，除尋常事件不載外，其有關訓誡獎勸、事務重大者，令各衙於月終詳錄事由月日，送館編纂」，載入起居注冊。個中之關鍵，是起居注要編入精心潤色寫出的書面諭旨，而取代直接記錄皇帝的相同內容的談話。雍正六年和七年，又先後指示將八旗具奏及補授官職事宜、各省題奏本章等等增入起居注。〔註57〕這是將起居注改成抄錄書面材料爲主的冊籍，無怪乎形成了這樣的編輯起居注冊的定式：「凡記注，先載起居、次諭旨、次題奏、次官員引見，凡編記各檔，上諭簿、絲綸簿、外紀簿……

〔註53〕《清世宗實錄》卷九，雍正元年七月甲午。
〔註54〕《清世宗實錄》卷一一，雍正元年九月丙午。
〔註55〕《清世宗實錄》卷七五，雍正六年十一月甲戌。
〔註56〕《清世宗實錄》卷六，雍正元年四月乙丑。
〔註57〕以上見《皇朝詞林典故》卷二一，《職掌》。

所有諭旨及官員引見除授皆全載」〔註58〕，除了記載皇帝起居與出行活動之外，幾乎全部成爲匯總抄編書面文書和檔案資料的內容，而皇帝起居一項，亦只有事目，沒有具體情節，內容十分簡略。這樣，直接記錄皇帝言論和行動的內容不見了，而代之以正式撰寫、經過修飾的諭旨、詔令、題奏等官方書面文件，起居注冊的草本有的乾脆注明抄自何種檔冊〔註59〕，以表明其采擇之有據。因此，雍正朝雖在形式上恢復了起居注制度，但卻釜底抽薪，使起居注失去了史官直接記載史事的獨立體系，成爲整個檔案制度的附庸。雍正朝之後，清代各朝皆沿此制，賡續不廢。

雍正朝在纂修實錄和聖訓上也有新的作爲，首先，康熙帝逝世的次月即開館纂修《清聖祖實錄》，而不像前朝那樣遲延數年，這爲後來各朝所仿傚，形成定例；其次，將聖訓歸於實錄館一同編纂，既迅速又方便，遂形成清代定制；再次，開始對前三朝實錄人名、地名字句校對劃一，〔註60〕以與新修成的《清聖祖實錄》一致。這是對前三朝實錄的最後定型，雖雍正朝未及全部完成，但校訂的宗旨和方法皆已確定，後來乾隆朝不過踵成其事而已。

雍正二年（1724），清廷還開館續修《大清會典》，清世宗在《大清會典序》〔註61〕中稱：「夫制度之有損益，隨時以處中之道也」，強調了典章的變通損益，實際上提出了會典當重新續修的原則，其方法是參考原書內容，從頭做起，並非簡單接續康熙朝《大清會典》，後來官方多次重修《大清會典》，皆爲首位完具，不是接續之作，乃依照雍正朝的纂修先例。

此外，雍正朝還開始纂修《八旗通志》、《功臣傳》等新型史籍。雍正五年清世宗頒發諭旨稱：

> 今各省皆有志書，惟八旗未經紀載。我朝立制，滿洲、蒙古、漢軍，俱隸八旗，每旗自都統、副都統、參領、佐領，下逮領催、閒散人，體統則尊卑相承，形勢則臂指相使，規模宏遠，條理精密，超越前古，豈可無以紀述其盛？況其間偉人輩出，樹宏勳而建茂績，與夫忠臣、孝子、義夫、節婦，潛德幽光，足爲人倫之表範者不可勝數。若不爲之採摭薈萃，何以昭示無窮！朕意欲論述編次，彙成

〔註58〕 光緒朝《大清會典事例》卷一〇五五，《起居注》。

〔註59〕 鞠德源：《清代的編年體檔冊與官修史書》，《故宮博物院院刊》1979 年第 2
期。

〔註60〕 《清世宗實錄》卷四九，雍正十二年十一月庚子。

〔註61〕 載清世宗《御製文集》卷八。

八旗志書。年來恭修《聖祖仁皇帝實錄》，今已漸次告成，即著諸總裁官領其事，選滿漢翰林分纂。其滿洲、漢軍內有通曉漢文而學問優長、堪備纂修之任者，無論進士、舉人、貢監、生員以至閒散人等，俱著該旗都統、副都統保送，但勿徇情濫舉，以副朕慎重著述之至意。〔註62〕

清世宗的設想很有道理，清代八旗建置和旗籍人士不屬地方行政統轄，不另編史籍記載，就會事跡湮沒。這個諭旨，就是纂修《八旗通志》的緣起。此書延至乾隆四年才刊印成書，上起入關前，下至雍正末，共 254 卷，後因乾隆朝再纂其書，形成前後兩部，故前書稱《八旗通志初集》，後書稱《欽定八旗通志》。

《功臣傳》的修纂，是清代值得注意的舉措，政治意義遠大於史學作用。雍正二年二月，清世宗發出上諭，追述自清太祖以來歷次戰爭中多有為國捐軀者，指示「當於京城建立祠廟，春秋妥侑。其偏裨士卒，力戰敵愾、捨生取義者，亦附列左右。用以褒崇大節，揚表芳徽，俾遠近觀聽，勃然生忠義之心，於治道亦有裨益。仍令翰林官纂其籍貫、事跡，各為立傳，彙成一編，垂諸永久」。於是朝廷定議由兵部行文八旗和各直省督撫，詳查檔案，將所有捐軀報國者籍貫、事跡造冊具奏。同時建築昭忠祠，安放牌位以行祭祀，由翰林院編纂《功臣傳》（又稱《昭忠列傳》）永垂後世。此舉影響深遠，形成定例，凡因征戰陣亡、抗敵獻身者，皆入祀昭忠祠並且載入《功臣傳》，當需要編纂之時，由翰林院組建功臣館承擔此任。《功臣傳》是清代又一自成體系、多次閱時而修的史籍。

由於雍正朝只十三年時間，總的修史成就不大，《大清一統志》、《八旗通志》等書在雍正年間也未來得及完全修成，但雍正朝恢復和發展官方修史活動的措施，消弭了康熙晚期史學廢弛的不良影響，起到了重振修史事業的作用，使長期以來官方史學的發展成果得到繼承、光大，具有十分重要的意義。從雍正朝起，清代官方對本朝史的修史活動持續進行、從不間斷，完成了官方史學從起伏狀態向穩定發展的轉折。

經過順、康、雍三朝的長期努力，特別是經過康熙間對官修史的開拓、發展以及雍正朝的恢復、增新，官修史的基本格局得以形成，這種修史格局，主要表現於本朝當代史的纂修，由起居注、實錄、聖訓、國史、方略、

〔註62〕《清世宗實錄》卷六三，雍正五年十一月庚申。

會典、功臣傳等幾大系列史籍，組成了官修當代史的整體布局，囊括了編年、紀傳、紀事本末、典制史、人物傳記等各種體例，門類齊全，並且皆可以做持續性或接續性纂輯，成爲整個官方史學活動中比較穩定、始終保持的纂修內容，奠定清代官修史的穩固基礎。

四、官方史學的繁榮

乾隆朝是清朝官方史學發展的繁榮時期，這個繁榮局面的取得，是多種因素促成的。自清廷入關之後，歷經順、康、雍三朝經營，政治上相對地趨於穩定，經濟得到恢復和發展，國家財政實力也充裕起來，這是官方從事大規模修書活動的社會條件和物質基礎。自清初以來，統治者以尊崇儒學相標榜，多次舉辦科舉考試。且歷屆錄取進士的名額數量很大，使大批讀書人備位詞臣，爲國家文化事業積累了人才上的條件。清朝官方史學經過康、雍兩朝的發展，已形成基本的修史格局，在組織方式、修史方法各方面都積累了經驗。使乾隆朝官方史學活動一開始就具備一個較高的起點。在以上各項條件的基礎上，清高宗本人對史學的極爲重視，也是官方修史活動繁榮興旺的重要因素。清高宗自幼研究經史，具有相當高的文化造詣，自即位伊始，即對史學予以充分的重視。如乾隆元年在博學鴻詞特科的《史論問》〔註63〕試題中即指出：「凡具淵通之學，必擅著作之才，然非熟於掌故，周知上、下數千載之事理，而剖決其是非者，不足以語此，則史學尚矣！」他親自策劃和督率官方的修史活動、審定史稿論定疑難問題，有力地促進了官方史學的興盛。這種興盛局面表現爲：

第一，**修史數量多，種類全**。在乾隆朝的六十年間，清廷大舉興辦官方的修書事業，所成之書種類繁多，內容豐富，超過了清聖祖康熙時期。據對《國朝官史》、《國朝官史續編》等書記載的初步統計，康熙朝官修書有七十餘種，其中史籍約二十三種，未過總數的三分之一。而乾隆朝官方所修之書達一百二十多種，其中史書超過六十種，占全部修書數量的二分之一，〔註64〕總卷數達六千餘卷，其中部帙在一百卷以上者近二十種。這尚不包括《御覽經史講義》、《春秋直解》等包含歷史內容的書籍、各衙門大量的「則例」之書和訂正、改纂之書。這樣興盛的官方修史局面不僅居清代各朝之首，而且

〔註63〕載清高宗《御製文初集》卷一四。
〔註64〕以上統計的均不包括各地方衙門所修方志。

在整個古代各個朝廷內也可列居第一。這六十餘種史籍內容豐富，種類齊備，在《四庫全書》史部所分十五種類目中，除史鈔與載記類並無清代官書外，其餘各類中均有乾隆朝的官修史書。

第二，廣闢蹊徑，開拓修史項目。乾隆朝所修史籍，有些是承襲了先朝所形成的修史格局，如續纂《大清會典》、重修《大清一統志》、纂修數部方略類史籍等等；有些則是乾隆朝做出的新的開拓。拓展修史項目和方式多種多樣，例如《國朝宮史》的編纂，就是清高宗於乾隆七年閱及明朝《宮史》一書而受到啓示；〔註65〕《日下舊聞考》亦是閱及朱彝尊《日下舊聞》一書而下令補正；《明紀綱目》的編纂，則是立意仿從朱子《通鑒綱目》之體，「續三通」的編纂亦出於接續歷史名著的動機；《盛京通志》、《詞林典故》、《盤山志》等書，皆是清高宗因巡幸所至，隨即產生修纂意圖；纂輯《四庫全書》期間，亦有意識地修撰一些史籍，以備充四庫，如《歷代職官表》等書；〔註66〕至於因政治上的需要而增修之書，更數量眾多，如爲將清朝秘密建儲制度理論化而編輯的《古今儲貳金鑒》，爲使滿洲貴族和皇室子孫知祖宗創業之艱難而編輯的《皇清開國方略》等書，是其中的典型著述。多方開拓修史項目的結果，使官修史的種類擴充，內容豐富，成爲乾隆朝官方史學繁榮興盛的重要因素之一。

第三，國史纂修打開了新的局面。康、雍兩朝雖皆曾開館纂修國史，但均將纂修有功大臣列傳作爲主要任務，缺乏成熟的修史義例，職能既不完備，成績亦甚微薄。修撰本朝國史，列傳一項所面臨的問題最爲複雜，牽涉著對清初以來若干政治事件的認識和對許多歷史人物是非功過的評定。例如：開國功臣中有後來獲罪者將如何對待？有些功臣爲前明降附之人則怎樣評定？所有這些，當時皆未形成成熟的、符合儒學政治倫理和清統治者根本利益的思想標準，列傳的修撰便很難措手。乾隆初至十四年在纂修國史上有了很大進展，把重點置於「五朝本紀」的編撰方面，並且基本完成定稿，同時取得了初纂十四志和編成《皇清奏議》的成績，隨後萎縮，漸至閉館，表明清廷在纂修國史問題上，尚未擺脫康熙朝以來的摸索嘗試，仍處於國史館發展中的不成熟階段。

國史館關閉了十幾年後，乾隆三十年（1765）六月，清高宗發下長篇諭

〔註65〕見《國朝宮史》卷首《聖諭》。
〔註66〕見《清高宗實錄》卷一一一五，乾隆四十五年九月壬辰。

旨，指示重開國史館，纂修國史列傳。他否定了過去國史館只爲功業、政績素著者大臣立傳的做法，要求對以往所纂大臣列傳通行檢核、增刪考證，做到據事直書、功過不隱。不論是有功之臣、獲罪廢棄之人或美惡參半之人，凡可立傳者均不得隱沒不彰。〔註67〕本年九月，清高宗再發諭旨，著重指出「列傳體例，以人不以官」，所立列傳，必須是有事功、學術足紀，及過跡罪狀之確可指據者，儒林中如顧棟高等經學明粹之士，雖布衣平民在所不遺，列女中節烈可稱者，亦當核實立傳。他指示諸史臣要「稽之諸史體例，折衷斟酌，定爲凡例，按次編纂，以備一代信史。」〔註68〕這兩次諭旨對清代國史館的發展有重大意義，第一，確立了纂修國史列傳的準則，將之正式納入古代朝廷編撰一代正史的軌道，提出了功過不隱、以備一代信史的撰著宗旨；第二，體現了清廷對編修國史的重視，已開始下定決心、集中力量攻克纂修列傳這個國史中的難點。

乾隆四十三年（1778）初，清高宗決心爲多爾袞徹底平反，恢復其和碩睿親王的爵號和名譽，指示爲其立傳，要如實記述其開國功業，從而具體地解決了撰述開國時期歷史人物事跡的一大難題，作出國史「公是公非」的一大樣板。乾隆四十一年十二月，清高宗明令國史應立《貳臣傳》，將前明大臣降附本朝者歸入，使這些「大節有虧」之人不與其它臣工混淆，以示大公至正。隨後於乾隆四十三年、五十四年先後指示《貳臣傳》要分甲、乙兩編、要另立《逆臣傳》等等，進一步將綱常倫理準則貫徹於修史活動，在當時則導致史學活動掀起一波高潮，推動了官方史學的發展。從此，國史館在列傳纂修上結束了以往長期裹足不前的狀態，開拓了長足發展的境地，給嘉慶朝以降國史館的存在和發展奠定牢固的基礎。直至清末，國史館作爲常設修史機構，各種規章制度逐步健全，修史活動持續不斷，在整個清朝官方修史活動佔有重要的地位。

第四，儒學綱常倫理的貫徹。古代皇朝政權官方史學活動的基本宗旨，就是要貫徹嚴格人身等級制的綱常倫理，爲維護其統治地位服務，然而歷朝歷代，均不及乾隆朝將之貫徹得全面、徹底。如在《御批通鑒輯覽》一書中，通過講求書法以及清高宗親撰的批語，對上古至明朝的史事予以全面的評論，貫穿了綱常倫理原則，特別是強調臣節，要求臣對君的絕對忠誠。乾隆

〔註67〕 《清高宗實錄》卷七三九，乾隆三十年六月丁卯。
〔註68〕 《清高宗實錄》卷七四四，乾隆三十年九月戊子。

四十一年（1776）二月，清廷編輯《勝朝殉節諸臣錄》，〔註69〕表彰明代死節諸臣，其中包括堅決抗擊清軍而死難的人物在內。同年十二月，又在國史中設《貳臣傳》，將既爲明臣又仕本朝的「大節有虧」人物歸入其中，以「爲萬世臣子植綱常，即以是示彰癉。」〔註70〕《貳臣傳》的創設，解決了在史學上貫徹綱常準則的一個較大問題，爲以往各朝代的正史所未及。後來，又採取在《貳臣傳》中分甲、乙兩編，〔註71〕另設《逆臣傳》〔註72〕等一系列措施，更細緻地貫徹了所謂「彰善癉惡」之義。這些舉措，從思想實質上看是極爲腐朽的，但在修史活動中卻是花樣翻新，導致修史高潮迭起，是官方史學達於繁榮表現之一。

第五，取得了相當的史學學術成就。乾隆朝纂修的「續三通」、「清三通」以及大量本朝當代史，提供了集中的、有條理的歷史資料，具有較大的學術價值。但這是歷代官修史籍所共有的性質，不必具論。值得提出的是：乾隆朝官方還有意識地從學術角度上編纂了許多史籍，取得了一定的成就，爲以往歷朝所罕見，這集中地表現於史地學著述的開拓性纂修方面。乾隆二十一年（1756）二月，清廷對準噶爾的戰爭尚未結束，清高宗即指示考察西北的歷史與地理狀況，開始了《西域圖志》的纂修。〔註73〕後又下令重纂，隨事增輯，至乾隆四十七年五月才最後告成。〔註74〕是書立足於實地勘測調查與歷史考證相結合的方法，既述沿革、更說現狀，既載地理、又記史事。在歷史考證方面，「遍稽正史，旁羅群籍，擇其優雅凡可考據者引述辯證，不厭其詳，徵信存疑，兼爲區析」；〔註75〕在實地勘測上，任用西洋人員，採用先進技術，摒棄了歷來地志的所謂星宿「分野」之說。〔註76〕這在當時實屬可貴，取得了「足以補前朝輿記之遺，而正歷代史書之誤」〔註77〕的成就，開清代邊疆史地學之先河，從編纂內容及研究方法都作出了示範。其後，清廷又以

〔註69〕見《清高宗實錄》卷一○○二，乾隆四十一年二月庚戌。
〔註70〕《清高宗實錄》卷一○二二，乾隆四十一年十二月庚子。
〔註71〕見《清高宗實錄》卷一○五一，乾隆四十三年二月乙卯。
〔註72〕見《清高宗實錄》卷一三四四，乾隆五十四年十二月庚申。
〔註73〕《皇輿西域圖志》卷首，《諭旨》（據文淵閣《四庫全書》本。）
〔註74〕《皇輿西域圖志》卷首，《進表》。
〔註75〕《皇輿西域圖志‧凡例》。
〔註76〕見《國朝宮史續編》卷九九，清高宗《輿地圖詩自注》及《皇輿西域圖志‧凡例》。
〔註77〕《四庫全書總目》卷六八，史部地理類《皇輿西域圖志》提要。

同類方式纂修了《日下舊聞考》、《熱河志》、《河源紀略》、《滿洲源流考》等等，使史地學蔚然成風，是清朝官方在學術上的突出貢獻。此外，清高宗還因發現早年所修《明紀綱目》中有記事舛漏之處而下令重纂，同時涉及《明史》中記載不確的問題而對本紀及列傳逐卷予以考證，〔註 78〕存疑傳信、訂正舛訛，顯示了在學術上孜孜以求、不憚於改作的認真精神。

總之，乾隆朝的官方修史活動，從統治者的重視、修史數量、新項目的開拓、名教思想體系的貫徹、官修史的學術性等各個方面，都達到了古代官方史學發展的高峰，在中國古代史學史上佔有重要的地位。嘉慶前期，勉力維持指謫繁榮局面，亦有編纂成效。但乾隆朝幾乎窮盡官方史學的擴展餘地，使嘉慶朝的發展舉步維艱，只能在接續、重纂已有之書上流連。嘉慶後期國力衰退，內憂外患此起彼伏，民間武力起事者甚至攻入皇宮，震動朝野，朝廷應付社會危機已然捉衿見肘，修史事業更難振興。因此，若以嘉慶前期考察，可將之歸於官方史學繁榮階段的延續。嘉慶後期的史學雖已漸爲強弩之末，但整個嘉慶朝在官方史學上仍存進取精神，可視爲官方史學向衰退轉變的過渡時期。

五、官方修史活動的衰退

嘉道以降，官方史學逐步滑向了衰退。官方史學的衰退的原因是多方面的，清政權面臨內外交困局面，傳統史學也不能適應鴉片戰爭後新的政治需要，是其中的主要因素。

自乾隆朝後期起，國內社會矛盾便日益尖銳、激化，暴動事件頻仍，經濟力量衰退，而國家開支卻有增無已。嘉慶朝之後，這種狀況更爲嚴重。治至道光中，西方殖民主義逐步侵入，自鴉片戰爭起，清朝對外屢抗屢敗，割地賠款，喪權受辱，道光末年還爆發了聲勢浩大的太平天國運動，蔓延南方數省，經歷十幾年，沉重地打擊了清廷的統治。因此，乾隆朝之後，清朝永遠失去了國力強盛局面，特別是道光朝以後，從未擺脫內外交困的處境。這客觀上使官方無力維持興旺的修書活動，是官方史學日趨衰退的社會原因。

中國傳統的官方史學，已在乾隆朝發展至興盛的高峰，從思想上和方法上都已經再難以翻出新意。道光以後，中國已漸漸進入近代的與西方勢力和

〔註78〕見《國朝宮史續編》卷八九，《史學二》。

文化相碰撞的社會，而清朝官方修史活動在思想和方法上，還基本保持著古代傳統史學特徵。這種舊的官方史學受陳舊思想體系的束縛尤大，對鴉片戰爭後出現新的社會問題，不能爲統治者提供足以排憂解難的歷史借鑒，已經明顯地落伍於時代，這是其必然衰退的又一原因。

綜計嘉慶朝直到清末，官修史書約有四十餘種，〔註 79〕總數比乾隆一朝已遠爲不及，而循例纂輯的實錄、聖訓、方略、典制之書和功臣傳等又占其中絕大部分，尤其是道光朝之後，在修史項目上很少新的開拓，循例必纂之書亦存在拘牽成式，義例僵化，採取堆砌資料的方式敷衍成編，在編纂宗旨和史學方法上均無新意。這是官方史學衰退的明顯表現。

乾隆朝曾經在官方修史項目上廣開蹊徑，嘉慶朝依據此前乾隆朝纂修的《國朝官史》、《詞林典故》體式，續纂了《國朝官史續編》、《皇朝詞林典故》等書，這是可觀的成績，但未能更多地將其它修史項目予以賡續。道光之後，每況愈下，修史項目基本收縮爲康雍間形成的基本格局。

嘉慶二十三年（1818），清仁宗下令仿范祖禹《唐鑒》之意編纂《明鑒》，〔註 80〕這是新開拓出來的一個修史項目。可見在嘉慶朝，清統治者主觀上作出了維持史學興盛局面的努力，無奈乾隆朝開拓的修史項目，勢不能一一續纂，新創義例和新修史籍，成果又很微薄，即《明鑒》一書，不過主要以《御批通鑒輯覽》爲取材依據，議論亦不精到，被評爲「在清代敕撰書中最爲下乘，於徵獻考文，尤未足言」。〔註 81〕此外，咸豐初年纂修了道光朝的《籌辦夷務始末》，是爲《清宣宗實錄》館附帶修輯，〔註 82〕內容爲按時間順序彙集與西方各國外交事務的有關諭旨、奏議等資料，藏於宮禁，供皇帝等閱看。後同治朝、光緒朝在纂修前朝皇帝實錄時，亦依法編輯。咸豐帝死後，年幼的同治帝繼位，經過激烈爭執鬥爭，清廷形成了兩宮太后垂簾聽政、實際掌權的局面。同治元年（1862）三月，修成《治平寶鑒》一書，史載其事曰：「丁未，諭內閣：前奉母后皇太后、聖母皇太后懿旨：命南書房、上書房翰林等，將歷代帝王政治及前史垂簾事跡，擇其可爲法戒者據史直書，簡明注釋，彙冊進呈。茲據侍郎張之萬等彙纂成書，繕寫呈遞，法戒昭然，足資考鏡，著

〔註 79〕據光緒朝《大清會典事例》、《清史・藝文志》、《清續文獻通考》等書統計，不包括各部院衙門的「條例」、「則例」之書。
〔註 80〕光緒《大清會典事例》卷一○五一，《翰林院・纂修書史三》。
〔註 81〕《續修四庫提要》（稿本）史部編年類，《明鑒》提要。
〔註 82〕見方甦生：《清內閣庫貯舊檔輯刊敘錄》第二章第三項。

賜名《治平寶鑒》。禮部右侍郎張之萬、太常寺卿許彭壽、光祿寺卿潘祖蔭、翰林院編修鮑源深、修撰章鋆、編修楊泗孫、李鴻藻、呂朝瑞、黃鈺，著各賞給大卷緞一匹、大卷江紬一匹。」〔註83〕這是配合太后垂簾聽政的史籍，為當事史學與政治直接密切結合的最典型事例。

不過，清官方修史活動在總的衰退趨勢中，亦存有個別方面的維持或發展，各朝的具體情況也不盡相同。應當承認，嘉慶朝對官方修史還是予以了很大的關注，清仁宗本人對史學十分重視，寫有大量吟詠歷史題材的詩篇，這些詩並無文學上的意義，而是以汲取史鑒、探求治道為宗旨，其持論多本於清高宗《御批通鑒輯覽》的論點。〔註84〕他處處想模仿其父在史學上的作為，如清高宗撰有記述入關前薩爾滸戰役之文，他則撰寫記述松山戰役一文，〔註85〕清高宗有《南巡盛典》述其下江南典制及盛況，他也纂有《西巡盛典》。其它如重修《大清一統志》、《大清會典》等書，亦皆投入較大的人力、物力。不僅如此，嘉慶朝纂修《大清會典》，還首次將圖式別立一書，在體例上有所更新。

嘉慶朝之後，清朝官方史學能夠維持和發展的機構，主要是在國史館的纂修工作。乾隆三十年始，國史館已然常設，並且將纂修國史列傳作為主要任務。至嘉慶朝，除了將列傳的編纂定為國史館常行功課外，又全面恢復了帝紀、十四志的纂修，並且續纂《皇清奏議》和進行畫一國史列傳的工作，還承擔了《大清一統志》的編撰，國史館的章程進一步健全，人員編制有較大擴充，職銜設置日益細密，是清代國史館的成熟時期。道光以後，國史館基本是沿襲乾嘉時期形成的定制，按步就班地進行著各項纂修活動，光緒年間，國史館還形成一個纂修《儒林傳》的高潮，向全國各地官府行文索取清朝建立以來知名學者的生平資料。國史館經常修訂各類史籍凡例、補充史館章程，例如光緒三十四年初，國史館進行了整體上的規則改良，制定了《改定史館章程條例》及附加文件，〔註86〕宣統三年，又有所謂「釐定史館章程」的規定，〔註87〕其中有經費分配、人員使用、纂修任務的督察、查閱資料方法等細則，表明清代國史館始終比較注重其管理機制。

〔註83〕《清穆宗實錄》卷二三，同治元年三月丁未。
〔註84〕見清仁宗《御製文二集》卷七，《讀通鑒紀事本末詩序》。
〔註85〕載清仁宗《御製文初集》卷九。
〔註86〕載《國史館檔案》編纂類，第 1 號卷。
〔註87〕載《國史館檔案》編纂類，第 470 號卷，《初、復輯十四志功課檔》。

從國史館的編制看來，各級別的官職人員似皆有定數，但實際上變通和流動很大。由於國史館纂修任務繁重，額定人員遠遠不足。纂修官之不足，以無定額的協修作爲補充，而校對、收掌、翻譯、謄錄、供事人等，均有額外人員，額外人員沒有限數，可依需要來補充。從嘉慶朝之後，國史館官員人數理由增加，如光緒二十七（1901）年國史館開列的值班收掌官有十一人，〔註 88〕《國史館檔案》第 781 號卷所存一名單中，光額外收掌官就有十二人。眷錄、供事人員數量更多，光緒三十三年《酌擬國史館改良辦法》的奏摺提到：「總纂、纂修、協修任纂輯之事，計有一百餘員之眾，而供事之錄副、查書以供奔走者，其數尤多。」〔註 89〕由此可見，清代國史館的規模是相當龐大的。

乾隆三十年（1665）再開國史館，乃集中力量纂修列傳，未遑續修十四志。至嘉慶十二年（1807）七月，國史館才提出接續纂辦十四志，〔註 90〕道光四年二月，國史館奏准以十四志作爲館內常行功課，即與列傳一樣每季進呈一次，每次四卷。〔註 91〕但是，各志的進度則極不平衡，如同治年間國史館開列的一紙清單表明，當時天文、時憲志剛剛纂至乾隆年間，而河渠志已纂至咸豐朝。〔註 92〕清國史館纂修的十四志稿本、進呈本等等尚多有留存，凡名稱冠以「大清國史」字樣者（如《大清國史地理志》），均爲乾隆十四年以前纂成的舊本；凡冠以「皇朝」字樣者（如《皇朝地理志》），則爲嘉慶朝以後至清季續辦而成。今大多亦藏於臺灣故宮博物院，〔註 93〕是研究清朝典章制度的重要史料。當然，嘉慶之後修成的志稿更有價值。

康雍時期纂修《大清一統志》，是特開館局進行；乾隆二十九年纂修《大清一統志》，由方略館承辦。而嘉慶朝《大清一統志》，乃爲國史館所纂修。國史館在一份《現在纂辦各種書籍》的報告中稱：「《一統志》全書於嘉慶十六年正月內，由方略館奏交本館纂辦，當經本館議奏，所有通體沿革、裁改各事宜，其在京各衙門令於三個月內交全，在外各直省令於半年內交全。俟各衙門、各直省交全後立限二年，將全書纂校進呈，俟欽定後咨送武英殿刊

〔註 88〕見《國史館檔案》庶務類，第 1118 號卷《行移檔》。
〔註 89〕《國史館檔案》編纂類，第 1 號卷。
〔註 90〕《國史館檔案》編纂類，第 522 號卷，國史館總裁慶桂等奏摺。
〔註 91〕《國史館檔案》編纂類，第 442 號，進呈《禮志》摺。
〔註 92〕存《國史館檔案》編纂類，第 1 號卷。
〔註 93〕見莊吉發：《故宮檔案述要》第六章第三節。

刻。」〔註94〕這個設想極不現實，各衙門、各直省至嘉慶二十二年也未能交全文冊，而且國史館也不可能在兩年內修成此書。道光二十二年，這部《大清一統志》才告完成，編纂工作不間斷地經歷了三十一個春秋，成為國史館中一大修書重任。記述內容截止於嘉慶時期，因而稱作《嘉慶重修一統志》，此書部帙達 560 卷，質量甚佳，堪稱國史館修書工作的一項傑出成就。道光二十三年八月，清宣宗又提出將這部《大清一統志》再繕一部，於是國史館行文吏部，要求撥送漢文謄錄四十人來館聽用。〔註95〕這項工作的最後完成，已經到了道光二十五年底。

國史館自乾隆中再次開設，組織上日益健全，建置規模也比較大，在直至清末的一百四十餘年間，編纂活動持續進行，基本上未曾中斷，至宣統三年十一月、十二月，還曾修成《忠義傳》、《大臣傳》、《地理志》等等進呈，並於次年三月交庫存貯。〔註96〕其纂修國史的連續性及歷時之久，為以往各個朝代所不及。國史館除修國史之外，還實際擔負國家機關的歷史咨詢事務，在清朝政務和國事上發揮了一定的作用。有清一代，修書各館的組織方式有著大致相仿的模式，國史館的組織機構和管理方法，堪稱修書各館的典範，是清朝官方史學在後期仍然持續、比乾隆朝衰退而不敗、甚至局部有所進展的標誌。

六、清朝官方史學的特點

清朝官方的修史活動與唐朝以來各代有許多共同之處，很明顯地繼承了中國傳統史學的發展成就，並且成為其中的重要組成部分。但是，清朝官方史學也有著獨到的特點，其一是清朝官修史籍在種類和數量上超越以往各代，達到了官方修史活動繁榮興盛的頂峰；其二是清朝官方史學有一個完整的萌芽、發展、繁榮、衰退的過程。這些特點的形成，與滿族文化的源起有密切的關係。

清朝建立者滿族，是一個源遠流長的少數民族，其先世即為宋朝以來的女真。至明萬曆初期，女真尚處於分裂混亂的狀態，賴努爾哈赤率眾起兵，逐步統一，形成新的民族共同體，即滿族。努爾哈赤政權在其軍政活動中，產生了創制自己民族文字的需要，明萬曆二十七年（1599），努爾哈赤始令額

〔註94〕《國史館檔案》編纂類，第 1 號卷。
〔註95〕《國史館檔案》編纂類，第 17 號卷，國史館堂稿。
〔註96〕見《國史館檔案》編纂類，第 517 號卷，《交庫檔》。

爾德尼等以蒙古字母為基礎製造滿文，〔註97〕隨後，滿文即用來記述史事，形成內容豐富的滿文檔冊。如前所述，滿文檔冊的出現，標誌著滿族政權具有自身特色的史學已經萌芽，它不是在承襲中國二千多年傳統史學成就的基礎上產生，而是中國史學上又一旁支的興起。

但是，後金政權在官方史學上的萌芽未能自行發展下去，伴隨後金政權對漢族地區的軍事征服，在文化上不可避免地被漢族較先進的傳統文化所逐步征服，至清太宗時期，官方史學已明顯呈現出仿從明朝修史方式的傾向。因此，清朝官方史學的發展乃主要是逐步接受漢族傳統史學的過程。不過，滿族統治者比較自覺地意識到在文化習俗上被漢人同化的危險性，採取了不少抵制性措施，如保持原有風俗、習慣和服飾，提倡滿文、滿語，獎勸騎射等等。在史學上，亦處於既要仿從漢族長足發展的修史方式，又審慎遲疑、有所保留的狀況，這造成清入關前及入關初期不是一舉承襲內地歷代官方的修史傳統，不是將漢族修史義例、修史方法現成地移取過來，而經歷了長期磨合乃至反覆的過程。如纂修實錄，清太宗時期即已開始，但纂修義例頗與明朝不同。直至康熙朝才大體符合漢政權實錄的修撰形式；纂修國史，至乾隆朝才告成熟。在順治朝曾有多人奏請設置起居注館，但均未實行，至康熙朝才建立起居注館，記錄並編定起居注冊，後又廢止，雍正朝才得確立。

總之，由於清朝官方的史學是源起於少數民族文化的旁支，而漸入中華傳統文化的主流，這決定了它具備一個自身的萌芽和向主流逐步匯合的發展階段，這與唐、宋、元、明各代皆不相同。唐、宋、元、明各代皆直接承襲傳統史學的現成成果，雖其承襲的範圍大小不同，但在一個朝代內則沒有清朝這樣完整的發展過程。

然而，為什麼這種起於旁支、漸入主流的清朝官方史學能夠發展到最繁榮的程度？特別是繼官方史學比較低落的明朝之後，為什麼也能將官修史推至興盛的頂峰？這是一個十分值得思考的問題，除了其它歷史條件之外，清入關前史學萌芽時期形成的一些因素仍然起到了重要的作用，而清朝對漢化的仿從不是一蹴而就，恰使這些因素得以融合和保留。

滿文產生的方式比較特殊，不是在整個社會生活中逐步產生和豐富，而是由官方將蒙文直接改制而成，所以它一開始就為上層統治者所獨佔。滿文

〔註97〕《太祖武皇帝實錄》卷二，己亥年二月。

一經產生，除書寫公文、政令等軍政文件外，首先用以記錄史事，表現於史學這一文化形態之中。而以滿文記錄史事，又是官方獨有的活動。留存至今的滿文檔冊數量可觀，而滿文撰寫的文學或其它體裁書籍則極為罕見。這說明了官方史學在滿族社會文化中佔據著最突出的地位。因此，清入關前在史學萌芽時起，就形成重視官方史學活動的因素。

當史學尚未分化出私家修史活動的情況下，後金政權已然面對漢族較高水平史學的影響，對漢族傳統史學的學習就完全為官方所包攬，造成清入關前官方對史學的完全壟斷。這種由官方完全佔據史學領域的狀況，在入關後雖不可能保持下去，但它助成的獨尊官修史的意識則根深蒂固，並積澱為清統治者的傳統觀念，是順、康、雍、乾、嘉等各朝多熱衷於官方修史活動的原因之一，對官方史學的發展興旺有深刻的影響。

清官方史學雖然是在接受漢族傳統史學的過程中發展起來的，但並沒完全拋棄初期滿族史學萌芽的成果，而是潛在的融合於整個修史體制之中，形成了將檔案編年彙抄成冊的健全制度。清朝國家機關不僅保存官方文書的原件、而且將其錄寫副本、彙抄成冊。檔冊或按文書種類、或按專項事務為依據，如上諭簿專門彙抄皇帝的各項明發諭旨，廷寄簿專門彙抄由軍機處向外地總督、巡撫等高級官員傳達的皇帝諭旨，滿文月摺檔專門彙抄滿文的奏摺，六科史書分科摘錄各科辦過的題本、奏本。清朝彙抄檔冊名目繁多，但每類檔冊均按年、月、日順序排列內容，形成很規範的編年體檔冊。〔註98〕這種將檔案編年彙抄的方式，是與入關前編錄滿文檔冊的方法一脈相承的，入關前的滿文檔冊已採取了按時間順序編錄成冊的方法，並且有汗的檔子、八旗檔子等不同類別，除記事性檔子外，也有專門彙輯敕書、誓詞、文稿等項內容。清太宗時期國家機構漸為複雜，所設六部等機構已各設檔案，天聰十年三月所設內三院的職掌中規定有「編纂一切機密文移及各官章奏」、「一應鄰國遠方往來書簡俱編為史冊」、「掌錄各衙奏疏及辯冤詞狀、皇上敕諭文武各官敕書、并告祭文廟諭、祭文武各官文」等內容，〔註99〕這實際是將各種官方文書彙抄為檔冊的工作。現存舊滿洲檔中成字檔就彙抄了天聰年間與明朝的書信。〔註100〕今《盛京刑部原檔》〔註101〕中的檔案文件中也多標有「已入

〔註98〕參見鞠德源：《清代的編年體檔冊與官修史書》，載《故宮博物院院刊》1979
　　　　年第2期。
〔註99〕《清太宗實錄》卷二八，天聰十年三月辛亥。
〔註100〕見廣祿、李學智：《清太祖朝「老滿文原檔」與〈滿文老檔〉之比較研究》，

檔子」、「未寫入檔子」等字樣，說明入關前將官方文書及原檔重新抄錄編排，已是經常性的工作。

這種檔案制度入關後與明朝檔案制度相結合，發展為廣泛彙抄編年體檔冊的方法，成為清代檔案體制的一大特色，其中重新彙抄和按時間順序編錄，是與入關前滿文檔冊的共同之處，只在分類上更為細緻而已。清朝的編年體彙抄檔冊，為官方修史工作提供了極大的方便，纂修實錄、方略、會典等各種史籍都要利用這種檔冊，乾隆朝之後，國史館在修撰國史列傳中，還專門先彙抄《長編總檔》作為準備工作，這種《長編總檔》也屬於編年體彙抄檔冊的性質。檔案文獻經過以彙抄檔冊的方式加以整理，眉目清晰、檢索便利，使本朝當代史的編纂能夠及時進行，有力地促進了官方史學的發展。

早在入關之前，統治者就十分重視將歷史用為軍政活動的輔助工具，滿文檔冊除了作為歷史記錄之外，還用於行政事務中參考。清太祖曾於天命八年二月向諸貝勒頒發敕書，內載歷代帝王興亡事例，令其經常閱覽，牢記在心。〔註102〕對明朝將領勸降的書信中，也往往引用諸如韓信背楚降漢、尉遲敬德投靠唐太宗、劉整背宋降元等史實，說明棄暗投明，不僅無人責其不忠，反而留好名於後世的道理。〔註103〕說明清太祖在訓誡部下和瓦解敵方兩方面，均應用歷史知識，這樣的事例很多。清太宗繼承了這一方法，他看到文館所譯《武經》，即用其中的史事訓導將官要體恤士卒。〔註104〕在下令選譯遼、金、元之史時，提出要把治國、用兵等「有關政要者彙纂翻譯成書，用備觀覽」，〔註105〕為軍政事務服務的宗旨十分明確。這種將史學與政治密切聯繫起來的做法，入關後進一步發揚，促進統治者對史學的注重，推動官方修史活動的開展，例如順治朝修《人臣儆心錄》、太祖與太宗《聖訓》，康熙朝修《政治典訓》、《鑑古輯覽》及幾部方略，雍正朝修《功臣傳》、《執中成憲》等等，都有著以史輔政、以史為鑒、以史教化的目的。乾隆朝將政治與史學的聯繫深入一步，在纂修《國朝宮史》、《開國方略》、《御批通鑒輯覽》、

載（臺）《中國東亞學術研究計劃委員會年報》第4期，第15頁。
〔註101〕中國人民大學清史研究所、中國第一歷史檔案館漢譯本，群眾出版社，1985年出版。
〔註102〕見《滿文老檔》太祖朝第四十五冊，天命八年二月初七日。
〔註103〕見《滿文老檔》太祖朝第六十四冊天命十年正月朔，第七十一冊天命十一年五月二十日。
〔註104〕見《清太宗實錄》卷八，天聰五年正月己亥。
〔註105〕見《清太宗實錄》卷二三，天聰九年五月己巳。

《古今儲貳金鑒》、《貳臣傳》等多種史書的諭旨或序言中，都申明了修史關係世道人心和維護清廷億萬年統治地位的政治意義。即使在清朝後期，《籌辦夷務始末》、《治平寶鑒》等書的產生，也是適應了政治上的某種需要。所以在整個清代，政治上的需要總是促進官修史創新義例、開拓項目的活躍因素，這個特點的形成，乃是肇興於入關之前，是清統治者政治文化上的一個傳統。

從中國傳統史學的起源上看，史學的萌芽本來也是始於官方系統地記錄歷史，但在長期的進程中，傳統史學早已分化出私家的修史活動，並且取得了在史學史上與官修史平分秋色的地位，官方史學在各朝各代，有時增進，有時退縮，而保持纂修前代正史和本朝當代史，是其基本格局。明朝是官方史學退縮頗大的一代，而清朝卻能振起頹風，其原因是清入關前的一些特色，諸如官方重視史學、壟斷史學、沒有私家史學活動以及注重歷史檔案建置和以史學輔助軍政事務的思想方法，在仿從漢族傳統史學的漸進過程中融和於內、保持下來，與漢族較發達的史學水平的相結合，為官方史學帶來新的生機，成為促進官修史發展的重要動力。由於一些新因素的注入，傳統的史學也得到一定的改造和發展，例如實錄已不載大臣的傳略、創修突出朝廷在戰爭中作用的史籍「方略」，由於檔案制度的健全而摒棄了「時政記」、「日曆」的編輯等。因此，清初雖在許多建制上都仿從明朝，但官方修史活動卻能夠跨越明朝官修史衰落的低谷，直至發展為超過以往各朝代的最繁榮的局面。當然，這個繁榮階段的到來，還需要有經濟發達、一定史學基礎的積累、修史人才的興旺等等各方面歷史條件，清乾隆朝正是這多方面條件具備的時期。

清朝統治者重視官方史學的建設，也並不禁止私家史學活動的開展，在清代出現了許多著名的史學家和史學名著。但官方對史學人才的聘用、對史學資料的佔據、對修史項目的擴張，加之文化專制主義的強化，私家史學不能不被排擠、壓抑。而另一方面，官方史學的運作不能不倚賴許多附從於官方體制的眾多史家，各個史家的學業水平直接影響官方的修史業績。而每個史家仍有個人的治學空間，他們從官方史學活動中獲得的知識、經驗與學界之中的人脈聯繫，有對個人從事治史活動以很大裨益，因此官方史學的興隆又必定帶動私家史學的進展。這樣，清代官、私史學之間就必定形成錯綜複雜的關係，使整個社會的史學在充滿矛盾與磨合中不斷進展。剖析清代官方

史學與私家史學之間的關係，深入探討其中政治、文化上的時代背景，實為有助於從根本上認識中國傳統史學的發展機制，並且能夠提高清史研討和史學理論的探索。

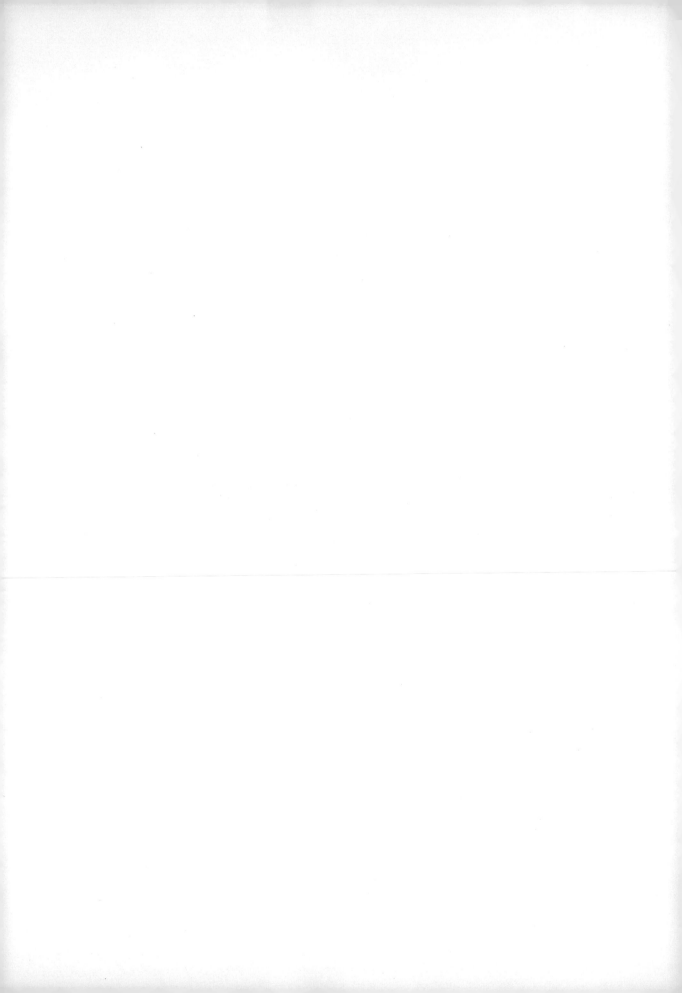

第三章　清代私家史學發展大勢

　　整個清代的私家史學，是一幅繽紛多彩、成果豐富的景象。龐大的治史學者的群體，是史學發展不可阻遏的力量，他們在可供遨遊的治學空間內，做出了各種探索，並且相互影響，使清代史學在多樣性的總體狀態內，形成不同時期具有不同學術風氣和不同治史取向的發展進程。從這種史學發展大勢的角度，可以將清代私家史學大略分為三個階段，即順治、康熙、雍正三朝，治學環境與學風轉變中的私家史學；乾嘉時期，歷史考據主流與史學多樣化；自道光朝以降，私家史學的嬗變。以下順次予以概述。

一、環境與學風轉變中的私家史學

　　明清之際的社會動蕩被時人稱作「天崩地坼」的變局，戰火使遍及全國的人民生命財產遭受重大的災難，也會強烈衝擊以往的思想文化，導發一些學者的深刻反思，令士習學風經受一場人的洗禮。但學風的轉變不會像通過戰爭改朝換代那樣猛烈和驟然，明代積澱的治史方式、撰述習氣還有因襲持續的慣性，因而清初私家史學的狀況仍然是脞叢繁亂的現象，經長期的整合才呈現較為一致的主流的價值取向。

（一）清初史學風氣的轉變

　　明代後期的學術與文化，是一個躁動和多向窺測的時期，學術上一方面出現大量的造作異說，甚至剽竊和作偽之風泛濫，另一方面則確實湧現許多新的思想見解、新的學術探討，紮實的考據學也形成較好的發展勢頭。在學風方面，明朝人顯然表現為好議論、喜撰述。議論中有新穎、深切見解，也頗多偏激、無稽之談，更有故發奇說或黨同伐異者。喜撰述則使明代書籍數

量極多，而最爲稂莠不齊。從現存明代文字遺存來看，清晰地表現出三個層次，即學術性形式、知識普及性形式、俗文化形式，各種形式均稂莠混雜。學術形式的撰述已如上述，知識普及性的撰述亦有精緻典雅之作，但大量出現抄撮拼湊、粗製濫造的讀物，以記史、解經者爲多；俗文撰述多取文學形式，出現了不少名著，但低劣、下流的流俗文化甚至流氓文化也公然招搖過市。明代私家書坊的刻書業，已經具備一定規模，以商業運作的射利活動爲其生存的方式，明代的社會文化現象，必須結合書坊業的狀況來考察。明代對私營刻印書籍免徵賦稅，造成書坊的興旺和社會文化的異常叢雜。粗糙讀物及媚俗、流俗、流氓文化作品，和書坊業伴生發展，依託著社會風氣的奢靡腐化，從而一發而不可收拾。而到了清初，歷時末的那種嚴峻的動蕩與世變，首先使毫無嚴肅性與責任感的流俗、流氓文化受到多數讀者的摒棄，學風在戰火中得到初步的淨化。至於私家隨意撰寫、隨機記述的歷史筆記和普及性史書的流行，則一直延伸到清代初期。

明清之際改朝換代的動蕩和戰爭頻發，各種軍政勢力激烈爭鬥，刺激人們記述這些故事，促使私家撰集野史的風氣愈發張大。記述「流寇」動亂、清軍入關用兵、明朝失地滅亡、南明政權史事的私修史接踵而出，有捕風捉影之書、有眞僞相雜之作，也有認眞撰寫的佳品，數量不勝枚舉。這種史書五花八門，有的詳述了見聞經歷，具備特別的史料參考價值，但總體上是承襲明代遺風，故頗多道聽途說、虛實難辨。也有單憑己意，率爾操觚，甚或私情偏頗，造僞傳訛。正如清人葉廷琯評論清初《孤兒籲天錄》所云：「大抵順治、康熙間，《明史》未修，公論未定，學士文人於明末時事，是非褒貶往往逞其臆見、顛倒失實者。」〔註1〕一些學術大家處於這種重大變局，也會盡快記述其親身經歷與所見、所聞，無暇細緻考訂，如顧炎武有《聖安本紀》、黃宗羲有《隆武紀年》、《永曆紀年》、王夫之有《永曆實錄》等記述明末歷史的撰述，這些撰述僅以所知載錄，不能嚴格責以翔實。而許多比較有歷史責任感的嚴謹史家，在「國可滅，史不可滅」理念或寄託故國之思精神的推動下，也撰寫出不少敘述明代歷史的較好之作，例如屈大均《皇明四朝成仁錄》，十分明顯地表露出對明朝的懷念。葉鈐的《明紀編遺》、文秉的《甲乙事案》、李遜之的《三朝野記》等書，更直接題爲某地遺民某某輯。李遜之自敘其撰史動機，謂之「國恩家教，耿耿在懷」。這都充分表明，明遺民的故國

〔註 1〕 葉廷琯：《鷗陂漁話》（遼寧教育出版社，1998 年版）卷四。

之思，確是清初大量私家學者編纂明史的重要原因之一，他們撰成不少內容完整的明朝當代史，如談遷《國榷》、張岱《石匱藏書》、查繼佐《罪惟錄》、谷應泰《明史紀事本末》等等，但條件所限，其中史事未遑詳細考證，仍不免有以訛傳訛之處。

清初出現的普及性史籍，有的對於明清之際敏感史事並不涉及，有的則以通史的內容記述至明末，甚至將清代早期歷史一併攬入撰述。如鄭元慶《廿一史約編》、金成器《歷代帝王史略》、王大輝《歷代帝工紀要》、左昊《讀史綱》、朱璘《歷朝綱鑒輯略》、吳乘權《綱鑒易知錄》等等。清初的普及性史籍仍然是良莠不齊，但總的質量水平高於明代，更出現了吳乘權《綱鑒易知錄》這樣的佳作，其書文筆簡潔、條理清晰，史實也精覈明確，不斷刻印，流傳很廣，至今仍是獲取歷史知識的較好讀物。

然而史學發展的環境已經不同於明末，清朝政權隨著武力統一全國的進展，也開始注意思想文化的統治，目的是打擊明遺民士大夫的反清輿論，壓制明季一直高昂的「華夷之辨」思想。這個思想整飭的過程歷時頗久，在官方修史活動的配合下逐步消解了私修明史的問題。這種社會政治環境自清初的變化，這裡暫略，留待後文敘述。至於普及性史書的撰寫從浮泛、流行趨向沉潛，邊緣化於史學活動主流之外，則是學風轉變的結果。

學風問題是學界的整體問題，不單單是史學的問題，轉變學風更是學者群體整體變化的結果。明末農民軍起事的遍地烽火，以及關外清軍的迅速南下，摧枯拉朽地推翻了明朝的統治，學者群體也發生思想與立場的分化。從明朝過渡來的學人分化為兩部分，一部分恪守遺民的氣節，另一部分則參加科考、出仕或與清朝官方有不同程度的合作。大批明朝遺民學人，都先後放棄或不得不放棄實際的反清活動，轉換為專事文化和學術活動的角色，形成數量可觀的文人、學者群體。他們多具深厚的學業基礎，極重氣節，亡國之痛、民族情愫給予他們極大的激勵，社會動盪使他們對明代政治、文化予以反思，這種反思順理成章地深入到廣泛的學術研究領域，產生如顧炎武、黃宗羲、王夫之、孫奇逢、李顒、陸世儀等一大批傑出的學者，其學風、治學方法和治學精神起到很大的示範作用。這些遺民學者的治學活動及其豐碩的成果，給清代學術事業的發展奠定堅實的基礎。不堅守遺民氣節，而在清朝出仕與採取與清官方某種合作態度的那部分學人，仍有不少人並不能適應清政權的統治方式，或「夷夏之別」的民族意識未泯，或眼見仕途艱險，或本

來處世淡泊，因而仍退身以主要精力研經著史、吟詩撰文，如錢謙益、毛奇齡等，在清初文化建設上的作用亦不可完全漠視。至於一心一意置身於清朝官場者，大多不再精研學術，至多參與官方的纂修書史而已，像孫承澤那樣仍有相當著述之人則寥寥無幾，而其人格在當時既不足道，學術影響也就微乎其微。

懷有明朝亡國之痛的遺民學者，更努力思考明朝滅亡的根本原因。他們從明季的學風頹變追究整個社會的精神境界，將道德教化、世俗人心、社會習氣、學術持正等問題視爲頭等要務。顧炎武、黃宗羲二人最堅定地主持這種見解，其思想在當時有廣泛的影響。

顧炎武認爲「天下興亡，匹夫有責」，所謂「天下興亡」，是指道德、世風的問題，學者對此有極大的社會責任，不能推之於帝王將相。爲此，他要求士人「行己有恥」，即要有羞恥觀念，知道什麼是不該想不該做的。「士而不先其恥，則爲無本之人；非好古而多聞，則爲空虛之學。以無本之人而講空虛之學，吾見其日從事於聖人而去之彌遠也。」〔註2〕這是針對明代空談心性、束書不觀，個人行爲上卻不檢點的風氣而言的。表明他重視學者的品格修養，但要求是從紮實治學中同時完成修養。顧炎武打出「經學即理學」的旗幟，倡言「古人之所謂理學者，經學也」，〔註3〕這是一個十分重要的學術範疇，意味著理學探討必須從研究儒學經典出發，排除空談作風，在學術上影響甚大。黃宗羲的學術思想根於王陽明心學，發揮劉宗周「愼獨」遺教，推重王氏「致良知」之說，講求心性的自我修養，但晚年在清初社會動蕩中又有所變化。《明儒學案》的序言認爲「心無本體，工夫所至，即其本體」。全祖望在《鮚埼亭集》外編卷十六《甬上證人書院記》中稱：「自明中葉以後，講學之風已爲極敝，高談性命，束書不觀，其稍平者則爲學究，皆無根之徒耳。先生始謂學必源本於經術，而後不爲蹈虛，必證明於史籍，而後足以應務。元元本本，可據可依。前此講堂錮疾，爲之一變。」

顧炎武主張學術經世致用，將「天下興亡」大事深繫於懷，而其治學途徑，多取考證、述評方式。如《日知錄》一書，乃欲以考述經史、考述典章、考述古今世事及各類學問，作經世之備用。而用力專精處，皆在於實證工夫，全書爲人所服膺處，亦在於考證精覈。《肇域志》與《天下郡國利病書》

〔註2〕《顧亭林文集》卷三，《與友人論學書》。
〔註3〕《顧亭林文集》卷三，《與施愚山書》。

是他的經世著述，而其形式則完全爲纂輯考述關於國計民生的歷史資料。至於《音學五書》、《金石文字記》等等名著，則難言有何等經世致用的直接用意，當純屬考據和纂述性學問。這表明顧炎武自己在治學中，考據亦是學術旨趣之一，並非所有的治學活動都絕對因經世致用的需要而爲之。他大力標舉「經學即理學」，反對空談性理的傾向，倡導考釋儒學經典的治學途徑，對考據學的興盛起到理論先行者的作用，顧炎武本人也成爲後來考據學派的一面旗幟。

黃宗羲是一位極重議論的學者，堅持姚江學派的立場，然治學中則折轉於史學，撰著了《明儒學案》等書。這其中包含以史學昌明學術宗旨的用意，但畢竟採用了考述史事的著書方式，即從目標上看是以史暢學，而著述的主體則由議論轉爲考述。這種撰寫學術史之書的做法，不止黃宗羲一人，孫奇逢在他之前即曾撰寫《理學宗傳》，並且命其弟子分別撰寫《北學編》、《洛學編》。專門的學術史著述，於清初形成爲世人矚目的著作形式，就其撰著內容言之，是各派學者對以往學術的總結；就其撰著方法言之，表現了議論轉入歷史考述的治學氣息。

立足於考據的治學風格，必然重視治學有獨得的發現和發明，顧炎武著《日知錄》，「披尋搜討，曾無倦色。有一疑義，反覆參考，必歸於至當；有一獨見，援古證今，必暢其說而後止」〔註4〕。顧炎武自己標榜其治學之道說：

> 嘗謂今人纂輯之書，正如今人之鑄錢。古人採銅於山，今人則買舊錢，名之曰廢銅以充鑄而已。所鑄之錢既已粗惡，而又將古人傳世之寶春剉碎散，不存於後，豈不兩失之乎！承問《日知錄》又成幾卷，蓋期之以廢銅。而某自別來一載，早夜誦讀，反覆尋究，僅得十餘條，然庶幾採山之銅也。〔註5〕

這種學術理念，不僅反對輕言著作、率爾撰書，而且並普及性之書的纂修也排斥鄙棄。這不是顧炎武一人的個別見解，清初的學術巨擘皆有此共識，主流學風已經在大學者的示範下向實學、務博、考辯的方向轉變。

（二）清初務博與考實的史學趨向

史學本身即具有一定的考實性，無論纂輯史料、敘述史事還是評論歷史，

〔註4〕　《日知錄集釋》（上海古籍出版社，1984年版，後同）卷首，潘耒：《原序》。
〔註5〕　《日知錄集釋》卷首，顧炎武：《初刻日知錄自序》。

皆不能騰口空言，而必須有事實上的根據，這些事實既然已屬過去，就離不開一番清理考訂，若缺乏清理考訂之功，纂輯、敘述、評論都會顯得孱弱無力。黃宗羲的弟子萬斯同，主要精力用於治史，特別熟於明代史事，在《明史》纂修中主要做記載的去偽存真工作。他的《歷代史表》一書，卷帙達 53卷。因自漢朝至五代各紀傳體史書大多無表，經過他的博徵廣引、考訂疏理而為之補撰，當時即為學界所推重，更開後來乾嘉學者考補正史之先河。萬斯同又撰有《廟製圖考》、《紀元彙考》、《歷代宰輔彙考》等書，這些著述表明：他的治學方法已踏入歷史考據之途。浙東和姚江書院的後來有名的學者，如邵念魯、全祖望等，也以考述歷史與廣輯文獻見長。不僅治史趨向於務博、考述，治經者亦有同然，姚江學者中比黃宗羲年長的陳確，除了對性理有獨到議論外，另撰《大學辨》一文，考訂與論辯《大學》不是先秦著述，也不是儒學經傳，是偽造之書，其中多「誇詞」、「膚說」，主張將其廢黜。黃宗羲撰《易學象數論》六卷，從《易》學發展源流中考辯了「象」、「數」之說流入方術和歧入道教的本來面目。其弟黃宗炎，撰《圖書辨惑》一書，從根底上揭發宋周敦頤「太極圖說」的不光彩來歷。浙東以姚江書院、證人書院為基地的陽明學派傳人，出現經學文獻的考證、或者轉為治史並且多考據之作，這其中或許有學派爭鋒的潛在因素，但既以考辨為手段，也是當時學術風氣逐漸變化的表徵之一。與此同時，錢謙益等人的經史考據，王錫闡、梅文鼎的曆算與數學等等，均推動學術向實證方向偏移。

在清朝乾嘉之前，雖考據學尚未風靡全國，但已然向各種學術門類擴展，取得引人注目的成績。除上文述及者之外，影響較大學者及其著述可分別條列如下：

1、耙梳資料，撰著史書的務實務博趨向

清初，學人承明季喜好著述之風氣，大量撰著各種書籍，其中以史書為多，特別是關於明末戰亂之事的記述最為紛雜，往往道聽途說、支離片斷。然而這種狀況只是一時表現，在學術界反思和批判明代空疏學風、講求嚴肅治學的主導潮流之下，隨著社會秩序的逐步穩定，編書著史穩步轉入務實、務博的方向，注重資料的搜集、耙梳和考核。這在上古史、各代史及明代史的編纂中，都有充分的體現。

清初，馬驌（字宛斯）撰成《繹史》一書，《繹史》通行本為 160 卷，纂錄上古至秦朝史事。主體仿紀事本末體，每事各立一標題，博引古籍，注明

出處，對於有錯訛、持異說者附以疏通辯證，篇後加以論斷。最後十卷爲「別錄」，包括「天官」、「律呂」、「月令」、「洪範五行」、「地理志」、「詩譜」、「食貨志」、「考工記」、「名物訓詁」、「古今人表」等內容。其書蒐羅宏富，大有將上古史料一網打盡且加以梳理、考辯之意。馬驌還撰有《左傳事緯》，取《左傳》之所記載，按紀事本末方式以事爲篇，爲十二卷，又附錄八卷，即《左丘明小傳》一卷、《辨例》三卷、圖表一卷、《覽左隨筆》一卷、《名氏譜》一卷、《左傳字奇》一卷，對瞭解春秋史事和閱讀《左傳》十分便利。此二書皆廣搜博取，有考證、有論斷，並且融會圖表、書志等編纂方式，體例上也作出創新，當時即獲得極高聲譽，馬驌亦被人美稱爲「馬三代」。同類之書在當時還有李鍇《尚史》七十卷，仿紀傳體載上古歷史；以及高士奇《左傳紀事本末》五十三卷、李鳳雛《春秋紀傳》五十一卷等等。清初馬驌等人的學術成績，拉開了稽考先秦古史的序幕，作出了嗜古、務博治學旨趣的榜樣。

　　對於秦朝以後的歷史，清初亦有整理和補作者。李清（字水心，號映壁）著《南北史合注》191 卷，將《南史》《北史》合成一書，刪取宋、齊、梁、陳、魏、齊、周、隋八種史書夾註於其中，兼取及子部、佛藏諸書以助參訂。博取史料，會通考訂，力求精審詳贍，爲當時學者所推服。李清還撰有《南唐書合訂》25 卷，以陸游《南唐書》爲主，以馬令之書及各種野史輔之，詳徵博引，多所考訂，著述風格亦以務博考實爲取向。五代時期與南北朝時期具有不同政權並立的共同特點，史事記載紛雜，清初著名學者吳任臣於康熙八年著成《十國春秋》114 卷，爲五代時期十國政權的紀傳體史書。撰寫中採集各種書籍文獻數百餘種，博取零散史料，耙梳整理，時加考訂而匯總一書，爲當時馳名力作，乾嘉學者王鳴盛稱此書「博贍整理，誠史學之佳者」，後李慈銘亦讚歎其「博不可及」。〔註6〕另一部有名的史著是徐乾學主持編撰的《資治通鑒後編》184 卷，依《資治通鑒》體例記述宋、元史事。萬斯同、閻若璩、胡渭參與纂修，裒輯資料，勘定審核，有前人所不及處，惟當時《永樂大典》所載宋元兩代史書、文獻未出，勢難達於完善，然而著述意旨與上述《十國春秋》等書類同，均欲以補充以往史籍之缺略，體現著追求詳細豐贍和史事徵實的宗旨。

〔註 6〕見王鳴盛《十七史商榷》卷九八，李慈銘《越縵堂讀書記》光緒癸未三月十九日。

明代後期興起雜史、筆記的撰述，至清初其風未替，但是態度嚴肅、考核細緻的史籍已居於史學發展的主流，記述明之前史事如此，記述明代史事的史書亦然。清初成書而較有成就的史著如談遷《國榷》、張岱《石匱藏書》、谷應泰《明史紀事本末》、查繼佐《罪惟錄》、溫睿臨《南疆逸史》等，都是在廣泛徵集文獻資料的基礎上耙梳清理，以認真的精神編纂而成。很有才華的史家潘檉章與吳炎，合力欲撰明朝全史，因「莊氏史獄」牽連慘死。而潘檉章已撰有《松陵文獻》、《國史考異》，體現了廣集史料、精審考實的治史精神。研治明代史而重於考證，是史料文獻的客觀要求。明代不但官書難以據信，而且野史叢脞，異說蜂起，張岱《石匱藏書自序》曰：「第見有明一代，國史失誣、家史失諛、野史失臆，故以二百八十二年總成一誣妄之世界。」明代史事需要細加考證，已成學術界共識。《國榷》的撰寫開始於明末，清順治年間最後成書，中間反覆修訂，且經歷了手稿遺失而重寫的波折，前後三十餘年，引用明代書籍一百二十多種。張岱的三代家世皆留心史事，積存明代史籍文獻極多，又得以觀閱崇禎朝數量可謂「汗牛充棟」的邸報，經十幾年精心修纂而成書。《明史紀事本末》成書於官修《明史》之前，《四庫全書總目》稱「是編取材頗備，集眾長以成完本，其用力亦可謂勤矣。」〔註7〕《罪惟錄》編纂「手草易數十次，耳採經數千人」，歷 28 年才最後成書。清初完成的這些明史佳作，基本摒棄了明末虛浮、草率的撰史風氣，融入了考實務博的治學風格。

2、歷史地理考證的興起

乾嘉之前，歷史地理考證是考據學的又一閃光點，其中以顧祖禹《讀史方輿紀要》、胡渭《禹貢錐指》在當時影響最大。

顧祖禹（1631～1692）字景范，又字復初，江蘇無錫宛溪人，故人稱之「宛溪先生」。其父顧柔謙為明清之際有名學者，懷亡國之痛，訓導祖禹以氣節和學術。祖禹秉承家學、尊依父訓，從順治年間起就著手編纂一部詳於「古今戰守攻取之要」的地理著作，即《讀史方輿紀要》。此書經 20 餘年才撰寫完成，中間未曾一日輟業，他稽考群書，廣覽史料，「出入二十一史，縱橫千八百國」，對文獻力求「正其訛，覈其實，芟其蔓，振其綱」，同時注意到實地調查，甚至向「商旅之子、征戍之夫」瞭解地理情況以考核異同。全書130卷 280 多萬字，後附《輿圖要覽》四卷，體裁嚴整，條理清晰。前 9 卷記述

〔註 7〕 《四庫全書總目》卷四九，《史部·紀事本末類》。

從唐虞三代到明代的行政區劃及其沿革；其次以 114 卷的篇幅，按照明季的行政區劃考述各地區的建置、地域、山川、關塞、道路等等，為本書的主體，每省每府均有總敘一篇，論該地在歷史上所處的地位；其餘 7 卷除有 1 卷講所謂的「分野」外，以 6 卷敘次歷代地理書籍中關於江河川瀆的記述。在主體內容上，帶有強烈的軍事地理學特色，對於山川關隘的險要之地，進攻與防守的地利形勢，予以特別的注意，引據歷史事跡以推論勝負的原因，表明作者的經世致用撰著宗旨。本書將地理狀況和歷史事跡結合起來考察，取材廣博，考據精詳，當時即被學者稱為「千古絕作」。

胡渭的《禹貢錐指》成書於康熙四十一年（1705），題 20 卷，因其中有分為上下卷者，實際是 26 卷，有圖 47 幅。體式為在《禹貢》原文下作「集解」、「辯證」，「集解」網羅歷代的經義注疏，廣徵博取，搜採不遺餘力，達到逐句有所注解；「辯證」部分對前人注釋予以訂正，提出自己見解，將九州分域、山水脈絡、古今因革，一一詳加討論，成為歷來解說與注釋《禹貢》著述中最精詳的一種。作者關心黃河的治理，在「導河」的解說中特加附論，考證了黃河的「歷代徙流」，提出黃河五次大改道的論證，對後世研究黃河變遷史提供很大的啟示。《禹貢》是《尚書》的一篇，屬於儒學的經典，對其中涉及的地理問題深入考據，容易贏得肯定與讚譽。康熙四十四年，康熙帝南巡，胡渭呈獻此書並獻上歌功頌德之賦一篇，得御筆題寫「耆年篤學」扁額，一時榮耀殊眾，名聲大噪，不僅擴大了《禹貢錐指》一書的影響，也助長了經學上注重地理考釋的學風。高士奇《春秋地名考略》、閻若璩《四書釋地》等是為同一類著述。

從清初到康熙年間，已經逐步形成地理學考證的學術氛圍，上述各書的撰述及其產生較大的影響，乃緣於地理學得到了時人的充分關注。清初顧炎武撰《肇域志》、《天下郡國利病書》，按行政區劃編彙各地經濟與地理資料，雖以財政、田賦、交通、兵徭、物產等經濟地理史料為主，但也涉及大量山川、河流、風土、名勝以及建置沿革等地理學內容，他還撰有《京東考古錄》、《昌平山水記》等著述，為清初較早留心歷史地理考據的學者。與顧炎武同時的陳芳績，字亮工，江蘇常熟人。明朝滅亡後，棄絕仕途，考究地理之學，博覽諸史及地方志，稽考區域、城郭、山川、形勝的地理沿革，撰成《歷代地理沿革表》47 卷。此書花費很大精力廣搜資料，細心考核，按朝代順序，以地名的變更為線索，排列成表，經緯分明，井然有序，使讀者一開卷即可

按古而知今，尋今則見古，了然於地理沿革概況。

與康熙年間官方重視水利建設有關，對於河流水道的考據成爲歷史地理學的重要內容。萬斯同著有《崑崙河源考》，博引自古以來經、史、子部文獻，考辯黃河源流。孫奇逢的弟子薛鳳祚編纂《兩河清彙》八卷，卷首列運河與黃河地圖二幅，前四卷爲運河修築工程狀況，以及運河北起通州、南至浙江流經地區的河流、湖泊、泉水等地理地貌；次兩卷爲考述治理黃河的職官、夫役、流程里數和古今的治河業績；第七卷輯錄明代、清初各一部治河著述中的內容；第八卷爲作者對水利、漕運問題的見解。本書有纂輯、有考證、有議論，可以兼爲治學與實際治水者提供參考。至雍正三年，更出現「集古今之大成」的重要著述《行水金鑒》，本書考述全國主要江河水道流脈及歷代水利工程得失，內容豐富，作者是曾分巡淮揚道的官員傅澤洪及其幕僚鄭元慶等人，具有直接考察江河與治水的經驗。卷首先列若干幅地圖，其次分述黃河、淮河、漢水、長江、濟水、運河等水系的地理狀況與變遷，共 155 卷，黃河與運河分別占 60 卷和 70 卷。緊接其下又有《兩河總說》8 卷；再其下考述歷代水利機構、官職、漕運、漕規等，爲 12 卷。各卷皆依時代順序摘錄文獻原文，按類編次，使之相互參證，間或加以考核校讎，附注其下。「上下數千年間地形之變遷，人事之得失，絲牽繩貫，始末犁然」，綜括古今，臚陳利病，從上古直至清代「四瀆分合，運道沿革之故，彙輯而成一編者，則莫若是書之最詳。」〔註8〕總之，無論是大型綜合性還是專題性河流水利考述，乾嘉之前皆已開啓先河。

以實地考察爲依據的地理學著述，康熙年間有梁份的《西陲今略》（又名《秦邊紀略》）四卷。梁份字質人，江西南豐人。他曾在陝西做幕僚，藉此不避勞苦地實地考察了陝西、甘肅一帶的西北廣大地區，考察中記錄地理、見聞並且隨處繪圖。《西陲今略》一書記述西北邊地山川形勢及攻防要害，對邊疆地區蒙古和其它少數民族狀況、對西域的土地和人物均予以考述。梁份認爲「凡書可閉戶而著，惟地輿必身至其地」〔註9〕，重視實地考察並付諸行動，提出了地理學發展的重要而正確的方向。根據實地考察與親身見聞撰寫的地理之書，如《江城名蹟》（陳宏緒撰）、《龍沙紀略》（方式濟撰）、《海國聞見錄》（陳倫炯撰）等等，順康年間出現很多，說明當時注意一方地理、風

〔註 8〕《四庫全書總目》卷六九，《史部・地理二》。
〔註 9〕梁份：《懷葛堂集》卷一，《與熊孝感書》。

物的意識相當濃厚，這也是明代文化的因襲繼承。其中《海國聞見錄》記述東南海域形勢及南洋各國情況，內容新穎，別開生面。與此大致同時，在康熙朝任職的西洋人南懷仁撰寫《坤輿圖說》，記述的西方各國狀況。此二書涉及外國地理、風情，皆圖文並茂，在清初宣傳史界地理知識，起到開闊眼界的作用。

地理之書的內容，要求多加考述而不必大發議論，是考據學易於興起的天然領域，對整個社會學風的變化發揮相當大的影響。

3、書籍辨偽與文獻考證

戰國時期，即多有借先王、前賢之名編撰書籍者，或將經久流傳的書籍付託於一人名下，後世所稱的偽書就這樣在有意無意中產生了。漢代獎勵獻書以拯救文獻，則造偽者不免魚目混珠而牟利，簡單的辨偽亦隨之萌生，《漢書藝文志》著錄圖書，已具體指出一些書籍出於偽託。此後，或因政治的需要，或借古人、名人的聲望，或僅僅玩世不恭，圖書造偽活動時隱時現。宋朝疑古之風興起，歐陽修、朱熹等著名學者相繼倡言，許多經傳古籍被疑為偽書，辨偽方法顯著發展。明代偽造之書大量產生，辨偽學也漸次成熟，胡應麟《四部正訛》為專注於圖書辨偽，且將辨偽方法予以系統性總結。清初陳確等人略開經籍辨偽端倪之後，一時尚未超越宋明學者水平，待閻若璩《尚書古文疏證》出，如學界一火山爆發，放射了耀眼光芒和滾滾熱浪。

閻若璩（1636～1704）字百詩，號潛邱，江蘇淮安人，先世在山西太原。20歲時就懷疑《古文尚書》為偽書，潛心研究近30年，著成《尚書古文疏證》八卷，得到黃宗羲的肯定，曾為之作序。此書承接宋明學者辨偽成果，而進一步深入考辨，系統地列舉出一百多條的證據，判定行世的《古文尚書》為偽書。偽《古文尚書》歷代被列為經典，上自皇帝經筵日講，下至士人科舉考試，皆恭敬誦習，政治上、思想上及學術上的影響甚大，此時被揭發為偽造，自然引起世人矚目，非一般考據著述所能比擬。《尚書古文疏證》面世，造成廣泛影響和震撼，社會反響很大，當時名流學者毛奇齡撰《古文尚書冤詞》，專駁閻若璩以圖翻案，李塨亦與毛氏配合，極言《古文尚書》不偽，而強詞奪理之論，終為學界所摒棄。程廷祚也曾疑《古文尚書》之偽，則撰文襄助閻說，其後又有惠棟著《古文尚書考》，以更細密的考辨判定其偽書性質。閻若璩等的考辨不是毫無可挑剔之處，但多條辨偽證據構成的總體結論則難以動搖，爭論的勝負其實已見分曉，尊古的學者和衛道的文官，不願接受也

　　無可奈何。這顯示了文獻考據這一學術手段的巨大力量，有力地推動考據學風的形成與壯大。

　　同時的學者胡渭（1633～1714），字朏明，又字東樵，浙江德清人。與閻若璩友善，爲又一考據學者。他的《易圖明辨》十卷，將圍繞《周易》的「太極」、「先天」、「後天」等圖乃至「河圖」、「洛書」之類作一總的清掃，糾察出這些神秘之說的來源，即華山道士陳摶讀讖緯之書而錯誤領會，更穿鑿附會加以炮製，輾轉傳於邵雍，混入理學體系，被鼓吹爲從伏羲、周文王傳習下來。老底一揭開，眞相遂大白，什麼周敦頤的《太極圖說》、什麼朱熹的《易本義》，原來竟然摻雜了這樣的邪門左道！黃宗炎對此有過考訂，但遠不及胡渭作得深入徹底。胡渭另一著述《洪範正論》，大破漢、宋諸儒的有關五行圖錄謬說，廓清附會之論，訂正文字上的竄亂，爲文獻考訂的傑作。

　　閻若璩、胡渭的考據方法與前人也有所不同，前人懷疑《古文尚書》但只是隨機舉出例證，不著力於最終解決問題，甚至不能引起廣泛的注意。閻若璩則不遺餘力地窮追不捨，從各個方面、各個角度考析剖決，意欲不留下任何迴旋的空間。胡渭的《易圖明辨》也是用全部精力深挖線索，追究到底。這使考據學的風格發生了重大的轉變，即不再滿足於簡單的「言之有據」，而是致力使考辯成爲定案、鐵案。後來乾嘉考據學者，大多傾向閻若璩那樣的考證方式，即使對於一個具體的考證對象，也需要從廣闊的視野、以廣博的資料，採取包圍聚殲的方式，促成專意務博、力求精深與不捨棄纖毫微末線索的學風。

　　文獻辨僞與考訂對考據學風的養成起很大作用，除了閻若璩等人的突出成就所造成的影響，更重要的則因爲這成爲經學轉入考據的方便之路，議論、思辯離不開對儒學經典的解釋，歧異和對立的解釋自然導致對經典本身的考辯。在經學向考據之途轉變的過程中，毛奇齡的治學活動起到一定的促進作用。毛奇齡（1623～1716）字大可，人稱西河先生，浙江蕭山人。明亡後曾以遺民自居，而於康熙十八年（1679）應博學鴻儒試，取中後任翰林院檢討等官職，七年後退隱。一生著述宏富，學術上主張「通經致用」，反對「以空言說經」、「以己意說經」，批判宋儒說經違反經典本義。朱熹《四書集注》從明代一直是科舉考試命題、解題的主要依據，毛奇齡撰《四書改錯》一書，指謫其解說「無一不錯」，將其錯誤歸納爲 32 類，一一考訂辨析，大破理學學說，大長注重實據的治學方式。他雖然好勝負氣，撰《古文尚書冤詞》向

閻若璩相辯駁，但這個錯誤行動無傷於考據學風的擴展，因為第一，他仍然是以考證方式進行辯論；第二，辯論更引起世人的關注，擴大了文獻考據的影響。乾嘉之前，經學文獻的考訂已有相當規模，參與的學者頗多，如萬斯大撰寫多種上古禮制之書，而他的《周官辨非》，核心是考訂《周官》為偽書，毛奇齡《周禮問》一書，也考辯其書成於戰國，非西周制度。辨偽而涉及最廣者為姚際恒，他的《古今偽書考》將經、傳、子、史許多書籍如《易傳》、《周禮》、《孝經》、《汲冢周書》、《十六國春秋》、《公孫龍子》等等，皆列於偽書之內，勇於疑古的精神可嘉，但見解有得有失，篇幅僅一卷，風格亦與閻、胡不同。辨偽之外，最值得一提的是朱彝尊《經義考》300卷，把漢朝至明朝的經學之書盡力網羅，載其序跋、目錄，加以提要評述，具有經學文獻考述上的總結性。至於考釋經傳本義、從文獻記述考訂古代制度、典故，如毛奇齡《春秋簡書刊誤》、俞汝言《春秋四傳糾正》、魏裔介《孝經注義》、顧炎武《九經誤字》、毛奇齡《大學證文》、陸隴其《讀禮志疑》、徐乾學《讀禮通考》之類，則不勝枚舉。要之經學發展至清初，已漸漸轉向考釋，治學旨趣的這種演變，到乾嘉時期形成一往不收之勢。辨偽學雖在乾嘉時不大發展，而閻若璩等人的成就，則給學術界極大震撼，推動整個學風的嬗變，其影響不僅僅在於辨偽之一途。

　　綜上所述，清朝初年對社會重大變動的反思，曾導致議論風發，許多傑出的思想見識閃現出耀眼的光輝。然而在一定歷史條件下，理論與宏觀認識提高到當時所可能達到的高峰之後，若缺乏新的啟示和一段時期的積累，往往會出現思想的貧困，因而出現治學旨趣的轉變，清初至雍正年間的學術，即形成這樣的特點。這種轉變由顧炎武等學術巨擘作出示範，史學發展步入務博考實之途，學術風氣漸形漸著地呈現考據學趨勢，隨之倚賴諸多學者的努力而取得十分可觀的史學成就，展現了清代私家史學良好的發展前景。

二、歷史考據主流與私家史學多樣化

　　清代的學術發展至乾隆、嘉慶時期，考據學達到空前興盛的狀態，以致長期以來人們曾將「乾嘉學術」、「乾嘉學派」等概念徑與考據學風聯結一起。這種估量當然並不全面、不大允當，但考據學在清代學術史上的突出地位，確實如日中天，與整個學術背景相應，歷史考據學在乾嘉時期也成為顯學，成就遠過於往代。

（一）乾嘉歷史考據學者及其著述

乾隆、嘉慶年間，考據逐漸成為私家學術的主流，在經學、史學、文獻學以及一切相關的治學領域，無不彌漫著將考證作為時尚的空氣。私家學者絕大多數致力於考據，這個強勁的治學潮流，促使乾嘉時期出現了大量的歷史考據學名家，產生多種考史名著。

乾嘉時期的考據學家，成名較早的學者是惠棟。惠棟（1697～1758）字定宇，又字松崖，吳縣（今江蘇蘇州）人。祖父惠周惕、父惠士奇皆為有名學者。惠氏家學和惠棟本人的治學業績，表現出清初至乾隆前期學術風氣的演變。惠周惕生活至康熙中期，其著述《春秋問》、《三禮問》、《詩說》等，基本是經學解說之書，尚少考據學成份。惠士奇逝世於乾隆六年（1741），享年 70 歲，治學活動基本在康雍之際。他著述甚多，除了解說經義外，還格外注重考釋，認為「經之義存乎訓，識字審音，乃知其義」，漢代「去古未遠」，解經不可廢棄漢法，周秦諸子之書皆可引為經典之證。〔註 10〕他撰有考證古代音樂律呂的專著，考據方法相當細密深邃。至惠棟，治學就轉為以考據為主旨，這個社會的學術轉型跡象，由惠氏家學的進展之中可見其表徵。

惠棟的主要著述有《九經古義》、《周易本義辯證》、《古文尚書考》、《左傳補注》、《後漢書補注》等等，在經學研究上奠定了通過古字古音的考釋以明其義的治學方法，為考據學的發展又闢新的蹊徑。例如對「理」字的考釋，引據《韓非子》《樂記》等古書指出：「後人以天人、理欲為對待，且曰『天即理也』，尤謬。」〔註 11〕矛頭直指理學，開後來戴震學術思想之先河。《古文尚書考》進一步考證《古文尚書》之偽，特別考察了理學家鼓吹的所謂聖學十六字心傳，即「人心惟危，道心惟微，惟精惟一，允執厥中」的來歷與原義，指出偽《古文尚書》的造作者誤解了荀子的原意，反而得到宋儒推崇，適足以見其無學無識。

惠棟在乾嘉考據學發展中起到了開拓性作用，他的學術宗旨乃是從經典的考釋打開缺口，破除宋明理學的權威地位，這是考據學搶佔學術主流過程中的必經階段，但當時歸入「經學」的《尚書》、《春秋》、《左傳》等書，實際乃為史籍。在惠棟的同時期，一批擅長考證的學者如顧棟高、沈炳震等人，名聲很高，有的後來還得到清廷的賞識。

〔註10〕見江藩《國朝漢學師承記》卷二。
〔註11〕惠棟：《周易述‧易微言下》。

考據學蔚成風氣之後，著名學者有若群星爭輝。以歷史考據學見長的有錢大昕、王鳴盛、崔述等人，成就之大、影響之遠，已然毫不遜色於往代歷史著作家。

錢大昕（1728～1804）字曉徵，號辛楣，又號竹汀居士，江蘇嘉定（今屬上海）人。進士，曾參修《熱河志》、《續文獻通考》、《續通志》等官修史。自撰《廿二史考異》〔註12〕100卷、《十駕齋養新錄》20卷，以及《潛研堂文集》50卷等。《廿二史考異》對《史記》以來的紀傳體正史，予以校勘文字、訓詁名物、考釋典制、條理地理、理清職官建置。《十駕齋養新錄》以考史為土，兼考經學與其它內容。出於他具備精深的史學、天文學、數學、地理學、文字學、音韻學、金石學等知識，將之運用於歷史考證，取得許多突破。例如他從音韻學的研究得出「古無輕唇音」的卓越論斷，並據此指出十六國時期「禿髮」氏即為「拓拔」氏，《晉書》中「赫連勃勃」等同於《宋書》記述的「佛佛」〔註13〕。著述態度嚴肅、認真，做出的考證確切可信，具有很大的學術價值。我們研究歷史引用史料，應當核對《廿二史考異》這樣的考史著述，避免將錢大昕等考據學家早已指出的史書錯誤，還引用為史料依據。

王鳴盛（1722～1797）字鳳喈，號西莊，與錢大昕同鄉。主要著述為《尚書後案》30卷、《十七史商榷》100卷、《蛾術編》（有82卷或95卷本）。《尚書後案》搜羅、彙輯漢人鄭玄對《尚書》的注釋，試圖尋求漢代《古文尚書》已經散佚的軌跡。《十七史商榷》對《史記》至《新五代史》，包括《舊唐書》、《舊五代史》等十九部史書予以考證辨析，不僅校勘文字、考釋史事和典制，而且對歷史人物、歷史事件、史書及其作者予以評議。例如他對李延壽的《北史》、《南史》有許多評議，指出其在記事上有「抑南尊北之意」，而且二書在有關人物褒貶的書法問題上，義例不一。〔註14〕其它指謫還有許多，均舉出了充分實例，這應當作為評價李延壽史學著述時參考。《蛾術編》是晚年未完之作，考釋內容多，分為十門，對歷史和文獻的考訂比重較大，卷十二還對方志予以考述評論，其中多有精到見解。但王氏性情驕傲，他的這些著述中也存在考訂失誤、評論刻薄不當之處。他主張研究史學「蓋學問之道，求於

〔註12〕本書考訂範圍不含有官定「二十四史」中的《舊五代史》、《明史》。
〔註13〕《廿二史考異》卷二二，《十駕齋養新錄》卷五。
〔註14〕見《十七史商榷》卷五四「北為正」條、卷六八「《北史》例異於《南史》不可解」條。

虛不如求於實，議論褒貶，皆虛文耳。作史者之所記錄，讀史者之所考核，總期於能得其實焉而已矣，外此又何多求邪？」但「治經斷不敢駁經，而史則雖子長、孟堅苟有所失，無妨箴而砭之」〔註15〕。這表現了他治史既具備實事求是的精神，同時也有不敢觸動儒學經典的思想局限性。

崔述（1740～1816）字武承，號東壁，舉人，直隸大名府魏縣（今河北魏縣）人。撰《考信錄》36卷，對先秦歷史事跡與歷史載籍予以深入地考辯，表現出強烈的理性疑古學風，一反當時多數考據家信古習氣。崔述對《史記》等書記述的黃帝等上古帝王，一概存疑並予以剖析，對夏、商、周三代之事同樣詳加考究，認為商湯原非夏朝之臣；周文王非商紂之臣。〔註16〕對於鄭玄至朱熹等歷代學者的解經述古之說，崔述多所指謫，是則是、非則非，論辯明晰，理據充分。還特別對孔子及其學生的歷史記載細緻清理，辨析《史記·孔子史家》的諸多舛誤，認為《論語》亦有可疑為後人摻雜之處，認為孔子學生僅70餘人而已，「弟子三千」乃後人的誇大，被司馬遷採用，訛傳於世。這些論斷，可謂驚世駭俗、振聾發聵。但崔述的疑古精神還是受到時代的局限，他信仰儒學經典，並將之作為考信的依據。

崔述治學正值考據學風興盛時期，但崔述的疑古考據，學術方向不同於考據學風的主流，因而不顯於當世。但他對自己的學術見識是極其自信的，其詩曰：

> 惆悵明珠幾暗投，世無知己便應休。
> 龍泉寶劍埋塵土，自有寒光射斗牛！〔註17〕

崔述的弟子陳履和（字介存，1761～1825），傾其精力、罄其財力，獨自承擔刻印崔述著作之責，將之作為人生第一寄託，使《考信錄》得以傳世而不致湮滅，這是極端感人的尊師崇學精神。近代以來，崔述的著作又得到日本學者那珂通世、著名學者胡適、顧頡剛等的大力表彰與弘揚，編成《崔東壁遺書》傳世，終於在中國史學史與學術史上大放異彩。

歷史考據學者在乾嘉時期難以計數，如洪亮吉、孫星衍、汪輝祖等，皆為當世學問名家，其生平事跡，這裡不能一一列舉。歷史考據的著眼點之一，是考訂眾史之失、釐清史實以及為各代正史補表、補志，沈炳震有《二十一

〔註15〕王鳴盛：《十七史商榷·序》。
〔註16〕崔述：《商考信錄》卷之一《成湯上》，《豐鎬考信錄》卷之二《文王下》。
〔註17〕崔述：《知非集·七言絕句》，載顧頡剛編《崔東壁遺書》，上海古籍出版社，1983年版，第775頁。

史四譜》54 卷，杭士駿撰《歷代藝文志》一書，錢大昭撰《漢書辨疑》22 卷、
《後漢書辨疑》11 卷，沈欽韓《兩漢書疏證》74 卷，梁玉繩《史記志疑》36
卷，洪亮吉有《十六國疆域志》、《東晉疆域志》等同類著述多種，錢大昕有
《元史藝文志》、《元史氏族志》，汪輝祖《元史本證》50 卷，孫星衍《史記天
官書考證》10 卷等等，精闢著述不勝枚舉。與歷史考據聯繫密切的文獻收集
彙編，以全祖望的成績引人矚目，他搜集了大量明末人物的碑傳之文，精心
編輯在自己的《鮚埼亭集》中，保存下許多可貴的歷史資料。

（二）乾嘉考據學者的治學主張

乾嘉考據學的治學特點，在於注重對具體問題作求實性的考究，不提倡
宏觀地概括和議論。其中王鳴盛的論述可以作為這種主張的典型代表，他在
《十七史商榷》的自序中說：

> 大抵史家所記，典制有得有失，讀史者不必橫生意見，馳騁議
> 論，以明法戒也，但當考其典制之實，俾數千百年建置沿革，瞭如
> 指掌，而或宜法，或宜戒，待人之自擇焉可矣。其事跡則有美有惡，
> 讀史者亦不必強立文法，擅加與奪，以為褒貶也，但當考其事跡之
> 實，俾年經事緯，部局州次，記載之異同，見聞之離合，一一條析
> 無疑，而若者可褒，若者可貶，聽之天下之公論焉可矣。書生胸臆，
> 每患迂愚，即使考之已詳，而議論褒貶，猶恐未當，況其考之未確
> 者哉！蓋學問之道，求於虛不如求於實，議論褒貶，皆虛文耳。作
> 史者之所記錄，讀史者之所考核，總期於能得其實而已矣，此外又
> 何多求耶？

這裡「學問之道，求於虛不如求於實」的見解，是他總的治學主張，代
表了乾嘉考據學派的學術風格。

乾嘉考據學的基本治學原則是所謂「實事求是」，「實事求是」一詞出自
《漢書・景十三王傳》，稱讚劉德「修學好古，實事求是」，唐代顏師古注釋
為「務得事實，每求真是也」。乾嘉學者以錢大昕為代表，標舉實事求是的旗
幟，提出「通儒之學，必自實事求是始」，〔註18〕他以十分自謙的態度說：
「桑榆景迫，學殖無成，唯有實事求是，護惜古人之苦心，可與海內共白。」
〔註19〕王鳴盛用同樣自謙的態度說：「以予之識暗才懦，碌碌無可自見，猥以

〔註18〕錢大昕：《潛研堂文集》卷二五，《盧氏群書拾遺序》。
〔註19〕錢大昕：《廿二史考異序》。

校訂之役，穿穴故紙堆中，實事求是，庶幾啓導後人，則予懷其亦可以稍自慰矣。」〔註20〕從這些謙辭中可以看出，實事求是乃學術的基本原則，治學態度上不可或缺的素質，無論如何自謙也不能放棄的底線。

以信古爲出發點的歷史考據，是多數乾嘉學者的治學風格的主流傾向，錢大昕聲稱：「言有出於古人而未可信者，非古人之不足信也。古人之前尚有古人，前之古人無此言，而後之古人言之，我從其前者而已矣」〔註21〕。這是在考訂秦朝設立多少個郡的問題時提出的，指出應當信從《史記》與《漢書》的記載，在這個具體問題上，錢大昕是正確的，但將「信古」上升爲治學原則，認爲越古越好，則是乾嘉考據學的一個弊端。

乾嘉歷史考據家中，只有崔述完全打破了盲目信古的觀念，指出「戰國之時，邪說並作，寓言實多，漢儒誤信而誤載之」，自稱「今爲《考信錄》，不敢以載於戰國、秦漢之書者悉信以爲實事，不敢以東漢、魏晉諸儒之所注釋者悉信以爲實言。務皆究其本末、辨其同異，分別其事之虛實而去取之。」〔註22〕這是他的精見卓識。

以錢大昕主張「護惜古人」、「前之古人無此言，而後之古人言之，我從其前者而已矣」爲代表的乾嘉考據學，居於主流地位，他們認爲漢代去古未遠，文獻與學術皆可據信，治學風格也足可仿傚，故時人稱清代考據學爲「漢學」。但崔述對漢代的歷史文獻大加疑辯，這是他的學術被當時冷落、排斥的根本原因，其境遇要比專門研治文史理論、批評考證學風的章學誠更爲艱難，幾乎沒有學界名流與之交往。在考察乾嘉學術的整體狀況時，不要忽略同屬於歷史考據學者之間的重大區別。

（三）乾嘉歷史考據學的地位和影響

乾嘉時期考據學的豐碩成果，實際構成了對古代文獻遺產的整理與總結，特別是在傳統學術兩項最根本的學科——經學與史學上，認眞地校正文字、解讀語義、糾訂舛誤、考辨名物、典故、制度、史實等等，令幾千年來表現在典籍上的學術文化狀況，以空前眞切的面目展現出來，爲進一步的深化研究打下了牢固的基礎。經過乾嘉學者的清理，經史典籍中許多疑義、許多訛誤得到了切實的解決，更重要的是打開了解決古籍中疑義和訛誤的途

〔註20〕 王鳴盛：《十七史商榷・序》。
〔註21〕 錢大昕：《潛研堂文集》卷一六，《秦十四郡辯》。
〔註22〕 崔述：《考信錄提要》卷上。

徑，有力地否定了望文生義、任情發揮、以己意評說等不良傾向，增強了傳統學術文化研究的客觀精神與科學態度。

在歷史考據學形成風氣的情況下，治學只管考索古往事物的真實狀況，大有「為學術而學術」的趨向。乾嘉考據學家探討問題，大多不太思考其學術是否在社會上有所實用，也不大計較個人利益得失，以求真、求是為目標，這是古來罕見的學術精神。中國學術特別是史學，自產生之時起，就緊緊依託於政治，往往在思想上、宗旨上表現出很強烈的政治色彩，希望達於經世致用的理想。而乾嘉歷史考據學以其執著的實事求是精神，擯除了史學直接從政治需要出發的宗旨，淡化了經世致用觀念，很大程度上增強了學術的相對獨立性，有效地擺脫了史學作為政治婢女的角色，這在中國古代史學史上是一個開新潮流。假使這種學術機制弘揚擴展，成為整個史學的主導機制，必然引起中國史學的重大轉變。當然，這只是一個「假設」而已，乾嘉時期的學術理論並未摒棄傳統的經世觀念，處於強勢地位的官方史學，為現實政治服務的宗旨極其明確，考據家不敢提出完全否定經世致用的學術理念，而且不乏提倡史學經世的學者，我們後文即將涉及。

乾嘉考據學風的負面影響，在於造成許多平庸的學人孜孜考求支離碎屑的內容，在猥雜的故紙堆中消耗精力。同時，厚古薄今的價值尺度，如果從單純的史料采擇標準而擴充為觀察一般事物的眼光，就會產生相當明顯的消極作用。道光以降，考據學受到越來越多的抨擊，漸漸退居非主流地位，學風再次轉變。不過，歷史考據學經過乾嘉時期的輝煌，已擁有繼續存在和發展的雄厚內力，即使強調「經世致用」的史家，其歷史著述中也必須注重史實的考據，才能立足於學界。「歷史考據」，幾乎等同於史學之學術性理念，凸現為治史不可或缺的方法，並且完全可以與經世宗旨結合起來，二者並非不能融合。乾嘉之後，考據學在經學、史學、文獻學領域仍然成果斐然，還擴展到子部書籍的校訂考證。直到近代、現代，乾嘉考據學的治學方法仍然為學者所借鑒。

（四）乾嘉時期多樣態的私家史學撰述

清代乾嘉時期是私家考據學風行的時期，但乾嘉時期私家學術並非唯有考據，在學界考據成風的同時，還存在治學方式迥異的另一側面。事實上，任何時期也不可能出現單一學術風格、單一價值取向的一統天下，不僅在整個學界是如此，而且還會在同一學者的治學經歷中表現出來。

　　錢大昕是乾嘉歷史考據學家的代表性人物，但他決非只知瑣碎考證而思想蒼白的末流學者。他強調「儒者之學，在乎明體以致用」，〔註23〕在其《潛研堂文集》中，考史論事閃現出深刻思想的火花，例如抨擊「以天下為天子私有」的君主專制，反對「夫摭拾語言文字之失，陷人於罪」〔註24〕的文字獄，且發出「文網日以密，士節日以貶」〔註25〕的慨歎。文集中嚴斥橫征暴斂、貪污腐敗的文章，更為數不少。上文引述王鳴盛關於讀史「不必橫生議論」的主張，但他的《十七史商榷》中，充塞著歷史評論。另一考據學家洪亮吉，精於歷史地理學，著述頗多，而正是他撰寫《意言》20 篇縱論時事，深慮民生，詳細地探討了人口增加將引起的經濟問題，眼光明遠，見解卓越。當我們全面審視乾嘉考據學的大家時，發現很少專營瑣碎考證而思想蒼白者，只有平庸的考據學者才缺乏深刻的思想，而缺乏思想見識的同時，其考據成績也平淡、支離，無足輕重。

　　乾嘉時期具有深刻思想認識的史家，有的兼顧歷史考據，有的則不大善於從事歷史考據，這構成史學另一側面的風景線，章學誠和趙翼是其中的兩位典型人物。章學誠撰有《文史通義》、《校讎通義》，二者均為理論性著述，與當時盛行的考據學風格完全不同，但仍得到不少達官顯宦的賞識，梁國治、朱珪、畢沅等地方大員都曾對他予以幫助和提攜。趙翼曾被近人視為重要的考據家，但這是一個誤會。趙翼（1727～1814）字雲崧，一字耘崧，號甌北，江蘇陽湖（今常州）人。進士，授翰林院編修，曾參修《御批通鑒輯覽》。自著有《陔餘叢考》43 卷、《廿二史箚記》36 卷、《皇朝武功紀盛》4 卷、詩文集 85 卷等等。其中《廿二史箚記》（實為二十四部史書）最負盛名。這部著作的特點之一，是以歸納的方法彙聚歷史事實，加以總結、概括或對比，揭示歷史現象的共同特點，或者指出其重要區別，從而得出見解與評議。其中多有對史書的評論，而且將不同正史予以比較分析，論其體例、書法、記載的異同，可以給讀者以莫大的啓迪。當然，《廿二史箚記》中也有不少史事與文獻的考述，《陔餘叢考》更是分條考證之書。不過，趙翼在歷史考據上並不認真嚴謹，據學者杜維運等人研究，《廿二史箚記》中史事訛誤達三百多處，而且他還在詩作中譏諷當時的考據習氣。由此可知，趙翼治史雖並不排斥考

〔註23〕錢大昕：《潛研堂文集》卷三六，《與邱草心書》。
〔註24〕錢大昕：《潛研堂文集》卷二，《洛蜀黨論》。
〔註25〕錢大昕：《潛研堂文集》卷九，《讀漢書》。

據而且間或爲之，但卻對考據成風不滿。事實上，還有不少乾嘉時期的學者並非追隨考據學風，甚至也對瑣碎的考據持批評態度，這些現象都是值得從學術史上清理與研究的。

如果我們將乾嘉學術置於更廣的視野觀察，即包括對官方學術活動的全面考量，那麼歷史學更會展現繽紛的景觀，決非能以歷史考據來囊括這一時期的史學全貌。如大量彙纂、輯佚史籍，不能概以考據之書觀之。

乾隆時有李天根自撰《爝火錄》32卷，記載南明史事。嘉慶間趙翼撰《皇朝武功紀盛》4卷，述清朝征戰之史。師範著《滇系》100卷，記述雲南等西南地區歷史地理。陳鱣以個人之力撰《續唐書》70卷，定後唐、南唐爲正統以記述五代史事。陳黃中則撰成《宋史》紀、傳、表共170卷，只是未能最後完成全書。嘉慶時陳鶴撰成編年體《明紀》52卷，後由其孫陳克家續寫餘下的8卷。諸如此類，雖數量和水平都很有限，但畢竟不是毫無作爲。畢沅主持纂修的《續資治通鑑》、謝啓昆主持纂修的《西魏書》，均爲這個時期的成功之作。此外，章學誠主筆而最後未成的《史籍考》、邵晉涵、章學誠策劃過的重修《宋史》，錢大昕擬重修《元史》而且已經撰成部分史稿。可見清代史家並非不謀求歷史著述的編纂。

總之，清乾嘉時期除歷史考據學之外，不乏系統性歷史撰述，甚至史學理論也有突出建樹，史學成績仍然豐富多樣，不過最奪目的學術成就，乃屬超越往代的歷史考據。

三、道光朝之後的私家史學概況

清朝自道光朝始，國力每況愈下，社會危機日益顯現，尤其是在1840年鴉片戰爭之後，清廷面臨前所未有的外患，咸豐朝更爆發太平天國運動這場大規模的國內動亂，眞是內外交困，再也無力顧及對私家史學的嚴密控制。史學撰述在時世變化的刺激下，形成多風格並存發展的局面，一方面堅持乾嘉歷史考據路徑的史家還大有人在，著述接連不斷，另一方面史學經世致用的呼聲慷慨激昂，瑣碎的考據受到尖銳的批評。而經世致用的史學也在探求不同的內容和表現方式，各派學者在不同指導思想與不同的政治立場上，都拿起史學著述作爲經世的工具，而著述的內容、形式、思想趨向是很不相同的。茲將道光以後的私家史學撰述，擇要類析如下：

第一，延續乾嘉考據風格的史學撰述，在清代後期數量眾多，足以顯示

乾嘉考據學研究方法的影響力和生命力。儘管經世致用的史學觀點漸居輿論上風，但考據方法在治史中仍不可廢棄，著述不斷湧現。如周壽昌《漢書注校補》56 卷、《後漢書注補正》8 卷、王先謙《漢書補注》100 卷、繆荃孫《漢書引經異文錄證》、梁章鉅《三國志旁證》30 卷、錢儀吉《補晉兵志》1 卷、丁國鈞《補晉書藝文志》4 卷、丁謙《元秘史地理考證》15 卷、吳士鑒《晉書斠注》130 卷、孫詒讓《周書斠補》4 卷、汪士鐸《南北史補志》14 卷、洪鈞《元史譯文證補》30 卷、秦緗業《續資治通鑑長編拾補》60 卷、黃以周《續資治通鑑長編拾遺》60 卷、姚振宗《隋書經籍志考證》52 卷等等，其中功力深厚或資料新穎者如王先謙《漢書補注》、洪鈞《元史譯文證補》、姚振宗《隋書經籍志考證》等，堪稱學術名著，水平不讓乾嘉時期同類著述。特別是《元史譯文證補》，利用了國外史籍的資料，大開考據學家的眼界，推進了國內學界對元史、蒙古史的研討，雖其內容並未達到系統和全面，仍然得到廣泛稱譽。

清代後期的史籍輯佚也頗有成績，這是延續乾嘉考據學風格的一個方面，湯球與黃奭各自輯補多種逸史，如譙周《古史考》、孫盛《晉陽秋》、劉道薈《晉起居注》、崔鴻《十六國春秋》等等，用力甚勤。雖限於資料片段和零散，無法纂出完篇，不能與乾隆年間出《永樂大典》輯書的效果相比，但畢竟方便了學者「管中窺豹，略見一斑」，有助於學術研究。

至於搜羅史料，編撰新書，清代後期亦著述多出，如王梓材將《宋元學案》100 卷整編完成、牛樹梅《文廟通考》6 卷、王定安《宗聖志》20 卷、陸心源《元祐黨人傳》10 卷、董兆熊《明遺民錄》20 卷、陳繼聰《忠義紀聞錄》30 卷等等，儘管不出乎以往撰述舊例，無多創新，但已破除乾嘉時期之內容避忌的心理，各自勒成一書。嘉慶十三年清廷官方編輯《全唐文》，浙江學者嚴可均無緣參與，慨然曰：「唐之文，盛矣哉！唐以前要當有總集。斯事體大，是余之責也。」於是，自行編輯《全上古三代秦漢三國六朝文》，用 27 年時間方得定稿，治學毅力可謂堅韌。「使與《全唐文》相接，多至三千餘家，人各係以小傳，足以考證史文」〔註 26〕。這雖是一部大型文章總集，但具有很高的史料價值。

第二，按傳統模式纂修內容系統、結構完整的史書，數量超過了乾嘉時期。例如魏源《元史新編》95 卷、夏燮《明通鑑》100 卷、徐鼐《小腆紀年

〔註26〕 《清史稿》卷四八二，《儒林傳‧嚴可均傳》。

附考》20 卷、李有棠《遼史紀事本末》40 卷、《金史紀事本末》52 卷、李瑤改編《南疆繹史》58 卷、曾廉《元書》102 卷、屠寄《蒙兀兒史記》160 卷等等，其中魏源、曾廉、屠寄等人，在研究和編纂元代歷史方面皆有突出成績，基本彌補了乾嘉時期錢大昕欲私修有元一代之史而未能完成的遺憾。但元代歷史異常複雜，上述三書在體例或內容上皆有不盡完善之處，屠寄之書約從 1896 年動筆，至清朝滅亡的 1912 年尚未完成。夏燮《明通鑑》以編年體記述明代歷史，上承接畢沅的《續資治通鑑》。清朝官方於乾隆時期編纂綱目體《御批通鑑輯覽》，而對接續《資治通鑑》一書不感興趣，使畢沅的幕府獲得這一修史項目，但畢沅未敢撰寫明代之史，《續資治通鑑》僅宋、元兩代，夏燮之作使「通鑑」系列史籍續補周全。

清末劉錦藻撰成《皇朝續文獻通考》320 卷，是私修史的重大成就，在體例上多有創新，其中增設《外交考》、《郵遞考》等門類，反映了清季的國情變化。記述範圍從乾隆五十一年至光緒三十年，內容周詳。進呈清廷後，極受褒獎，遂破格提拔劉錦藻為內閣侍讀學士。因此，《皇朝續文獻通考》是官方支持下並且參與審定的私修史。到民國時期，劉氏又將此書內容接續至清末，成 400 卷全木。

乾隆年間，蔣良騏《東華錄》纂成後乃私下傳抄，未敢公然刊刻。而光緒間王先謙卻可以抄略清歷朝實錄，公開編纂《東華續錄》195 卷、《十朝東華錄》425 卷，以及單行的咸豐朝、同治朝《東華錄》，光緒年間即曾公開刻印，而且編纂者不止一人，另有潘福頤亦做增定與合編，後又有朱壽朋續編《光緒朝東華錄》220 卷，於宣統元年（1909）面世。其它抄本、刪略本、合編本不一而足，致使各種「東華錄」版本繁雜，這打破了清廷不許隨意閱讀和傳抄實錄的規定。內容系統、完整的歷史撰述，還有涉及外國史地以及中國歷史地理著作，如黃遵憲《日本國志》、何秋濤《朔方備乘》等，我們將根據其內容的特點在下文提及。

第三，當代史撰述的勃興，是清代後期私家史學的新景象。清初野史風發，而經國清廷的打擊、扼制，至乾隆時期已極度減少。至嘉慶年間，又陸續出現趙翼《皇朝武功紀盛》、《簷曝雜記》、法式善《清秘述聞》、《槐廳載筆》等當代史撰述，但數量不多。自道光朝，特別是鴉片戰爭以後則數量劇增，如魏源《聖武紀》14 卷、王慶雲《石渠餘紀》8 卷、陳康祺《郎潛記聞》初筆至三筆共計 42 卷、吳振棫《養吉齋叢錄》22 卷、梁章鉅《樞垣紀略》16

卷等等，這些書籍，有對清廷歌功頌德者如趙翼之書，有立意經世欲激發士氣者如魏源之書，但大多屬筆記雜談之類，記錄當世時事，並無明顯的政治意圖。而一些官員出自私意而編纂的書史，如曾國藩《湘軍水陸戰紀》16 卷、王闓運《湘軍志》16 卷、秦緗業《平浙紀略》16 卷、尹耕雲《淮軍平捻記》12 卷、張鑒《東南半壁紀事》30 卷、勞乃宣《拳案三種》5 卷等等，則是清朝發生動蕩、大事件之後出現的私修史。清朝官方本有纂修「方略」的史學機制，而且也編纂了「剿平」太平天國和捻軍的「方略」各書，但相關官員仍然從自身立場、自我利益或自我觀點出發，編纂了同一事件而內容有異的史書，顯示了官方已經不能完全壟斷當代史事的敘述。類似的撰述如魏源《道光洋艘征撫記》、夏燮《中西紀事》、王之春《國朝柔遠記》等等，因事涉中外，且留待下文介紹。此外，地方行政官員編纂各地經濟制度和事跡之書，承接乾嘉時已然出現的撰述而更加普遍化，諸如阮元《兩廣鹽法志》、賀長齡《江蘇海運全案》12 卷、劉坤一《兩淮鹽法志》、豫堃《粵海關志》30 卷等等，這些私修經濟、典制類史籍，與朝廷官修典制類史書內容互補，並行不悖，豐富了清代的經濟史料的編纂與流佈。

清代後期私家的當代史事記述之中，人物傳記、年譜和官員奏議彙集之類的書籍，數量龐大，不勝枚舉。如王希曾《中興蘇浙表忠錄》18 卷、林景忠《國朝忠義私淑初編》15 卷、范臺《皇朝儒行所知錄》6 卷等書，流傳未廣，鮮為人知，而江藩《國朝宋學淵源記》3 卷、阮元《疇人傳》46 卷以及羅士琳、諸可寶的續編、三編、李富孫《鶴徵後錄》12 卷、張維屏《國朝詩人徵略》60 卷、二編 64 卷、唐鑒《國朝學案小識》15 卷、李元度《國朝先正事略》60 卷、錢林《文獻徵存錄》10 卷等等，則早已是清史研究的常用之書。更大型的人物傳記彙編若《碑傳集》、《國朝耆獻類徵》等，暫且不表，待另外評述。清人喜撰年譜，而乾嘉間的著述多為致力於史料搜考，以往代的名人為譜主，如顧棟高著《司馬溫公年譜》之類。間或亦有編輯本朝人物或作者自訂年譜者。至清代後期，撰述本朝人物年譜現象與日俱增，有後裔、學生為先人、先師而編撰者，如王之春《王船山年譜》2 卷、史善長《弇山畢公年譜》（譜主畢沅）1 卷、汪喜孫《容甫先生年譜》（譜主汪中）1 卷、錢儀吉《錢文端公年譜》（譜主錢陳群）3 卷、寶琳《升勤直公年譜》（譜主升寅，滿洲鑲黃旗人）、真淨《石谷禪師年譜》（又稱《方聚成禪師年譜》）1 卷等等。黎庶昌撰《曾文正公年譜》（譜主曾國藩）12 卷、羅正鈞撰《左文襄公年譜》

（譜主左宗棠）10 卷、王定安撰《曾忠襄公年譜》（譜主曾國荃）4 卷，編輯者對於譜主，亦有門生或部屬之類的人脈關係。自訂年譜亦在學者中也蔚然成風，如楊守敬自述《鄰蘇老人年譜》1 卷、王先謙自撰《王祭酒年譜》3 卷、吳士鑒撰《含嘉室自訂年譜》1 卷等等，不能一一列舉。而張穆撰《顧亭林年譜》、《閻潛邱年譜》各 1 卷，則是從學術景仰的角度為之編撰。

編輯和刻印大臣的奏議文獻，是彰顯其生平事跡的又一方式，清代後期，此類書籍層出不窮，林則徐、賀長齡、陶澍、曾國藩、曾國荃、胡林翼、左宗棠、曾紀澤、郭嵩燾、許乃濟、王懿榮、李鴻章、張之洞、端方等等，皆有奏議編輯面世，卷帙大小不一，主張參差異同，可資清史研究者參考。

第四，大型文獻史料的彙纂，清代後期歷有成書。道光六年（1826），江蘇布政使賀長齡委託魏源編輯《皇清經世文編》120 卷，分門別類收集清代有關社會實務的文章、奏議、評論，涉及政治、經濟、文化、軍事、法制、學術等各個層面。後有葛士濬等多人各自纂輯《續編》，此後，有陳忠倚《三編》、何良棟《四編》，體例大體類同，但後出各書陸續添補了洋務、郵政、乃至於國債、銀行、公司、議院等等細目。此外，還有多種如《皇清經世文新編》、《皇清經世文統編》等等，成為清朝後期書籍編纂的一道風景。這些「經世文編」總和起來，無疑是清史研究的史料淵藪，而其編輯理路和方法參照了明季《皇明經世文編》。至於清季，熱心於編纂本朝文章總集的學者不乏其人，如李祖陶《國朝文錄》八十二卷、《續錄》六十六卷，姚椿《國朝文錄》一百卷，吳翌鳳《國朝文徵》四十卷，沈粹芬、黃人《國朝文匯》二百卷等等，這些散文總集的編輯宗旨並非從史學的需要出發，但其中的史料價值亦不能抹殺。

在史學上最值得注意的是大型人物傳記資料的彙集，這樣的史籍具有長久的史料價值，是清季史學發展所留下的寶貴文化遺產。錢儀吉編纂《碑傳集》160 卷，另有目錄、引用書目及附錄之文 4 卷，搜集清代人物家傳、行狀、墓誌銘等分類編輯，收有清初至道光朝人物碑傳達二千多人，光緒十九年（1893）刊行。後繆荃孫接續編輯《續碑傳集》86 卷，收載咸豐、同治、光緒時期人物碑傳達一千一百多人，宣統二年成書。此後又有閔爾昌編輯《碑傳集補》60 卷，那已在民國時期。李桓編輯的《國朝耆獻類徵》（初編）之資料更為豐富，全書達 720 卷，目錄 19 卷，收載人物至道光朝，資料來源廣泛，

其中抄錄有大量清朝國史館編撰的國史列傳原文。

第五，涉外史籍與邊疆史地著述，大多體現出針對外患和民族危機的經世致用觀念。1840 年鴉片戰爭爆發不久，魏源（1794～1857）於 1842 年就撰成《海國圖志》50 卷，以後歷次增訂，10 年後形成 100 卷本。著述中充滿舊式愛國情緒，「爲以夷攻夷而作，爲以夷款夷而作，爲師夷長技以制夷而作」〔註 27〕的宗旨極其明確，全書首先撰《籌海篇》、《議戰》、《議款》、《議守上、下》諸篇，提出禦敵的戰略與戰術建議，書中還收錄的《火輪船圖說》、《鑄炮鐵模圖說》、《地雷圖說》、《攻船水雷圖說》等等，從體例、內容上看，不合乎歷史地理書籍的規範，而完全從海防禦敵的需要考慮。此書一經面世，獲得朝廷與學界的普遍讚揚，影響深遠，至今在近代史佔有突出的地位。

徐繼畬（1795～1873）的《瀛寰志略》稍遲於魏源之書，始撰於 1844 年，於 1848 年刻行。作者訪問外國傳教士、搜討外國書籍，詳細參證，深入考核，配備多幅地圖，成爲體系嚴整的介紹世界各國狀況的撰述，內容的眞確性超乎當時所有中國人對於世界的認識，學術水平遠過與魏源之書。作者對西方的社會體制多所稱譽，特別推重美國的民主制度，盛讚美國第一位總統華盛頓。這樣的觀點不能被朝廷和多數士大夫接受，因而長期處於被詆毀、排斥的境遇。自鴉片戰爭將中國國門打開，國人認識世界的水平也不可避免地漸漸增進，儘管整個過程十分緩慢。時至洋務運動開展起來之後，《瀛寰志略》才逐步得到廣泛的讚揚。在因循守舊的中國，思想認識超前的學者、官員往往不得其時，際遇艱難，徐繼畬其人其書是此中一例。

隨著中國門戶的打開和中外交往的增進，涉及國外史地和中西交往的撰述，日益成爲最受社會關注的書籍，魏源《道光洋艘征撫記》、梁廷枏《海國四說》、夏燮《中西紀事》、郭嵩燾《使西紀程》、黃遵憲《日本國志》、王之春《國朝柔遠記》等書，均爲近代史學發展中的新穎撰述。其中夏燮的《中西紀事》24 卷，通過研究中國與西方列強的戰爭與和約交涉，深感當權者識見不足、行爲保守，故對書中列舉的時人、時事發表議論，對愚頑者予以批評。然而「恐賈文字之禍，因託名『江上蹇叟』，是亦有心人也」〔註 28〕。清末陸元鼎編纂《各國立約始末記》30 卷，清理、總結清朝與外國訂立條約

〔註 27〕《海國圖志》卷首，《敘》。
〔註 28〕劉錦藻：《皇朝續文獻通考》卷二六二，《經籍六・史部紀事類》。

的狀況，湯壽潛在其書序言中，對中外之間不平等條約的貽害表達了深切的悲哀。

　　隨著中外和、戰關係的發展，士人對世界的認識愈發深入，有些經過實際的國外考察，涉外知識漸漸完整化，於是有比較系統的外國史撰述問世。例如黃遵憲《日本國志》40 卷，對日本歷史的記述周到、系統，而出於經世、借鑒的目的，對日本明治維新史事的描述尤為具體。王韜編纂有《法國志略》、《普法戰紀》等多種外國歷史著述，對於傳播世界知識起到積極推動作用。在清季，一些學術上比較保守的學者、官員，也開始動筆撰述外國史籍，如王樹枏撰有《歐洲族類源流略》、《歐洲列國戰事本末》，王先謙撰有《五洲地理志略》、《日本源流考》等，他們很有搜羅和條理資料的功力，但仍不改其比較保守的立場，處處表現出美化君主制和頌揚中國舊文化的傾向。

　　第六，借撰史鼓動變法或者煽動革命的著述，其宗旨已然不在於史學本身的學術性，但此類著述造成的社會衝擊很大，亦須有所瞭解。中日甲午戰爭以清朝慘敗、割地賠款而結束，深深刺激了官紳與士人，維新變法的呼聲響遍朝野。康有為是鼓吹變法的急先鋒，他的《孔子改制考》、《俄彼得變政記》、《日本變政考》等撰述，是直接以敘述中外歷史的方式宣傳改良主義主張，《新學偽經考》為今文經學張目，以便大樹公羊學「三世」說的歷史觀，歸根結底仍然是作為維新變法的輿論工具。

　　清末的反滿革命派，重新拿起明清之際的歷史記述作為輿論武器，揭示清軍入關後大肆屠殺明朝抵抗者的血腥史實，亦將清朝的文字獄等事敘述渲染，用為宣傳工具，以喚起推翻清朝滿族統治的民族意識。這是一種利用歷史知識服務於鬥爭目的的社會政治行為，不同於歷史學的學術理念。革命派的大學者章太炎，在《駁康有為論革命書》中，對明末李自成的起事，對日本的明治維新，都做出新的解說，以伸張革命的合理性。而作為康有為學生和戰友的維新派學者梁啓超等人，在政治「改良」與「革命」的思想糾葛中，彷徨、掙扎，尋求出路而不得，卻走上史學理念的激進路徑，高舉起「史界革命」的旗幟，開拓了中國近代史學發展的跨越。1902 年，梁啓超發表《新史學》一文，立即獲得全國學者、史家的廣泛相應，著手編纂新式史籍者有之，宣揚和發揮新史學觀念者有之，史學新思潮湧動、高漲，這是中國史學在清末的最大嬗變。梁啓超的「史界革命」論，是將政治激情轉投入

史學發展方向的思考，造就中國史學常見的、時起時伏的政治與學術之糾結，其議論的鼓動性極強，其觀點激進、偏頗，其後果歪打正著地推動了史學的轉型。在一個向來把史學與政治捆綁一起的國度，這種機制也許是難以避免地發生。

第四章　順、康、雍時期官、私史學之錯綜關係

　　清朝入關之前政權的統治區域，史學活動惟在官方，尚不存在與官方記史、修史可相匹對的私家史學。入關後的順治、康熙、雍正三朝，清廷內部的政治鬥爭比較激烈，這直接反映到官方的修史活動之中。經歷了順、康、雍三朝的 80 餘年時間，官方修史基本格局的才得以最後確立，清廷的內爭是重要原因之一。清廷內爭除關乎權利分配之外，還在於如何對待滿、漢之間的社會文化差異以及政治體制區別的問題，這使官方史學內部和官、私史學之間，皆不同程度地捲入滿、漢之間的民族矛盾，構成這一時期官方、私家史學之錯綜複雜的關係。

一、清廷內部鬥爭及官方的修史活動

　　清入關前，統治集團內部及滿洲八旗之間就存在著政治矛盾和利益衝突。清軍入關造成嚴重的戰爭破壞，清軍殘忍地屠殺抵抗者，以及強制薙髮、大肆圈地等等舉措，加深了滿、漢之間的民族矛盾。在實施佔領和民族壓迫的同時，清廷統治者也採取一些政治文化措施，如任用漢人官僚、開始科舉考試、舉行尊孔活動、提倡經學、纂修書史等等，圈地活動也一度停止，以此來緩和民族矛盾，鞏固其政權基礎。這在部分滿洲貴族看來，乃是「漢化」行為，「漢化」可以進行到何種程度，清廷上層意見不一，從而產生新的內爭，這種內爭也會在官方修史活動中表現出來。

（一）順治朝纂修清太宗實錄的失敗

　　順治六年（1649）正月，時攝政王多爾袞掌權，下令纂修清太宗實錄，

大學士范文程、剛林、祁充格、洪承疇、馮詮、寧完我、宋權為總裁官，又設副總裁八人，於本月初八日開館，以皇帝名義頒發敕書稱：「朕惟帝王撫宇膺圖，綏猷建極，凡一代之興，必垂一代之史，以觀揚於後世，誠要務也。我太宗文皇帝應天順人，安內攘外，在位十有七年，仰惟文德之昭、武德之盛，以及號令賞罰、典謨訓誥，皆國家之大經大法。爾等稽核記注，編纂修輯，尚其夙夜勤恪，考據精詳，毋浮誇以失實，毋偏執以廢公，毋疏忽以致闕遺，毋怠玩以淹歲月。敬成一代之令典，永作萬年之成憲。各殫乃心，以副朕意。欽此。」〔註1〕這次開館，總裁官中漢官比例頗大，纂修實錄程序是十分正規的，應是參考了明朝纂修實錄的成例。

順治七年（1650）十二月，多爾袞逝世，僅過兩月，即被議以「陰謀篡逆」大罪。順治八年閏二月，實錄館的修史活動牽入多爾袞案件之中，總裁剛林、副總裁祁充格以同預逆謀、篡改史冊與實錄的罪名而處死，范文程等也受到懲處，順治六年開館的纂修清太宗實錄進程因而中止。據清朝官書中所記載，剛林罪狀第四、第七款涉及官方史學問題：

> 以擅改國史一案，訊剛林。據供：睿王取閱太祖實錄，令削去伊母事，遂與范文程、祁充格同抹去。後白之和碩鄭親王、和碩巽親王、和碩端重親王、和碩敬謹親王，未經奏聞。擅改實錄，隱匿不奏。罪四。……

> 又將盛京所錄太宗史冊在在改抹一案，訊之剛林。據供：纂修之時，遇應增者增，應減者減，刪改是實，舊稿尚存。罪七。〔註2〕

第四條罪款表明在多爾袞（睿王）主政之時，曾經刪抹《清太祖實錄》所載多爾袞生母之事。此事的原委，始自清太祖努爾哈赤臨死之時，據稱敕令其大妃、多爾袞之母烏拉納喇氏殉死，入關前修成的《太祖武皇帝實錄》記載此事，稱大妃「饒丰姿，然心懷嫉妒，每致帝不悅，雖有機變，終為帝之明所制，留之恐後為國亂，預遺言於諸王曰：『俟吾終必令殉之』」〔註3〕，這樣的記述很難為處於權勢顛峰狀況下的多爾袞所堪容忍，於是，「令大學士剛林等削書其母殉葬時事」〔註4〕。按努爾哈赤大妃之死，是統治集團權利鬥

〔註1〕《清世祖實錄》卷四二，順治六年正月丁卯。

〔註2〕《清世祖實錄》卷五四，順治八年閏二月乙亥。

〔註3〕《太祖武皇帝實錄》（據中國人民大學清史所編《清入關前史料選輯》第一輯）卷四，天命十一年八月十一日（努爾哈赤逝世之後）。

〔註4〕《清史列傳》卷二，《多爾袞傳》。

爭的結果，而在清太宗皇太極控制下纂修的《太祖武皇帝實錄》，肆意吹捧自己生母、貶斥大妃烏拉納喇氏，並不公允。但是多爾袞私下令人「抹去」，其方法甚屬低下，是缺乏文史常識的表現。剛林等人並非不知此事可能會遺留禍患，但當時多爾袞主政、順治帝年幼，也只能「隱匿不奏」，而採取「後白之和碩鄭親王、和碩巽親王、和碩端重親王、和碩敬謹親王」的策略，其實已經可以避免罪責了，只是在激烈政治鬥爭中，這些「白之」皆被視爲無效。

　　第七條罪款透出的信息值得注意，其一是順治六年正月之後。纂修清太宗實錄已經正式進行，其二是這次由剛林主持的纂修活動，不完全依照入關前史料的原樣抄錄，「纂修之時，遇應增者增，應減者減」，並且將原來的「史冊」即檔案資料也一併「改抹」。其實清入關前在記事檔冊上添寫、改抹，乃爲泛常之事，今存入關前《舊滿洲檔》各件上多有這種痕跡。剛林等人的改動不一定完全是爲了討好多爾袞，入關前檔冊內的一些內容，顯示當時滿族政權內不少野蠻的習俗和行徑，已經足使入關後的修史人員深覺不堪，故剛林供詞爲「應增者增，應減者減」，剛林、祁充格等因此問罪，給此後的纂修實錄活動留下了遺患。

　　順治八年（1651）十二月，大學士希福又奏請編纂太宗實錄，其言曰：「……皇上躬親大政以來，事事恪遵太宗心法，纂修實錄大典，尤不可緩。謹請皇上敕行，期於速竣，則太宗功德彰於永久，而皇上承先之志彌光矣。伏乞特頒敕諭，行臣衙門纂修。」〔註5〕至九年（1652）正月，清廷組成實錄館，以大學士希福、范文程、額色黑、洪承疇、寧完我充總裁官，副總裁、纂修官亦各有任命，清世祖再下敕書，而敕書的內容與順治六年的敕書並無區別，乃照抄其文而已。順治朝纂修太宗實錄的活動，因政治鬥爭而前後開館兩次，這是無可爭辯的事實。但清朝官書著錄《清太宗實錄》，惟言順治九年敕撰，這本來是一種避忌失實的現象，卻給後世留下了誤解，例如臺灣學者莊吉發認爲順治六年並未開館纂修《清太宗實錄》，「其正式開館係始於順治九年」。〔註6〕這種說法明顯失考，順治六年開設實錄館十分正規，已如上述，至剛林等被治罪，歷時兩年，應當已有部分纂修成稿，而不會毫無作

〔註5〕　《清世祖實錄》卷六一，順治八年十二月戊辰。
〔註6〕　莊吉發：《清太宗漢文實錄初纂本與重修本的比較》，載《清代史料論述》（一），（臺）文史哲出版社，1979年出版，後同。

爲。順治九年不過是恢復已中止了的實錄館，連皇帝的敕書都照錄順治六年的原文，其接續性是十分顯然的。順治九年二月朔日，清廷於禮部賜宴實錄館諸纂修官員，這其實是爲了解除史官們因剛林、祁充格被處死的心頭餘悸，但此舉則爲後來清廷的纂修實錄開一新例，後來各朝每當纂修實錄，便賜宴纂修各官，以示優禮。

順治十二年（1655）二月，內國史院侍讀黃機上奏，認爲實錄纂修既已完成，「伏乞皇上，特命諸臣詳加校訂所載嘉言善政，仿《貞觀政要》、《洪武寶訓》諸書，輯成治典，恭候皇上欽定鴻名，頒行天下」〔註7〕。這是要將實錄之中皇帝的言論、政舉，選擇彙編爲另一部書，爲清朝編纂皇帝「聖訓」之書的緣起。黃機的奏請得到清廷的採納。順治十二年四月底，遂頒發諭令稱：「朕惟帝王之道，法祖爲先。夏貽典則，商監成憲，周重謨烈，三代隆盛，率循茲軌。欽惟我太祖武皇帝創業垂統，聖德開天；太宗文皇帝積功累仁，宏模啟後。大經大法，固足範圍百王一動一言，皆可訓行四海。實錄業已告成，朕欲倣《貞觀政要》、《洪武寶訓》等書，分別義類，詳加采輯，彙成一編，朕得朝夕儀型，子孫臣民咸恪遵無斁，稱爲『太祖聖訓』、『太宗聖訓』。即於五月開館，特命輔臣馮銓、車克、成克鞏、劉正宗、傅以漸、爲總裁官……卿等膺茲委任。須勤勵恪恭。精心搜討。務祈早竣大典。以稱朕觀光揚烈至意。」〔註8〕是纂修聖訓於順治十二年五月正式開館進行。

從一朝皇帝的實錄中擇取「嘉言善政」，分類編成「聖訓」之書，正式起自元朝，元代聖訓是在實錄館內與實錄同時修成。明代改稱「寶訓」，編纂體式與元朝一致。順治年間清廷雖然早就推重《洪武寶訓》，並且譯成滿文頒發給王公大臣，但卻不瞭解元朝、明朝纂修實錄同時輯成聖訓或寶訓的修史體制，此時聽取黃機奏請，只好專設纂修聖訓館。從這次指派大學士等爲總裁及設館規模之大，以及隨即賜宴纂修人員來看，清廷對編輯聖訓一開始就是十分重視的。

順治朝何時修成兩朝聖訓，並無明確記載，但從編纂聖訓的記載中，確可以得知《清太宗實錄》的告成，是在順治十二年（1655）二月至四月之間，因爲二月間黃機的上奏有實錄完成的語義，而四月底清廷關於纂修聖訓的諭令，明確說到「實錄業已告成」。實錄修成，無論按照明朝舊例還是清入關前

〔註7〕 《清世祖實錄》卷八九，順治十二年二月丁卯。
〔註8〕 《清世祖實錄》卷九一，順治十二年四月癸未。

成例，都應當舉行盛大慶典，但順治朝這次纂成太宗實錄，沒有任何舉動，應是未獲順治帝及清廷認可。後來康熙帝提到順治年間纂修的太宗實錄時所說：「舊編實錄六十五卷，皇考世祖章皇帝嘗命和碩鄭親王等重加校閱，未及蕆事。」〔註9〕即把纂成的書稿交鄭親王濟爾哈朗重加修訂，但本年五月濟爾哈朗逝世，於是了無結果。

　　現今，此件順治年間清太宗實錄的纂修稿，尚保存於臺灣故宮博物院，據莊吉發先生介紹，其漢文本爲40卷，每卷一冊，附目錄一冊。〔註10〕其行文上不以干支記日，記事有年無月、有年月無日者亦多，是體裁尚不完全契合於傳統的實錄編纂形式；其內容乃直接抄錄於滿文檔冊，轉譯爲漢文，則出現許多音譯而義不明的問題。例如記述滿洲之騎兵，則有時將「騎兵」依滿語音譯寫作「阿力哈超哈」；對黑龍江則按滿語寫作「查哈量兀喇」等等。〔註11〕表明當時實錄館在組織上、方法上都很不成熟。至於粗俗、鄙俚的記述、不加隱諱及修飾的記載，也隨處可見，臺灣學者莊吉發在論著中曾多有列舉。〔註12〕例如載努爾哈赤逝世後，蒙古廓爾沁國吐舍兔汗弔唁書：「昔察希兒把敦汗主四方，握七寶，數盡則必亡；雪山白獅，其力甚大，若限到則亦死；深海中其寶無限，及龍之死，雖有寶亦不能救，以至寶尤愈之身，如石之擲而去也。汝國主父汗，捨寵姬愛子，視而不見，呼之不應而遂崩。歷來帝王之死，號泣亦不能復生，汝盍勉遵先汗所遺之規，所行之迹，修內圖外。寡婦守貞，始爲烈女，孤子創業，方稱奇男，宜專治國政可也。」〔註13〕不僅言辭鄙俚，且口氣倨傲，如同訓諭，毫無哀悼之情。又如天聰八年正月初一日載清太宗至其兄大貝勒代善家拜見，「行三跪九扣頭禮」，這已與崇德元年之後的君臣禮儀嚴重不合，更載大貝勒令其子跪奏曰「上行九拜，異日必生九子」，其語荒誕可鄙而未加隱諱；天聰九年十二月載莽古爾泰、德格類等人曾經謀反事發，其中有曰：「初，滿洲國本族婦女及伯母、叔母、嫂等，

〔註9〕　清聖祖：《太宗文皇帝實錄序》，載清內府定本《清太宗實錄》卷首。
〔註10〕　莊吉發：《故宮檔案述要》第五章第三節。臺灣故宮博物院，1983年版，第322頁。
〔註11〕　此處材料轉引自莊吉發：《清太宗漢文實錄初纂本與重修本的比較》，載《清代史料論述》（一）。
〔註12〕　見莊吉發：《清太宗漢文實錄初纂本與重修本的比較》，載《清代史料論述》（一）。
〔註13〕　按此弔唁書亦見於《清三朝實錄採要》太宗朝卷之一，文字稍有出入。「廓爾沁國吐舍兔汗」後譯作「科爾沁土謝圖汗」。

皆無嫁娶之禁，後汗以亂倫嚴禁之。莽古兒泰、得格壘二貝勒既行悖逆之事，即為仇敵，因令眾貝子願者便娶莽古兒泰二妻，和格貝勒納其一，姚托貝勒納其一。得格壘貝勒一妻，阿吉格貝勒納之，其餘侍妾並罪犯之妻妾，俱各配人。」〔註14〕查今存內國史院滿文檔案，天聰九年十二月五日記述莽古爾泰案件，有與此段文字基本相同的內容。〔註15〕在當時，清太宗等雖稍知「倫理」，卻認為此等處理乃是對謀逆者的懲罰，而時至順治十年前後，當已明曉其醜陋，卻仍直接抄錄滿文檔冊內容。其它如不憚煩瑣地羅列賞賜的具體物品，「金國」與「滿洲國」稱謂參差使用等等，更不勝枚舉。

崇德元年（1636）十月，錦州有崔應時為首的善友會迷信組織，向清軍獻一書信，以2000多字的歌謠聲稱大金將取代明朝坐掌天下，文繁難以盡錄，且看這樣一段：

> ……是彌勒佛出世，天下人民，改換天聰掌立世間乾坤，天差各位神兵，九曜星官，二十八宿，三十六祖，四十八祖，五十三佛，六代菩薩，關王領兵助陣，八十一洞真人，三千徒眾，子路顏回，齊來出世，同助天聰掌立。大破燕京，八方兵馬一處聚，兵盡死在你手，天兵天將，現將大金，從赴舊位，等就劫年，該你出世，山海關津，各處地方，都有敗壞，破一家乾坤粒碎，成一家大金，復興替舊換新，改立乾坤。天年大事，盡都知聞，百般依吾，見見成成，佛說大慈悲救苦觀音，護大金乾坤立世，普天下天聰超生，若不是天年時盡，誰肯言這個年成……

滿篇充斥胡編亂湊的粗俗、拙劣言辭，十分荒誕可笑。而且，還有批評、指教之語：「……先日大淩河，我為你打發一人，到你營送信，叫你拿住此人，不要鬆放。誰想你撒了手放了來，那時不放他回來，北京早得了，不等到如今。」這當然是指清太宗放歸祖大壽事，而語氣狂妄，儼然若凌駕其上的神佛代表。不僅如此，其中甚至有指示滿洲政權改變衣冠、髮式的內容：

> ……八方境齊都護你，普天下你總收攏，只些事吾都知道，懷在心久等為君。說乾坤禮儀，穿龍袍腳登雲履，要行吾天朝大事，

〔註14〕據後來譯音用字，「莽古兒泰」即莽古爾泰，「得格壘」即德格類，「和格」即豪格，「姚托」即岳托，「阿吉格」即阿濟格。按：此事件中豪格、岳托、阿濟格皆娶其叔母、伯母。

〔註15〕見《清初內國史院滿文檔案譯編》（上），光明日報出版社，1989年版，第214頁。

留髮戴網帽。想當初不得我天朝，照依你金兵削髮度日，今得天朝，

照依大明皇帝官員衣巾，大小頭領從新改立，一樣相同。〔註16〕

本來是勾結清軍的書信，竟如此不知深淺，乃是根源於迷信的極度愚狂。但對於崇德元年剛剛稱帝改元、渴望取代明朝的清政權，這書信卻是說破天機的喜訊，因此格外寶貴，當時即全文譯寫於滿文檔冊。順治朝纂太宗實錄又照舊記錄，隨之編纂太宗聖訓，再次將全文編錄於「聖德」欄目之中。〔註17〕將這樣荒唐之文作為清太宗「聖德」的證詞，其書編纂之粗鄙亦可想而知。

順治朝將實錄、聖訓修撰成這個模樣，而又不及時修訂，其原因何在？這不能認為清廷對該避諱的問題全不瞭解，如果真的不知忌諱，清廷就應舉行成書慶典，將之堂皇地奉為定本。考其真正原因，應是當初判定剛林等人罪狀一事，使順治朝在纂修實錄問題上形成了難以解開的死結。剛林重大罪名之一是改抹太宗史冊，《清世祖實錄》載剛林供詞：「纂修之時，遇應增者增，應減者減，刪改是實，舊稿尚存。」〔註18〕揆其語義，乃是剛林的自我辯護，是他認為纂修實錄的史料之中，確有「應增者」與「應減者」，刪改是必要的，舊稿尚存，可供對照。但剛林的死罪就此成立，這等於告訴史官：纂修《太宗實錄》只能抄錄滿文檔冊原文，不得稍有刪改。待到《清太宗實錄》稿本呈上，順治帝不能滿意又無法明令刪改，只得讓位高權重的鄭親王濟爾哈朗予以校閱，不久濟爾哈朗去世，其事不了了之。隨後所修兩朝聖訓，仍然依樣葫蘆，清廷有苦難言，只得全都擱置一邊，不能把已經修成之書作為定本。

順治朝纂修《清太宗實錄》及其《聖訓》的失敗，雖屬於清朝官方史學受到朝內政治紛爭衝擊的結果，而官方與私家史學之間關係的間接影響也不可忽視。這場修纂活動捲入的鬥爭，並非只是滿族上層官員才所知、所聞，漢人官員亦當瞭解並且泄露於世間。所修實錄及聖訓的內容之粗鄙、俚俗甚至可笑，漢人纂修官當然也會有所瞭解，實錄等纂修的失敗，使清入關前的粗俗史事、鄙陋情態都露了根底，當時就有官員偷偷抄錄史稿和資料，流播

〔註16〕以上據莊吉發《清太宗漢文實錄初纂本與重修本的比較》轉引，載《清代史料論述》（一）。

〔註17〕據孟森《清太宗聖訓評》（載於《明清史論著集刊續編》，中華書局，1986年版），此件載於順治朝所修《清太宗聖訓‧聖德》。

〔註18〕《清世祖實錄》卷五四，順治八年閏二月乙亥。

於外。今不少地方存有清朝實錄、聖訓一類的殘稿，其來源蓋爲順治朝和康熙朝從實錄館偷偷抄錄而傳出，是清廷並未承認的草稿。從順治時纂修實錄起，參與其事的漢官已對清開國的史事「愛奇」乃至「獵奇」，結果是清廷在文化上大失光彩。清廷作爲外族統治者，本不易爲漢人社會所接受，尤其在文化方面，倍受漢人蔑視。被許多人視爲「夷狄」政權的清廷，在這一失敗的實錄纂修活動中暴露出入關前的野蠻狀況，更使多數史家對清朝官方史學取鄙夷的態度。而私家史學的運行，本自明季就有與官方隔膜的傾向，順治年間遺民學者私修明史、私記明清之際史事，更競相興起，大有各自擔當此任而無視清廷動向的氣勢。如前文所述談遷《國榷》、張岱《石匱藏書》、查繼佐《罪惟錄》以及潘檉章、吳炎、莊廷鑨等都在編纂明史，甚至在清朝史館內的史官傅維鱗竟然也纂輯了 171 卷的紀傳體《明書》，可以說傅維鱗的行爲，實際也表明他並不相信清廷眞的能夠修成水平合格的《明史》。清初順治朝官方史學與私家史學的關係，是包括官員在內的私家多瞧不起官方，而清廷纂修《清太宗實錄》的敗筆，加劇了這種狀態。

（二）康熙朝纂修《清世祖實錄》中的政治鬥爭

順治八年（1651）發生的追究和打擊多爾袞的案件，半由多爾袞執政時期專斷造成的滿洲上層利益衝突，半由滿洲貴族對多爾袞在政治文化上採取「漢化」措施強烈不滿。順治帝的母親孝莊太后、鄭親王濟爾哈朗等等，皆爲這種政治守舊派，但漸漸長大的順治帝卻越來越傾向於仿從漢人傳統的政治體制和文化制度，這不能不與守舊派再次發生矛盾。有實權的濟爾哈朗即曾上疏要求順治帝「效法太祖、太宗，時與大臣詳究政事得失，必商榷盡善」，特別提醒清太宗曾「常恐後世子孫棄淳厚之風，沿習漢俗，即於惰淫」〔註 19〕。順治十二年濟爾哈朗逝世，順治帝加大了「漢化」的力度，重用漢官，開設經筵日講，研習經史著述；順治十五年七月，仿從明朝體制改革中樞機構，廢除內三院而設內閣和翰林院；十七年六月，於歷代帝王廟罷除遼太祖、金太祖、元太祖的祭祀，〔註 20〕理由是他們未能統一天下，行事亦不盡善，貶抑了少數民族政權的創始者，表明清朝承接的是華夏政權統緒。這樣就與其母意見扞格，但因爲孝莊太后的底線是保證自己嫡系子孫爲皇帝，才沒有出現宮廷內大的變故。

〔註 19〕《清史稿》卷二一五，《濟爾哈朗傳》。
〔註 20〕《清世祖實錄》卷一三六，順治十七年六月己丑。

　　順治十八年（1661）正月順治帝逝世，八歲的康熙帝即位，四位輔政大臣都是不同程度守舊的滿洲貴族。由守舊派擬定、經孝莊太后認可的所謂「遺詔」頒佈於世，這篇《遺詔》〔註21〕的內容，通篇是讓已死的清世宗罪己自責，稱其犯有14項大的過錯，其中如：

　　　　自親政以來，紀綱法度，用人行政，不能仰法太祖、太宗謨烈。
　　　　因循悠忽，苟且目前，且漸染漢俗，於淳樸舊制，日有更張，以致
　　　　國治未臻民生未遂。是朕之罪一也。

　　　　宗室諸王、貝勒等，皆係太祖、太宗子孫，為國藩翰，理宜優
　　　　遇，以示展親。朕於諸王、貝勒等，晉接既疏，恩惠復鮮，以致情
　　　　誼暌隔，友愛之道未周。是朕之罪一也。

　　　　滿洲諸臣，或歷世竭忠，或累年效力，宜加倚託，盡厥獻為，
　　　　朕不能信任，有才莫展。且明季失國，多由偏用文臣，朕不以為戒，
　　　　而委任漢官，即部院印信，間亦令漢官掌管，以致滿臣無心任事，
　　　　精力懈弛。是朕之罪一也。

　　一個皇帝的所謂《遺詔》竟然內容如此，可謂空前絕後，這明確地表達了滿洲貴族中守舊後退的要求和狹隘的民族情緒，是隨即而來「率循祖制，咸復舊章」〔註22〕政治舉動的前奏。於是康熙初年復舊聲浪湧起，廢內閣、翰林院而重新改設內三院、打擊漢人官紳的「哭廟案」、「莊氏史獄」、「江南奏銷案」、重現圈地舉動等等接踵而來，這裡不遑條述。

　　康熙六年（1668）七月，皇帝親政，當月就有禮部尚書黃機上疏，奏請纂修《清世祖實錄》。康熙帝立隨即頒發諭旨：「皇考世祖章皇帝勵精圖治，敬天法祖，無事不以國計民生為念。鴻功偉業，載在史冊，理宜纂修實錄，垂示永久，以昭大典。」這裡重新評價了順治帝的業績，是對上述所謂「遺詔」的否定。九月，纂修《清世祖實錄》的實錄館組成，大學士班布爾善任監修總裁官，巴泰、圖海、魏裔介、衛周祚、李蔚為總裁官，其餘副總裁、纂修官等也由滿、漢官員共同組成，如漢纂修官中有熊賜履、張玉書、陳廷敬、申涵盼等等。康熙帝在諭旨中再次強調：「卿等督率各官，敬慎纂修，速竣大典，表彰謨烈，以副朕繼述顯揚先德之意。」〔註23〕即實錄編纂的出發

〔註21〕　《清世祖實錄》卷一四四，順治十八年正月丁巳。
〔註22〕　《清聖祖實錄》卷三，順治十八年六月丁酉。
〔註23〕　《清聖祖實錄》卷二四，康熙六年九月丙午。

點應當是以「表彰謨烈」爲基調。但實錄館的組成人員比較複雜，監修總裁班布爾善乃輔政大臣鰲拜的死黨，其它滿官中亦不乏守舊派成員，表彰順治帝的「謨烈」意味著否定康熙初年的「咸復舊章」，這是鰲拜集團一定要抵制的。

康熙帝在關於纂修實錄諭旨中的「繼述顯揚先德」之意，或恐可能被一般人視爲慣常具文，爲了更明確地肯定順治朝與順治帝時期的政績，康熙七年又爲順治帝立「孝陵神功聖德碑」〔註24〕，碑文爲康熙帝親自署名，鐫刻並發布，盛讚其皇考的各項政治舉措，將當初守舊輔政大臣炮製的所謂「遺詔」幾乎是逐條加以反駁。茲將兩文相關內容條列如下，以見康熙帝樹立此碑的深意：

1、《遺詔》中列舉的第一條過失是「自親政以來，紀綱法度，用人行政，不能仰法太祖、太宗謨烈」，這是一項最嚴屬的譴責。

而「孝陵神功聖德碑」（後簡稱《碑文》）則稱順治時「祇奉太祖、太宗成法，治具畢張」，與《遺詔》所言針鋒相對。

2、《遺詔》第四條譴責順治帝「於諸王、貝勒等，晉接既疏，恩惠復鮮」，第五條又說「滿洲諸臣，或歷世竭忠，或累年效力，宜加倚託，盡厥猷爲，朕不能信任，有才莫展。且明季失國，多由偏用文臣，朕不以爲戒，而委任漢官，……以致滿臣無心任事，精力懈弛。」充分表達了《遺詔》製作者的狹隘的民族心理。

《碑文》則稱順治帝「雖太平，不弛武備」，「視滿漢如一體，遇文武無重輕，破故明人臣朋黨之習。」。這裡否定了「偏用文臣」的指責，但對於對於滿、漢官員的任用問題則是高屋建瓴地強調「視滿漢如一體，遇文武無重輕」的理念，並未認可應當對滿官有所倚重，並且暗指那種因爲「委任漢官」就會使「滿臣無心任事」的說法，乃是「故明人臣朋黨之習」，預示了康熙帝要建立一個滿、漢上層聯合的政體的方向。

3、《遺詔》第六條、第七條認爲順治帝「夙性好高，不能虛己延納……未能隨才器使，以至每歎乏人」，又「可謂見賢而不能舉，見不肖而不能退」。

但《碑文》則稱順治帝「立賢無方，丁亥、己亥再興會試，間廣額數，以羅人才」，「尚廉正，黜貪邪，時時甄別廷臣以示激勸」，而且「賢奸立辨，黜陟咸宜」。不僅反駁了《遺詔》的說法，而且肯定了順治時期建立的以科舉

〔註24〕見《清聖祖實錄》卷二五，康熙七年正月庚戌。

考試提拔人才的制度。

4、《遺詔》第八、九、十條責備了順治帝的花費奢侈，其語有曰：「金花錢糧，盡給宮中之費，未嘗節省發施」，「經營殿宇，造作器具，務極精工，求爲前代、後人之所不及」，「喪祭典禮，過從優厚，不能以禮止情，諸事逾濫不經」。

《碑文》則稱順治帝「素衣菲食，不興土木之工」，「崇儉去奢，克勤無逸」，顯然與《遺詔》的說法完全相反。

5、《遺詔》第十一條批判順治帝爲了任用宦官「設立內十三衙門，委用任使，與明無異，以致營私作弊，更逾往時」。

而《碑文》則明確辯解說順治帝的做法是「閹寺不使外交，立鐵牌示禁」。一言否定《遺詔》的指責，而且舉出證例。

對於康熙初年四大臣輔政時期撤消宦官「內十三衙門」，清史學界多予以肯定，這給人們造成順治帝在宦官問題上確有弊政的印象。其實，順治時期並無類似明朝的宦官禍害，《遺詔》所云任用宦官「與明無異，以致營私舞弊，更逾往時」，顯然是誣衊不實之詞。而順治帝所嚴定宦官不許結交外官的戒律，則對整個清代防止宦官干政起重大的正面作用。因此，《碑文》的辯解是成立的，當然，康熙帝也沒有恢復那種「內十三衙門」，這也是理性的、從實際出發的決策。

6、《遺詔》對順治帝的第十二條指責云：「性耽閒靜，常圖安逸，燕處深宮，御朝絕少，以致與廷臣接見稀疏，上下情誼否塞。」

而《碑文》則輕輕一語予以掩去，曰：「皇考惟是兢業祗愼，無一日自遐逸也。」蓋皇帝的勤政與逸樂，本爲兩方面皆會具有的表現，未至極端，不足責怪，故對於《遺詔》的指責不必深辯。

7、《遺詔》最後指責順治帝「每自恃聰明，不能聽言納諫……臣工緘默，不肯盡言」，「既知有過，每日剋責生悔。乃徒尙虛文，未能省改，以致過端日積，愆戾愈多」。這是一系列指責中的最後兩點，強調順治帝至臨終也未能改正其過錯，以此爲四大臣輔政期間即將舉行的政治復舊來製造理據。

而《碑文》本不認爲順治帝有什麼大的過錯，故對此僅以順治帝屢次「下詔求言，虛懷納諫」以駁之。〔註25〕

〔註25〕以上引述的清世祖《遺詔》見《清世祖實錄》卷一四四，順治十八年正月丁巳；《孝陵神功聖德碑》文見《清聖祖實錄》卷二五，康熙七年正月庚戌。

按順治帝確曾幾次下詔求言納諫，但也有應詔上書而遭受懲處者。問題不在於他是否真的「虛懷納諫」，關鍵是兩個文獻具有根本對立的出發點。《碑文》的發布，是要給正在纂修的《清世祖實錄》定下基調，而纂修實錄與這篇《碑文》，當時又都是向守舊派全面反攻的序曲，即要回擊守舊勢力，就不能不重新肯定順治時的許多朝政，纂修實錄可以作為最適當的契機，而編纂這樣的實錄不能不否定《遺詔》的說法。但《遺詔》是孝莊太皇太后認可的，不能直接廢除，於是便製此《碑文》迂迴立意，令實錄的纂修排除《遺詔》的影響，按《碑文》的格調和精神來執行。

發起《清世祖實錄》的編纂與發布《孝陵神功聖德碑》文，使康熙帝反對守舊派的鬥爭取得政治上的主動權，但鼇拜等人手中還掌握許多實權，黨羽和阿附者充斥於各個衙門，連實錄館監修總裁官班布爾善也是鼇拜的同黨。皇帝對纂修實錄的旨意很難貫徹，纂修過程必然存在複雜的鬥爭。《清世祖實錄》纂修的具體情節屬於宮廷秘事，資料不存，官書缺載，難以詳考。但清人申涵盼在文集中略有記載，可藉以窺見其一鱗半爪。

申涵盼（1638～？），直隸永年縣人，出身於當地巨族，康熙初進士，任翰林官。曾參修《廣平府志》、纂修《永年縣志》。康熙六年起參修《清世祖實錄》、《清太宗實錄》，在實錄館始終任職。他撰有《忠裕堂集》（收載於《畿輔叢書》），其中《纂修兩朝實錄記》一文，乃據親身經歷於《清世祖實錄》告成之際追記，應屬詳實可信。該文記述曰：清世祖實錄館於康熙六年（1667）九月「二十日賜宴禮部，詰旦開館」，預計約一年可以脫稿。「然人各為事，事各為文，文既不貫融，事亦多舛錯，稿出而復毀者屢矣。久之條例乃定，忽執政者以纂修員數不足，有借才別署之請。復增員數，大率皆拔自閒曹及起廢諸官也。」這說明《清世祖實錄》纂修之初，組織工作不力，事無章法，史稿屢毀。經過很久才定立條例，又有增員之舉，但所增者多非史才。申涵盼接著記述說：「甫一年，草創粗具，而冗復遺漏者尚多，其討論潤色之功百倍於起稿時。忽執政者以實錄將竣，無庸此多員為，遂罷廩給，汰職事。」這裡提到「執政者」兩次採取突然行動，先是增員趕修，而在史稿粗具的狀況下又急忙砍斷經費，裁汰人員，造成既有粗稿應付皇帝，又使之處於「冗復遺漏者尚多，其討論潤色之功百倍於起稿時」的狀態。關於增加纂修人員，為康熙六年十二月之事：「乙亥，吏部議復內秘書院大學士班布爾善等奏稱：世祖章皇帝實錄機務繁重，纂修人員不敷，請添設人員，以資

料理。今應增入文學優通者滿洲八員、蒙古十員、漢軍八員、漢人十員。從之。」〔註26〕關於申涵盼所說的裁汰人員，《清聖祖實錄》康熙八年三月也有記載，但此前纂修工作實際已經中止，申涵盼記述說：

> 監修公班布爾善以天潢爲首輔，謂太宗實錄未修，不可以子先父，遂停《世祖實錄》，重修《太宗實錄》，八年正月開館於內院，爲內館，復廩給。而外館諸臣從此擱筆矣，其才幹有望者，皆拔置內館，凡八員。盼在外館，外館皆向盼作不平語，盼每委曲排解之。二月杪，忽取盼入內館，外館益不平。盼自矢無私請，且不願內館之勞瘁。於是，內外館爭不已，而盼竟入內館。盼素不禮於內館諸臣，比入，僅嘖嘖謬相許可，殊不自解也。

這段文字表明：第一，班布爾善公然聲稱「不可以子先父」，以先修《太宗實錄》爲藉口，完全停止了《清世祖實錄》的纂修。第二，實錄館被分爲內、外館，纂修《世祖實錄》者爲外館，稱「外」即表明地位較低，實際「外館諸臣從此擱筆矣」。內館修改《太宗實錄》，康熙八年正月開館，待遇優厚，外館已停廩給，所留之人皆忿忿不平。申涵盼提到「內外館之分，皆出班公意，實欲借實錄以獵封爵也」。〔註27〕可知這種分館爲內、外是班布爾善的謀劃，但其目的並非「獵封爵」，乃是破壞《清世祖實錄》的纂修。第三，申涵盼後來也被調入內館，雖不向主事者靠攏，但仍被稱許，這是對他的拉攏，也是盡量減少外館的修史人才。

雖然康熙八年（1669）正月就已經停止《清世祖實錄》的纂修，但《清聖祖實錄》於本年三月卻記載：「《世祖章皇帝實錄》纂修草稿告成，量留纂修等官詳加校對，其餘纂修官、筆帖式哈番及書辦人等，先行議敘有差。」〔註28〕這意味著《清世祖實錄》的纂修已經到了草草收尾的階段，還需要做文字校勘工作。綜觀上述史料，可知《清世祖實錄》早在正月間就已停修，留下紛亂不堪的草稿，三月間忽然又有「草稿告成」的說法，乃是鰲拜、班布爾善對皇帝的應付與矇騙。這些跡象說明，包括纂修實錄活動在內的政治鬥爭，到了十分激烈而複雜的程度，康熙帝不能不採取快刀斬亂麻的方式解決問題。

〔註26〕《清聖祖實錄》卷二四，康熙六年十二月乙亥。

〔註27〕以上均引自申涵盼《忠裕堂集·纂修兩朝實錄記》，載《畿輔叢書》（清光緒五年王氏謙德堂刊本）。

〔註28〕《清聖祖實錄》卷二八，康熙八年三月甲午。

康熙八年（1669）五月，康熙帝經過周密策劃，一舉逮捕鰲拜及其主要黨羽。擒鰲拜的當天，即將班布爾善從纂修太宗實錄的「內館」捉拿歸案，十日後便處以絞刑。〔註29〕轉月，康熙帝以秘書院大學士巴泰為纂修《清世祖實錄》監修總裁官，九月，又加派大學士索額圖為總裁官，接續進行《清世祖實錄》的纂修。原來計劃「甫一年」即「草創粗具」的實錄稿，又歷經三年才修訂竣工，至康熙十一年（1672）五月，編纂《清世祖實錄》告成，正文 144 卷，合凡例、目錄共 146 卷。清廷舉行了隆重的恭進實錄儀式與慶賀典禮。次年四月，又由監修、總裁、副制裁聯合請旨獲准，「自實錄館恭送《世祖章皇帝實錄》至皇史宬尊藏。」〔註30〕這些儀禮表明：《清世祖實錄》成為清入關後第一部經朝廷正式認可成書的實錄。

　　《清世祖實錄》的纂修成功，初步理順了清廷編纂本朝史的頭緒，接下來的纂修太祖、太宗實錄和三朝聖訓工作，已經困難不大、沒有紛爭，基本按美化清帝、「表彰謨烈」的理路進行，因此多有粉飾過度、史事失實之處。這也是纂修《清世祖實錄》中政治鬥爭的後遺症。《清世祖實錄》的纂修也是康熙帝對守舊勢力的鬥爭勝利，但這場鬥爭在官方史學與私家史學上的影響，則不能沒有負面的後果，因為政治鬥爭自然會使一些漢人史官格外注意清朝的早期史料，特別是在康熙朝修纂實錄過程中被擯棄、掩飾和被改寫的部分。這樣，加之康熙朝對史館管理的不完善，清代前三朝實錄的舊稿及不同階段的草稿，都有的被偷偷抄錄而帶出宮廷，流播民間，造成至今仍有不少殘冊存世，連日本也曾出版《清三朝實錄探要》。《清三朝實錄探要》之類的舊稿、草稿之本，與實錄定本的記事、文字存在出入，本不足為奇，但明清史專家孟森發表一個說法：「改實錄一事，遂為清世日用飲食之恒事」，〔註31〕其影響頗大，加之民國時期的排滿貶清情緒，史學界多人遂將《清三朝實錄探要》等等視為奇貨，凡定本實錄記述與之不同，就斥為竄改、掩飾，認為清三朝實錄多次地重修、篡改，每種草稿都被當作篡改的證據。這實在是一種撲風捉影的態度，違反實事求是的治史原則。孟森先生認為「改實錄一事，遂為清世日用飲食之恒事」，實為誇大其詞，早有方甦生撰文做了有力

〔註29〕《清聖祖實錄》卷二九，康熙八年四月戊申；申涵盼《忠裕堂集·纂修兩朝實錄記》。

〔註30〕《清聖祖實錄》卷四二，康熙十二年五月丙寅。

〔註31〕孟森：《讀清實錄商榷》，載《明清史論著集刊》下冊（中華書局，1959 年 11月）。

的辯駁，指出「清代實錄之修改，惟康熙朝爲甚，初被華風，不得不爾。雍乾而後，僅曾校訂，一經纂成，未聞修改也」〔註32〕。遺下的問題是：康熙朝的修訂實錄，應當如何評議？

　　上文已述：由於纂修《清世祖實錄》經歷的清廷上層政治鬥爭，以及康熙帝早年一意向慕中國歷代傳統文化的意識，三朝實錄的修訂都具有粉飾本朝政治文化、隱諱滿族政權初期落後狀況的傾向，這是研究清史需要注意的問題。但是從史學史角度考察，清朝官方纂修實錄等書在未定稿之前，是否有權脩改？原人名、地名的翻譯用字，是否應當校訂統一？道理是十分淺顯的，任何撰述者都會如此行事，這是著作者權限之內的行爲。不少學者一遇到清朝官方的這種正常做法，就過敏地認爲清廷涉嫌隱諱和篡改，其實還是民國初年排滿意識的影響。定本清太祖、太宗實錄刪去了早時一些俚俗、荒誕的記載，也無須大驚小怪，這是歷朝歷代慣常做法。刪去的那些內容，除了可用於排滿、反清意識的談資之外，實在沒有太大的史料價值。《清三朝實錄探要》之類的傳抄之本，反映的是清朝史館之內官方史學與漢人史官的微妙關係，這些漢人史官以私下身份對清廷陽奉陰違，常常伺機明裏暗裏做違規的私家史學活動，這在整個清代恐怕都是長期存在的現象，如後來朱彝尊在史館私抄史料被免職，蔣良騏偷抄清實錄及其它資料私編《東華錄》等等，均爲顯例。

二、順治、康熙時期官方對私家史學的鉗制與放鬆

（一）「莊氏史獄」對私家史學的影響

　　如前所述，清朝順治朝以及康熙朝初葉，私家史學與官方史籍處於隔膜和分離狀態，不僅明遺民和民間史家鄙視、漠視清廷的修史活動，而且在清朝爲官的史家，也不見得與朝廷同心同德，這其中有民族隔閡的因素，也因清廷在修史問題上政治爭鬥暴露出諸多問題所導致。打擊私家不顧清廷忌諱的撰史行爲，是統治者早晚會採取的策略，只是入關之初還顧及不到。一旦發生可利用的事端，或者另有其它因素推動，皇權專制強化時代特有的「文字獄」事件就會爆發。

　　順治四年（1647）冬，清軍在金陵（今南京）從名爲函可的僧人攜帶的竹笥內，搜出其自撰《再變紀》（一稱《變記》）一書和南明福王答阮大鋮的

〔註32〕方甦生：《清實錄修改問題》，《輔仁學誌》8 卷 2 期，1939 年 12 月。

信件，立即將他扣押。這個函可和尙出家之前姓韓名宗騋，其父韓日纘曾爲明朝禮部尙書，乃洪承疇考中進士時的「座主」即考官之一。此時洪氏已經爲清朝高官，且建有赫赫功勳，但仍對函可有所照顧，發給在清軍佔領區通行必備的印牌。搜出的《再變紀》一書，記述了南明抵抗清軍的悲壯、慘烈事跡，其中自然流露出對這些抗清烈士的讚揚、同情和哀悼。這些都引起滿洲守軍的注意，而函可其人還持有洪承疇發給的通行印牌，事情就更加複雜化。駐守江寧的滿洲將軍巴山，本與洪承疇早有罅隙，於是對函可嚴刑拷問，追究撰述《再變紀》的同夥和緣由，試圖將案情擴大，無奈函可致死不肯牽連他人，咬定《再變紀》乃一人獨撰。案件只好交清廷處理，次年四月，函可被流放東北盛京地區，順治十六年（1660）死於該地。

這是清朝文字獄的開端，私撰史書《再變紀》是函可被拘押的重要原因，滿洲統治者對歷史問題的敏感已經有所顯現。雖案件之內參雜許多政治因素及滿漢官員矛盾，處理結果也不太殘酷，牽連之人甚少，但畢竟是傳達了清朝官方對私修當代史的審視和鉗制的態度。

順治十八年（1661）正月，順治帝逝世，滿洲守舊勢力乘勢興起「率循祖制，咸復舊章」，除政治體制上倒退之外，也開始了排擠漢官與江南紳士的行動。在這種社會政治背景下，發生了「莊氏史獄」這個清代罕見慘烈的文字獄。

「莊氏史獄」於順治十八年十二月事發，當時正是順治帝逝世後滿洲四大臣守舊勢力掌權初期。浙江湖州南潯有富戶莊胤城，其子莊廷鑨雙目失明，因聞有「左丘失明」，乃著《國語》說法，於是購得明末史家朱國禎的一部未修訂完成的《明史》稿，雇人抄纂編輯，又延攬遠近稍知史書的寫手，抄撮拼湊，補入崇禎朝和南明史事。莊廷鑨死，其父將之刻行，且沿襲明人陋習，或私自、或通過邀請，將許多知名學者的姓名以校閱人員名義排列於書中，爲張大聲勢，以傳世成名。在敘述南明史事時，仍依照原來野史之文，奉弘光、隆武、永曆的正朔，不將清朝尊爲正統政權，書中還對明末建州女眞之事有所敘述，出現「建夷」、「夷寇」等等詞句，這些皆觸犯清廷大忌。有個因贓免職的縣令吳之榮，聞知莊氏私修明史，得其書，以書中多有違礙詞句相威脅，敲詐莊氏錢財，未能得逞，因而告發。然而地方官因得到莊氏賄賂而不受理，吳之榮憤而入京上告。據顧炎武記述其事曰：「之榮如京師，摘其忌諱語密奏之，四大臣大怒，遣官至杭，執莊生之父及其兄廷鉞及弟侄等，

並列名於書者十八人皆論死。其刻書鬻書，並知府、推官之不發覺者，亦坐之。」〔註33〕可見與此驚天大獄，是滿洲輔政四大臣的決策。此案至康熙二年（1663）結案，牽連莊氏史書中掛名學人、刻印書坊以及當初不受理此案的地方官員70多人處死〔註34〕，家產抄沒，親屬妻孥發配充邊。懲處、殺戮如此慘烈，並非偶然，其背景是滿洲的貴族守舊勢力掌權，正在開始打擊漢族士紳，這應當與當時相繼發生的「哭廟案」、「江南錢糧奏銷案」〔註35〕等聯繫起來考察。莊氏史獄的發生，是清廷鉗制私修野史政策的爆發事件，符合清廷專制主義政治文化和民族戒備意識的發展趨向。但結案處置得如此殘酷，上追十六國時期北魏的崔浩史獄，則是滿洲守舊勢力在政治上復舊後退所派生出來行為，是借機打擊漢人士紳舉動中的組成部分。

　　莊氏史獄對私家撰史的遏制和打擊是沉重的，大量無辜的民間學者因被莊氏之書列名，死於非命，其中更有傑出的青年史家吳炎、潘檉章。吳炎字赤溟，潘檉章字力田，二人皆江蘇吳江人，明清易代之際年僅二十餘歲，以私修明史為己任，立志「當成一代之史，以繼遷、固之後」。潘檉章族弟潘耒在《國史考異序略》中曰：「亡兄力田，以著作之才，盛年隱居，潛心史事，與吳赤溟先生搜討論撰。十就六七……」吳炎曾在《答陸麗京書》中說：「某故與潘子約，讀史以國史、野史相證佐，為指謫其得失，闕疑存信，以削釐歲月……」〔註36〕。可見吳炎、潘檉章二人乃有志有為，通力合作，同時又有各盡所長，深入研究。其中潘檉章已經著成《國史考異》，「考異全書合有

〔註33〕顧炎武：《書吳潘二子事》，《顧亭林詩文集》卷五，中華書局，1983年，第115頁。

〔註34〕按：此案處死和刑罰人數，記載不一，要之多有無辜牽連者，其中顯現出清廷乃故意擴大打擊面。

〔註35〕「哭廟案」發生於順治十八年二月，時順治帝已死，各地設靈堂舉哀。蘇州眾秀才借機聚集到文廟哭訴縣令在上司包庇下橫徵暴斂、中飽私囊，被官府逮捕，經清廷定以「倡亂」罪，將《哭廟文》起草者金聖歎等十八位有名文士，一同處斬，隨之又處斬同樣哭廟抗糧的讀書人100餘人。「江南奏銷案」爆發於順治十八年順治帝死後，此前因清朝對江南徵收錢糧數額甚重，逋逃、拖欠成為常態，導致清廷下令清查。順治十八年夏，江寧巡撫造冊奏報，清廷將凡是在冊有所拖欠者，不分秀才、舉人、進士、官員一律處分，予以革去功名或降職，共1萬2千多人，一些人被捕入獄。江南籍官紳如徐元文、吳偉業、汪琬、葉方靄等等，無一不被羅織、貶黜。

〔註36〕以上轉自謝國楨《增訂晚明史籍考》（上海古籍出版社，1981年版，後同），第61、65頁。

三十許卷」，〔註 37〕並且刻印了三卷（一說爲六卷），顧炎武讀後大爲讚賞，將自己儲存一千多卷明代史料之書借與之，以支持其纂修明史。據《碑傳集補》卷三十五所載陳去病《吳節士赤民先生傳》、戴笠《潘力田傳》，錢謙益、王錫闡、戴笠等等一時名流學者，都支持和參與這項纂修之事。潘、吳也已經購求《明實錄》在手，另獲明人文集、奏疏多種。潘、吳合作撰史，條件具備，史料充沛，且撰稿已經「十就六七」，二人正當年富力強，待以時日，可望著成水平高超、資料豐富，代表清初民間歷史觀念的斷代明史，爲私家史學一大成果。然莊氏案發，「而吳、潘二子與其難……二子所著書若干卷，未脫稿，又假予所蓄書千餘卷，盡亡」〔註 38〕。僅此一端，即爲私家史學的一大損失，等於私家纂修《明史》的最佳聯盟被徹底摧毀。而事件影響，還不止於此。

莊氏史獄帶來連鎖反應，就在康熙二年，著名明遺民學者孫奇逢因撰有《甲申大難錄》而被訐告，於是案發，81 歲的孫奇逢仍被押解歸案，後清朝官方從該書中找不到可以定罪的內容，書中敘述的乃是李自成攻破北京造成的災難，折騰一年之後總算是無罪結案。由於莊氏案件的結案處置，是將抄沒案犯財產的一部分賞給舉報者，吳之榮因此而大發橫財。在此誘惑下，一個又一個的無恥文人、社會惡棍聞風而動，開始挑剔書籍文句，羅織罪狀，甚至乾脆僞造所謂「逆書」，隨意署上仇家或一批官紳姓名，用以栽贓陷害或勒索錢財。連顧炎武也被羅織到這樣的誣陷之中，羈押半年，終因事情辨明和許多官員解救，方得出獄。這種政治環境與世態，形成人們對文字獄的極端恐怖，令私家學者視載筆爲畏途，私家史學收到一定程度的扼制。

莊氏史獄對清廷掌權的守舊派也有影響，使其認識到官方纂修《明史》仍當進行，以此來抵消民間的私修明史的熱潮。清廷本於順治二年（1645）就宣稱纂修《明史》，但主要是將之作爲宣示明朝已經滅亡、清朝乃承接明朝的正統政權，終順治朝未認真對待，也沒有可圈可點的撰寫成績。莊氏史獄過後的康熙四年（1665），清廷再次聲明要編纂《明史》，並且進行了一次較爲認真的搜集資料工作，這是與打擊私修明史相策應的官方史學的反映，是官、私史學互動的又一形式。

〔註 37〕（清）潘耒：《國史考異序略》，轉自謝國楨《增訂晚明史籍考》，第 61 頁。
〔註 38〕顧炎武：《書吳潘二子事》，載《顧亭林詩文集》卷五，中華書局，1983 年版，第 116 頁。

（二）「《南山集》案」的背景與影響

康熙八年（1669），守舊的原輔政大臣鼇拜倒臺，文字獄性質的羅織誣陷之風也漸次息止，這一方面因為清廷為穩定秩序，施行了誣陷反坐的法令，斬殺了一些偽造「逆書」、羅織文字獄的惡棍；另一方面則是康熙帝親自掌政，開始尊崇儒學、重用漢官，籠絡南方紳士和學者，政治氣候發生轉變。私家纂修明代史的活動又有公開回覆的跡象，例如康熙十年有計六奇撰成《明季北略》24 卷、《明季南略》18 卷，吳偉業撰有《綏寇紀略》共 15 卷。本有捲入莊氏史獄之虞的查繼佐，因官員營救而以「首告」之由脫險，但私下並未停止撰寫紀傳體明史《罪惟錄》，至康熙十一年成書百餘卷。康熙十五年，鄒漪撰成《啓禎野乘》二集八卷，補充其原撰《啓禎野乘》。康熙二十七年，葉夢珠編纂《續編綏寇紀略》五卷，接續吳偉業的《綏寇紀略》，足見《綏寇紀略》等書乃流傳於世，否則不會有人為之續補。因此，康熙年間有一個社會政治比較寬鬆的時期，但私修明史仍遠不及清初那樣繁多、斑駁。

康熙五十年風浪又起，戴名世《南山集》案爆發，而且逐步複雜化成為康熙朝後期引人注目的文字獄。

戴名世（1653～1713）字田有，一字褐夫，號藥身，又別名優庵。安徽桐城人。學問精深、文筆犀利，早有文名，而喜好史學。性格高傲，不應科考，被不少官員目為「狂生」。他三十多歲才參加科舉考試，康熙四十八年考中一甲第二名進士，授翰林院編修。但僅過兩年的康熙五十年十月，左都御史趙申喬參劾戴名世「妄竊文名、恃才放蕩。前為諸生時，私刻文集，肆口遊談，倒置是非，語多狂悖。今身曆恩遇，叨列巍科，猶不追悔前非，焚削書板。似此狂誕之徒，豈容濫廁清華，祈敕部嚴加議處，以為狂妄不謹之戒」。這裡攻擊的「私刻文集」即所撰《南山集》，而趙申喬籠統地說其文集「倒置是非、語多狂悖」，卻引起康熙帝的特別關注，降下諭旨說：「這所參事情，該部嚴察審明具奏」〔註 39〕。戴名世立刻繫獄受審，有司詳細檢查《南山集》，終於尋出「大逆」的證據，案情於是複雜化，罪名也遠比彈劾之詞嚴重。

《南山集》裏有《與余生書》，是戴名世致門生的書信，談到了撰有《滇黔紀聞》一書的方孝標，戴名世撰寫的幾篇記述明代史事的文章，不少材料就取自《滇黔紀聞》。在這篇書信內，戴名世認為南明幾個政權，應當比擬三

〔註39〕《清聖祖實錄》卷二四八，康熙五十年十月丁卯。

國時蜀漢、南宋時退守崖州的宋帝昺,屬於正統政權。《南山集》內記述南明人物傳記,都使用南明政權年號,南明君主皆寫爲帝號。諸如此類,均爲清廷所忌諱,因此清刑部擬議其罪曰:

> 察審戴名世所著《南山集》、《孑遺錄》內,有大逆等語,應即行淩遲,已故方孝標所著《滇黔紀聞》內,也有大逆等語,應剉其屍骸。戴名世、方孝標之祖、父、子、孫、兄弟及伯叔父、兄弟之子,年十六歲以上者俱查出解部即行立斬。其母、女、妻妾、姐妹,子之妻妾,十五歲以下子孫、伯叔父兄弟之子,亦俱查出給功臣家爲奴。方孝標歸順吳逆,身受僞官,迨其投誠,又蒙恩免罪,仍不改悖逆之心,書大逆之言。令該撫將方孝標同族人,不論服之已盡未盡,逐一嚴查,有職銜者盡皆革退。除已嫁女外,子女一併即解刑部,發與烏喇、寧古塔、伯都納等處安插。汪灝、方苞爲戴名世悖逆書作序,俱應立斬。方正玉、尤雲鶚聞拿自首,應將伊等妻子一併發寧古塔安插。編修劉岩雖不曾作序,然不將書出首,亦應革職,僉妻流三千里。〔註40〕

如果按此執行,牽連人數之多、用刑之殘酷,直可與莊氏史獄相類比,但康熙帝不願株連過廣,經過反覆斟酌,與康熙五十二年二月定案,僅將戴名世一人處斬,其餘除已死於獄中者,原定處死的近百人改爲流徙寧古塔,牽連不深者亦被減免其罪,戴名世、方孝標的所有著作及書板被清查和燒毀,列爲禁書,結案的處置按皇權時代的標準算是相當寬大。

《南山集》案的發生和發展,捲入多重複雜的政治糾葛和官場人際關係的因素,但案情的核心問題是戴名世撰史、論史涉及了明末清初的史事,在書法和觀點上無視官方的準繩,觸犯清廷的禁忌,屬於文字獄中的「史獄」。《南山集》中的記史、論史之文,均寫於戴名世中進士爲官之前,那時是康熙年間的政治寬鬆時期,無人予以查看、追究。趙申喬對戴名世的彈劾,表面上似乎也不具有挑動文字獄的動機,因爲他還看不出清廷是否有重新興起極端化文化專制的可能性,但以「私刻文集,肆口遊談,倒置是非、語多狂悖」做出暗示,留待清廷判斷和決策,這是極其陰險、狡詐的,結果真的激起康熙帝的注意,下令「嚴察審明」,導致停止多年的文字獄再度興起。其中重要原因之一,是官方正當廢弛史學、停修《明史》階段,則形成對私家撰

〔註40〕 《清聖祖實錄》卷二四九,康熙五十一年正月丙午。

文、修史的特別敏感和戒備。康熙帝晚年日益形成對史學的虛無主義情緒，對於官修《明史》已漸失信心和耐心，康熙四十三年就批評《明史》館：「今之史官，或執己見者有之，或據傳聞者有之，或用稗史者亦有之。任意妄作，此書何能盡善！」〔註41〕康熙四十八年總裁官王鴻緒因故免職還鄉，竟將史稿攜歸而無人過問，說明官方《明史》館已經停止纂修工作。在官修《明史》日有進展的情況下，可以官修史的優勢來壓倒私家撰述，具備史學和文化上的信心，就不必動用刀槍斧鉞；而官修《明史》既處於廢弛境地，此時若發現私家的明史撰述敢於觸犯官方禁忌，則只能依賴強權壓制，嚴厲懲處。不過，康熙帝既然已經不重視史學的作用，也就不必使案情過於擴大，這是《南山集》案處置能夠相對從寬的原因之一。

　　《南山集》案的影響不能忽視，戴名世畢竟是清朝一甲第二名進士、翰林院編修官，「榜眼」的功名向來具有特別的聲名，其人因文字獄處斬的事件，自然會有很大的轟動效應。清廷通過此案向所有私家修史者宣示──無論是民間史家還是朝內文官，明季歷史仍然是個敏感區域，清朝官方的禁忌決不可觸犯。即使官方不再纂修《明史》，私家也不可肆意為之。過去在明季的那種官方史學低落而致使野史興旺的局面，已經不能允許在清代重新出現。

（三）私家史學在相對寬鬆氣氛下的發展

　　若就順治、康熙兩朝政體的文化環境而言，順治時期的清廷，尚無暇顧及在文化專制上採取太多的舉措，文字獄的發生是零星、偶發的，統治者並未主動進行大規模的搜求查訪。康熙帝實際掌控朝政，特別是平定三藩之亂以後，直至戴名世案件發生之前，幾十年間政治氣氛比較寬鬆，私家學術活動很少受到干預，私家史學得到正常的發展環境，出現很多名家名著。

　　首先是明遺民身份的學者，治學活動尚為自由，清朝官方不僅對其政治立場、對其不與清廷合作的態度予以默認和容忍，也未嚴厲糾察這些學者的私下著述。黃宗羲、顧炎武等大批遺民學者，在朝官和民間都享有崇高的聲望，康熙帝對此也頗為認可，更設法徵聘和籠絡，這反過來愈加增添遺民學者的名氣。因此，遺民學者的史著在康熙年間流傳於世，如顧炎武《天下郡國利病書》完全以明代的的行政區劃撰述，並未受到挑剔。顧祖禹《讀史方

〔註41〕《清聖祖實錄》卷二一八，康熙四十三年十一月壬戌。

興紀要》亦用同一方法，按明代的行政區劃講述地理和歷史，部分內容刊行，全書廣泛傳抄流佈，被學界推爲曠古名著，也未受到官方的壓制。只有王夫之躲入深山，從事教學與著述，拒不接受清朝強制推行服飾和薙髮令，一度被地方官暗中監視。但這種監視只是防備其有聚眾反清行動，而未曾搜查其住處和著述，後來瞭解到王夫之並未從事反清舉動，而且拒絕了吳三桂叛亂政權的徵召，便同樣改以籠絡的方針。黃宗羲《行朝錄》、《賜姓始末》、《海外慟哭記》，顧炎武《聖安本紀》、王夫之《永曆實錄》等等歷史著述，都是不承認清朝，而以南明爲正統政權，同時寫有不少清廷忌諱的詞語，比戴名世的撰述更爲嚴重。但在康熙朝，清廷是將黃宗羲等視爲前朝遺民給以更寬鬆的對待，並不主動追究其著述的政治傾向，與對待本朝官員的戴名世，標準有所不同，這也是遺民著述（包括史著、詩文集、經學撰述等）能夠留存於世、傳至今日的重要原因之一。

順治、康熙時期出現大量私修史，前已敘述，此不多贅。而在康熙朝政治寬鬆時期，私家撰史不僅不受清廷干預，有的還得到鼓勵，例如胡渭撰有《禹貢錐指》20 卷、《易圖明辨》10 卷、《洪範正論》5 卷等，均爲功力深厚的佳作。康熙四十三年，康熙帝南巡，胡渭「以《禹貢錐指》獻行在，聖祖嘉獎，御書『耆年篤學』四大字賜之，儒者咸以爲榮」〔註42〕。馬驌撰有《繹史》160 卷、《左傳事緯》12 卷等，對先秦史料搜集和編纂十分精到，名聲卓著，人稱「馬三代」，清廷也予以表彰，康熙帝下令將其著述和刊板購入內府，以示推重。胡渭主動向清朝最高統治者示好，康熙帝也予以積極獎勸，促進了官方與私家在學術上的良性互動關係。馬驌治史以務博好古爲特色，得到清廷賞識，反映出官方對史學發展的導向。

顧祖禹尊崇其父遺訓，以明代遺民自居，不承認清朝、不與之合作，也不詆毀。他畢生主要致力於《讀史方輿紀要》一書的撰著，史載「尚書徐乾學奉詔修《一統志》，開局洞庭山，延常熟黃儀、顧祖禹，太原閻若璩及（胡）渭分纂」〔註43〕。當時徐乾學乃得到清廷「書局自隨」的特別允許，在家鄉纂輯未竟的官修書史，顧祖禹以賓客身份參與，一是從私交角度協助徐乾學，將自己的歷史地理學研究成果融入官修《一統志》，二可利用官方的資料、文獻最後訂補《讀史方輿紀要》，此爲主要目的。據 1993 年上海古籍出版社影

〔註42〕 《清史稿》卷四八一，《儒林傳‧胡渭傳》。
〔註43〕 《清史稿》卷四八一，《儒林傳‧胡渭傳》。

印出版的《讀史方輿紀要》稿本，以及現今學者的研究，可知顧祖禹進入徐乾學《一統志》書局，是攜帶自己助手一同應聘，後來儘管年老多病，仍然堅持與 5 名助手一起修訂《讀史方輿紀要》，直至逝世。上述影印稿本，即為最後之稿，上有顧祖禹及他人修改手跡。〔註 44〕這充分說明顧祖禹應付了徐乾學的參修《一統志》事之後，就投入到緊張修訂自己著述的工作之中，他從官方修《一統志》工作中獲取大量史料，殆無疑義。顧祖禹的事例表明，遺民史家對清廷政治上的不合作，並未排除史學的互動、互補。清康熙朝在朝學官與在野學者之間，有著千絲萬縷的聯繫，而康熙帝也利用這種聯繫緩和民族矛盾、發展文化事業，徐元文、徐乾學兄弟均為清朝一甲進士，聲名昭著，其舅乃遺民大學者顧炎武，於是徐氏兄弟成為朝、野學界的聯絡人，是替清廷聯繫在野學者的典型代表。康熙十八年開始的官方纂修《明史》活動，康熙帝當即特命徐元文為監修總裁，因而打開了朝野合作討論《明史》義例的局面，是清代官方史學與私家史學良性互動的範例，對此我們將在後文專題論述。

三、雍正朝對政治歷史觀的整飭

自先秦「殷鑒」觀念產生肇始，中國社會政治與歷史就越來越緊密地聯接在一起，從政治得失和政權興衰角度研討歷史，以歷史事例為根據來論述政治見解，以至於述說歷史、評議史事往往隱喻著政治主張，這構成中國古代特有的政治歷史觀。清初以來，政治歷史觀在官方與民間、清廷與官員之間，所持的見解很不一致，「華夷之辨」、「歷史正統論」等是困擾統治者的主要問題。康熙帝逝世、雍正帝即位之後，很快掀起政治、經濟、文化的全面整飭，在政治上打擊異己，加強皇權專制；經濟上推行「養廉銀」制度、「攤丁入地」、「清理積欠」、追補虧空，打擊貪官；文化上則以整飭政治歷史觀配合其政治舉措，其中包括在全國各省設立觀風整俗使、大興文字獄與發布權威論斷的手段，促使臣民對官方主張得到廣泛的認知。

（一）興起文字獄與「御製」論斷

清朝順治、康熙年間的文字獄，多為官府得到舉報之後進行追查，一般不是皇帝、朝廷、或官府著意搜求所導致，莊氏史獄、《南山集》案都是這樣

〔註44〕施和金：《論〈讀史方輿紀要〉稿本出版的價值和意義》，《南京師範大學學報》1997 年第 1 期。

發生的，函可之案也是江寧駐防軍循例盤查所發現的疑點，不是故意去搜索「違礙」書籍。這種情況到雍正朝有了明顯變化，雍正帝是清朝第一個在全國以主動出擊方式大興文字獄的皇帝。如雍正四年，雍正帝欲打擊原親信大臣隆科多，先拿趨附隆科多的進士、內閣學士查嗣庭開刀，雍正帝親諭眾臣說：查嗣庭「語言虛詐，兼有狼顧之相……料其居心澆薄乖張，必有平日紀載。遣人查其寓所及行李中，則有日記二本，悖亂荒唐，怨誹捏造之語甚多。又於聖祖仁皇帝之用人行政，大肆訕謗。」〔註45〕於是嚴刑審訊，致其死於獄中，仍以戮屍處置。這是有預定目標地估量其人必有悖逆文字，因而主動出擊的事例。被遣發「軍前效力」的陸生楠，也處於這樣被監視的狀態之下，雍正帝追述曰：陸生楠「果能安靜守法，自知罪過，則皆可貸其前愆，開予自新。或有私自著作，怨懟罔上者，亦未可定。今果得陸生楠所著之書，悖逆之情，盡行敗露」〔註46〕。表明早有算計而張網以待，隨時搜查，予以治罪。

雍正十一年（1733），浙江總督程元章查出書生吳茂育《求志編》一書中「語多狂悖」，且序文日期只寫干支，未書「雍正」年號，奏報清廷。雍正帝在奏疏上批示曰：「辟邪說以正風俗，懲奸匿以警人心，能見及此，殊屬可嘉。」還批評有些地方官對此糾察不力，指示地方官員應當盡心力地搜訪與懲治，「切不可因遠『多事苛求』四字之嫌，而貽誤於世道民生也。果能於斯一節，汲汲剗除，勝於治理刑名、錢穀案件之功，不啻什百相倍，卿其謹志，奉行勿替」。〔註47〕這是將文字獄方式的「辟邪說」、「懲奸匿」，看作極為重要的大事，置於其它一般案件之上，要求各級官府主動出擊，嚴密查辦。雍正朝十三年間，製造了多種文字獄案件，大多與其政治上打擊異己、肅清隱患的行動相配合，其中並無完全屬於「史獄」性質的案例。僅陸生楠《通鑑論》案件，涉及歷史問題。

陸生楠，舉人出身，曾得到雍正帝賞識，擢為工部主事。後雍正帝整治科甲出身文官的「結為朋黨」問題，矛頭指向李紱、謝濟世等，只因陸生楠是廣西人，遂被懷疑與李紱結為黨援，被發往軍前效力。雍正七年，他私撰的《通鑑論》十七篇在其發配充軍之處被搜出，遂成罪狀，處以軍前斬首。

〔註45〕《清世宗實錄》卷四八，雍正四年九月乙卯。
〔註46〕《清世宗實錄》卷八三，雍正七年七月丙午。
〔註47〕清世宗：《朱批諭旨》（影印文淵閣《四庫全書》本），雍正十一年十一月程元章奏摺批語。

雍正帝以長篇論旨逐一反駁陸生楠《通鑑論》中的見解，而且皆上升到揭其陰謀、斥其悖逆的角度，是上綱上線、入人之罪的最早典型。例如針對陸生楠讚揚歷史上的分封制而稱之爲「萬事無弊之良規」，雍正帝則對分封制改爲郡縣制的歷史趨勢大加論證，指出「大凡叛逆之人如呂留良、曾靜、陸生楠之流，皆以宜復封建爲言。蓋此種悖亂之人，自知奸惡傾邪，不容於鄉國，思欲效策士游說之風，意謂封建行，則此國不用，可去之他國」。又針對陸生楠論及漢武帝戾太子之事，雍正帝認爲這是譏刺康熙帝。針對陸生楠論述唐代府兵制優於後世兵制，雍正帝指責其懷逆亂之心，煽惑軍情，詆毀本朝最爲優越的八旗軍制。僅此一書，陸生楠已然「罪大惡極，情無可逭」〔註48〕，在論旨中直接提議處以軍前正法。

　　雍正帝史學造詣並非深厚，但其讀史聯繫本朝政治，可以得出驚人議論。所謂《御製朋黨論》是一典型之作。雍正二年（1724）七月，他就特意撰成此文，頒發於宗室貴族及滿漢文武大臣，指示「爾等須洗心滌慮，詳玩熟體。如自信素不預朋黨者，則當益加勤勉，如或不能自保，則當痛改前非」。〔註49〕《御製朋黨論》主要有四項論點：第一，要求「惟知有君」，與君主同好惡，「乃有心懷二三，不能與君同好惡，以至於上下之情暌、而尊卑之分逆，則皆朋黨之習爲之害也」。這就是說，大臣如果在愛憎情感上不成爲君主的附庸，就是沾染了朋黨惡習。第二，朋黨的危害，在於可能造成一派社會輿論以抵制君主的賞罰黜陟，有損君主專制的權威。雍正帝認爲：「人臣乃敢溺私心、樹朋黨，各徇其好惡，以爲是非……是朝廷之賞罰黜陟不足爲輕重，而轉以黨人之咨嗟歎惜爲榮，以黨人之指謫詆訾爲辱。亂天下之公是公非，作好惡以陰撓人主予奪之柄。朋黨之爲害，一至是哉！」這就是點明了朋黨的主要罪狀，即有損於君主一人專制的政體。第三爲臣應僅存君臣之義，以公滅私。宋朝歐陽修撰寫《朋黨論》，提出「君子以同道爲朋」，具有一定的影響。雍正帝於此痛斥歐陽修曰：「夫罔上行私，安得謂『道』！修之所謂『道』，亦小人之道耳！自有此論，而小人之爲朋者，皆得假同道之名，以濟其同利之實。朕以爲君子無朋，惟小人則有之。」那麼怎樣認識友情和忠君之間的關係呢？雍正帝提出：「夫朋友亦五倫之一，朋黨不可有而朋友之道不可無。然惟草茅伏處之時，恒資其講習以相佽助。今即登朝蒞官，則君

〔註48〕以上見《清世宗實錄》卷八三，雍正七年七月丙午。
〔註49〕《清世宗實錄》卷二二，雍正二年七月丁巳。

臣爲公義，而朋友爲私情，人臣當以公滅私，豈得稍顧私情而違公義！」這就是說一旦爲官，最好連朋友也不要顧及，要以公滅私，僅存君臣之義。第四，君主不避瑣細、親理庶務，是扼制朋黨的重要措施。雍正帝寫道：「而無知小人，輒議朕爲煩苛瑣細，有云人君不當親庶務者。……此皆朋黨之錮習未去，畏人君之英察而欲蒙蔽耳目，以自便其好惡之私焉耳。」所以雍正帝的論述，無論是批斥朋黨的宗旨，抑或杜絕朋黨的方法，都歸結爲君主總攬一切政務，加強君主的一人專制。第五，結朋樹黨決無好下場，「今之好爲朋黨者，不過冀其攀援扶植、緩急可恃，而不知其無益也，徒自逆天悖義，以陷於誅絕之罪，亦甚可憫矣」〔註50〕。因爲是一篇論文，威懾之詞有所節制，而在頒發《御製朋黨論》的諭旨中清世宗則明言：「嗣後朋黨之習，務宜盡除，爾等須捫心自問，不可陽奉陰違，以致欺君罔上、悖理違天。毋謂朕恩寬大、罪不加眾，倘自干國法，萬不能寬。朕雖未盡行誅戮，然或千人之中百人、百人之中十人，爾等能自保不在百人、十人之列乎！……上念朝廷任用之恩。下爲身家子孫之計，各勉之愼之。」〔註51〕這裡殺氣騰騰地表達了杜絕一切朋黨的決心。

西漢文帝召見賈誼，「不問蒼生問鬼神」，歷來人們皆因賈誼未獲重用而惋惜。雍正帝卻認爲：漢文帝決不是棄才之主，他看出賈誼是個疏狂少年，不足任用，才聊問鬼神之事以敷衍。「設有一夫私議，妄自記載，非惟庸主無由剖析，雖明哲之君亦何從聞見而正其是非！其流傳失實受誣於後世者，不知凡幾矣。」〔註52〕他對史籍中貶低君主、抬高賢臣的記述皆表示懷疑，尤其厭惡「一夫私議，妄自記載」的私修史。這是清朝皇帝一貫的史學思想，後來乾隆帝更發展了這種歷史觀念。

（二）從曾靜謀反案到呂留良文字獄

雍正六年（1728）九月，湖南學人曾靜派門人張熙投書川陝總督岳鍾琪，策動其反清。曾靜、張熙等人均爲無知盲動之徒，只因聞聽岳鍾琪乃南宋岳飛後裔，而滿族是金國後裔，就以爲策反可以成功。在岳鍾琪的誘騙下，張熙說出了其師曾靜，以及他們崇拜先儒呂留良，接受了呂氏的理念。而曾靜撰有《知新錄》，發揮呂留良「華夷之分」思想，煽動推翻清朝統治，特別攻

〔註50〕《御製朋黨論》，載《清世宗實錄》卷二二，雍正二年七月丁巳。
〔註51〕《清世宗實錄》卷二二，雍正二年七月丁巳。
〔註52〕《清世宗實錄》卷八七，雍正七年十月乙丑。

擊雍正帝的十大罪惡，包括「謀父」、「逼母」、「弒兄」、「屠弟」、「懷疑殺忠」等等兇暴行爲。這是一件政治謀反案，清廷得到岳鍾琪報告，立即進行大搜捕，將所有稍可牽涉之人及其親族家屬，一起拘拿到案。

經過嚴密審訊，曾靜等人試圖煽動推翻清朝的謀反行爲，除投書岳鍾琪策動反叛之外，其餘不過是虛幻妄想、紙上談兵而已，但僅此案情，依清朝刑法也已足夠將主犯凌遲、滿門抄斬、株連九族了。誰知雍正帝卻別出心裁，搞出一番出奇策劃，將曾靜謀反的政治案件引向針對呂留良等「華夷之分」思想的文字獄，寬宥曾靜、張熙等人，嚴懲呂留良一批「思想犯罪」者。

雍正帝認爲：「曾靜等僻處鄉村，爲流言所惑」，雖污蔑「朕躬」有十大罪狀，實因流言惡語影響，況且「止譏及朕躬」而沒有攻擊皇考康熙帝。當年吳三桂等三藩之亂，從逆之人若能改悔自新，皆施寬宥，「今曾靜所犯既非首惡渠魁，亦無同謀叛黨，其畏罪悔過，又出實心，此朕所以寬宥其罪，並非博寬大之名而廢法也」〔註53〕。雍正帝還下令將此案資料、與審問曾靜等人的記錄以及有關批判呂留良等「華夷」思想的諭旨等等，編輯《大義覺迷錄》一書，作爲全國宣講的教本。曾靜、張熙也被清廷利用爲宣傳工具，歸屬於湖南觀風整俗使管轄，到處宣講聖旨、自我懺悔和極力美化清朝統治、歌頌雍正帝。

對於已故浙江學者呂留良，則嚴查追究，枝蔓不遺，從呂留良後裔子孫處搜出其著述，又根究呂留良之子、學生嚴鴻逵、嚴氏學生沈在寬，據稱均查出嚴重的悖逆著述及言論，於是將一干人犯及其家屬、學生，乃至爲呂、嚴諸人刻印書籍者，盡數逮捕。雍正帝還親自執筆，多次發布長篇諭旨，反駁呂留良、嚴鴻逵等的「華夷之分」觀念，痛斥這些人對清朝統治的誹謗攻擊。

呂留良（1629～1683）字用晦，又字莊生，號晚村，浙江石門人。作爲清初學者，順治年間曾參加科舉考試，但後來思想轉變，視清朝爲夷狄政權，採取不予合作的政治態度。在鄉著書授徒，文名鵲起，被人們尊爲「東海夫子」。康熙十七年，曾被推薦爲「博學鴻儒」以參加特科考試，但他誓死不允。後又被推薦參修《明史》，亦堅不應召，可見抵制清朝統治的理念已經遠超一般遺民學者。逝世後，門人及家屬將其著述編輯刊印，有《呂晚邨詩集》、《呂

〔註53〕 《清代文字獄檔》（下）第九輯，上海書店，1986年影印原故宮文獻館印本，
　　　　第941頁。

晚邨先生文集》、《四書講義》等書行世。呂留良對許多史籍、時文的題評，當時很有社會影響，其門生後裔以及曾靜等人，都因此而對清朝持否定或敵對立場，但呂氏許多文稿今已佚失不存。呂留良的政治歷史觀的重心，在於反對天下統一於帝王，認爲應當恢復先秦三代的等級封建制，主張「華夷之辨」大於君臣之倫，華夏之人不能將夷狄之君視爲君主。這些論點在《四書講義》中均有表述，曾靜交代自己排斥夷狄的思想，就是發揮了「呂留良論孔子稱管仲之仁處，有華夷之分，大過於君臣之倫之說」〔註54〕。查抄出的呂留良日記、信箚以及嚴鴻逵等的著述之中，還有許多直接蔑視清朝、攻擊清帝的內容，這些內容都在雍正帝的批駁諭旨中有所引述。

對呂留良文字獄案的審辦，遲遲不予結案，目的是充分利用此案大事宣傳，清算「華夷之辨」及反清思想的影響。在大臣議定了刑罰之後，雍正帝指示：「朕思天下讀書之人甚多，或者千萬人中，尙有其人謂呂留良之罪不至於極典者」。又降旨令各省學臣，遍行詢問各學生、監等，將應否照大逆治罪之處，取具該生結狀具奏。「其有獨抒己見者，令自行具呈，學臣爲之轉奏，不得阻撓隱匿。」其結果自然是「咸謂呂留良父子之罪罄竹難書，律以大逆不道，實爲至當，並無一人有異詞者」〔註55〕。至雍正十年十二月，才最後處置人犯，將已死呂留良及其子呂葆中戮屍，另一子呂毅中斬立決，其孫輩從寬免死，發遣寧古塔爲奴。嚴鴻逵應凌遲處死，但因已死，仍戮屍示眾，其祖、父、子孫兄弟及伯叔父兄弟之子，男十六歲以上者皆斬立決，男十五歲以下者及嚴鴻逵之母女、妻妾、姐妹俱發遣爲奴。嚴鴻逵學生沈在寬斬立決，刻印、私藏禁書的一干人犯斬監候。其餘株連者分別予以嚴懲，罪犯家產沒收，變賣後留作浙江工程之資。〔註56〕這個處置是十分殘酷的，而曾靜、張熙卻不受處罰，仍爲官差。但雍正帝逝世後，乾隆帝迅速將曾靜、張熙處死，並且追繳《大義覺迷錄》以銷毀之，給雍正後期的這場事件劃了個句號。

（三）雍正帝的「帝王大一統」論

曾靜、呂留良案件涉及到「華夷之辨」問題和中國古代政權的「正統」

〔註54〕《大義覺迷錄》卷一，（臺）文海出版社，1966 年據清代原書影印本，第 173 頁。

〔註55〕《清世宗實錄》卷一二六，雍正十年十二月乙丑。

〔註56〕同上。

標準，關鍵之處在於非漢族君主建立的政權，能否成為正統政權？這是早就困擾清朝統治的社會思想問題。而宋明各代關於「夷夏之防」的理念，仍有很大的影響，民間此起彼伏的反清輿論與行動，大多將清廷視為夷狄政權，不承認其正統地位。

在傳統的政治歷史觀中，「正統」思想又與「大一統」觀念有著直接聯繫，二者結合而構成中國皇朝政治歷史觀的核心價值準則。中國古代，「大一統」思想起源甚早，《春秋公羊傳》對孔子《春秋》中的「春王正月」作了「大一統」的解釋，於是「大一統」觀念被認為是孔子《春秋》之義的重要組成部分。董仲舒稱：「《春秋》大一統者，天地之常經，古今之通誼也」。〔註57〕這種「大一統」思想的特徵是：其一，以君主為統治核心，在勢力所及的範圍內實行「六合同風、九州共貫」，如《禮記・坊記》所稱：「天無二日，土無二王，家無二主，尊無二上，示民有君臣之別也」。由此而必然導致君主的絕對至尊地位。其二，嚴執華夷之別，主張「貴中華、賤夷狄」，打起「尊王攘夷」的旗號，抵禦少數民族向內地的侵擾，否定夷狄有統治中國的合法地位。在華、夷觀念上，有時也比較寬鬆，如唐太宗說：「夷狄亦人耳，其情與中夏不殊。」〔註58〕不過，這樣的開豁眼光只是個別的特例，宋、明兩代主流觀念已經大為改變，特別是明朝，取代元朝之後就以回覆華夏政權自我標榜，而中後期又面臨外族的嚴重侵擾，因此「華夷之辨」的觀念日益嚴刻，朝野人士幾乎眾口一詞地否定夷狄政權入主內地的合法性，強調華夏方為正統的主張。這種思想積澱長久，影響很深。明清之際，天崩地坼，清朝以少數民族入主中原，許多漢族官僚、士人不承認清廷的統治，操起華夷之辨的思想武器，承襲《春秋》「尊王攘夷」大義，傳播並激發起反清情緒。這成為清廷在思想文化領域的一大敵對輿論。在曾靜、呂留良案件中，雍正帝認為對此不能僅以刑法處置來解決，必須面對「華夷之辨」思想，從理論上破除「所謂的「尊王攘夷」觀念，提出清廷官方的大一統理論。於是親撰多道長篇諭旨，反駁呂留良等人的論點，系統闡發自己的見解。雍正帝的「大一統」理論要點，可分為以下幾個層次：

其一，有德者的政權可以得天下大統。雍正帝引證《古文尚書・蔡仲之命》的「皇天無親，惟德是輔」，指出：「惟有德者可為天下君」，這是「自古

〔註57〕《漢書》卷五六，《董仲舒傳》。
〔註58〕《資治通鑑》卷一九七，唐太宗貞觀十八年十二月甲寅。

迄今，萬世之不易之常經」。上天只能據德而選君主，絕無依據何地之人予以取捨的道理，民心向背，也是論德而不擇地。按照這個原則，不論何地之人、何種民族，都有君臨天下的合法資格，而從歷史上看，「舜爲東夷之人，文王爲西夷之人，曾何損於聖德乎！」清朝統治中國，也是應天受命，不容譏謗，「夫天地以仁愛爲心，以覆載無私爲量，是以德在內近者則大統集於內近，德在外遠者則大統集於外遠……上天厭棄內地無有德者，方眷命我外夷爲內地主」。〔註59〕因此，以「華夷之分」觀念對抗清廷的統治，乃是逆天行爲，罪大惡極。

其二，清朝得天下最正。雍正帝承襲和發揮清初以來的說法，認爲清入關之前，「我朝之於明，則鄰國耳，且明之天下喪於流賊之手……我朝統一萬方，削平群寇，出薄海內外之人於湯火之中，而登之衽席之上。是我朝之有造於中國者大矣至哉！」這比起明祖作爲元朝臣民而奪取天下更爲名正言順。清朝統治政權的建立，開創了中國「環宇乂安、政教興修、文明日盛、萬民樂業、中外恬熙，黃童白叟，一生不見兵革。今日之天地清寧、萬姓沾恩，超越明代者，三尺之童亦皆洞曉」。將此與明朝自嘉靖之後生民塗炭、疆場靡寧的狀況對比，優劣昭然，懷有反清復明意志的人是毫無人心的，所以，「揆之天道，驗之人望，海隅日出之鄉、普天率土之眾，莫不知大一統之在我朝」。〔註60〕

其三，歷史地考察華夷問題。雍正帝並不完全否認華夷之別，而是將所謂的夷狄問題作一番歷史性的考察。他指出：「自古中國一統之世，幅員不能廣遠，其中有不向化者，則斥之爲夷狄。如三代以上有苗、荊楚、玁狁，即今湖南、湖北、山西之地也，在今日而目之爲夷狄可乎？」意思是說，在歷史的進程中，所謂的夷狄也不是一成不變的，將華夷之分視爲人禽之分而肆行謾罵，乃是違天背理。雍正帝說：「今日蒙古四十八旗、喀爾喀等，尊君親上、愼守法度，盜賊不興、命案罕見，無姦僞盜詐之習，有熙皞寧靜之風，此安得以禽獸目之乎！」因此，在清朝天下一統的時期，再不可妄分華夷、中外，所謂華夷之別只是地域的不同，故曰：「本朝之爲滿洲，猶中國之有籍貫」。〔註61〕後來，雍正帝對這種觀點又有更詳盡的闡明：「我朝肇基東海之

〔註59〕 以上見《大義覺迷錄》卷一，雍正上諭二份。
〔註60〕 《清世宗實錄》卷八六，雍正七年九月癸未。
〔註61〕 以上均見《大義覺迷錄》卷一，雍正上諭二份。

濱，統一諸國，君臨天下。所承之統，堯舜以來中外一家之統也；所用之人，大小文武、中外一家之人也；所行之政，禮樂征伐、中外一家之政也。內而直隸各省臣民，外而蒙古極邊諸部落，以及海澨山陬，梯航納貢；異域遐方，莫不尊親，奉以爲主……孟子曰：『舜，東夷之人也；文王，西夷之人也。』舜，古之聖帝，而孟子以爲夷；文王，周室受命之祖，孟子爲周之臣子，亦以文王爲夷，然則『夷』之字樣，不過方域之名，自古聖賢不以爲諱也……夫滿漢名色，猶直省之各有籍貫，並非中外之別也」。〔註62〕這裡，雍正帝以地域的概念取代民族的區別，帶有掩蓋民族壓迫的欺騙性，但是以歷史發展的眼光看到民族融合，認爲區別日益縮小，從而強調中外一家，否定民族間的相互歧視，將之作爲「大一統」的基礎，則在思想理論上顯然優於宣揚民族仇視，具有一定的進步意義。

其四，君臣居五倫之首。針對曾靜等人「華夷之分大於君臣之倫」的論點，雍正帝從「人」的本義上予以剖析，詭巧地應用了儒教思想體系的綱常倫理學說。他提出：「夫人之所以爲人而異於禽獸者，以有倫理之常也，故五倫謂之人倫，是闕一則不可謂之人矣。君臣居五倫之首，天下有無君之人尚可謂之人乎！人而懷無君之心而尚不謂之禽獸乎！盡人倫則謂人，滅天理則謂禽獸。」〔註63〕這樣，君臣大義乃是作人的最高準則，人臣只有忠於君主，才不愧爲人類。在「《春秋》大一統」的舊有觀念中，本來就具備強調君主爲統治核心和至尊地位的內容，但在「華夷之辨」另一理論支柱的制約下，作爲統治核心的君主只能是華夏族的君主。雍正帝對《春秋》之義重作解釋，否認《春秋》有「尊王攘夷」的義旨，認爲《春秋》大義在於扶植綱常、辨定名分，故曰：「孔子成《春秋》而亂臣賊子懼」，這樣就抽去了「《春秋》大一統」內「華夷之辨」的內容，改造爲四海之內共尊一君的君主專制大一統觀念。無論什麼民族，都可因有德而受命爲君，所有天下臣民，都必須對君主絕對忠誠，否則即不恥於人類。這是雍正帝新的「大一統」論的根本特點，去除了民族的區分，大一統政權當然就是正統的政權。

其五，批斥主張分封制的政見。在中國古代，是實行類若西周的分封制，還是仿照秦朝的中央集權政體，在理論上有過反覆爭論，在各王朝的政治中也歷經反覆試行和廢止。然而，無論在政治理論上還是在現實體制上，限制

〔註62〕《清世宗實錄》卷一三〇，雍正十一年四月己卯。
〔註63〕《清世宗實錄》卷八六，雍正七年九月癸未。

及取消分封制都是古代歷史發展的主導方向。但時至清朝，主張實行分封的政治見解仍不時地湧出，這實際上是對君主極端獨裁專制的一種曲折的思想抵制。呂留良、曾靜皆有實行分封制的主張，同時也反對君主的極端專制。正當曾靜之案審理的過程中，又發現陸生楠所撰《通鑑論》，其中鼓吹分封制為「古聖人萬世無弊之良規，廢之為害，不循其制亦為害，至於今，害深禍烈不可勝言」。雍正帝對此親自撰文大加撻伐，認為：「古之有封建，原非以其制為盡善，而特創此以駕馭天下也。洪荒之世，聲教未通，各君其國、各子其民。有聖人首出，則天下之眾莫不尊親，而聖人即各因其世守而封之，亦眾建親賢以參錯其間。蓋時勢如此，雖欲統一之而不能也。」這裡對分封制產生的歷史背景的分析，是相當深刻的，將分封制看成中國上古「聲教未通」，即歷史發展較低階段不得已實行的制度，亦為灼見。據此，他認為中央集權的一統制度是必然趨勢，孔子說：「天下有道，則禮樂征伐自天子出」。孟子說：「天下惡乎定？定於一。」這是「孔子、孟子深見春秋、戰國諸侯戰爭之流弊，其言已啓一統之先幾矣」。接著，雍正帝分析了歷史上一統政治的形成和發展，提出「中國之一統，始於秦，塞外之一統，始於元，而極盛於我朝，自古中外一家，幅員極廣，未有如我朝者也」。在這種國家已成「大一統」的形勢下，竟敢鼓吹分封、攻擊一統天下為「害深禍烈」，自屬大逆不道。總之，在雍正看來，主張分封制不僅是反對君主專制「大一統」政治的敵對思想，而且是叛逆者的一種陰謀詭計。

雍正帝的「大一統」政治思想是在清朝國力日益強盛的形勢下，向漢族士人中反清思想作鬥爭的過程中產生的，所依據的思想體系仍然是傳統的儒學內的綱常倫理學說，並包含著以輿論維護清朝統治地位的動機。但這並不妨礙其在思想上優於以強調「華夷之辨」為特徵的舊觀念。清廷將自己的大一統政權視為「天下一統、華夷一家」，雍正帝屢次表白自己對臣下「推心置腹，滿漢從無異視」，〔註64〕這固然未必在實際上完全貫徹，但總比公然鼓動民族壓迫、民族仇視的思想更具備理智精神。我們今天所要批判的只是雍正帝這種「帝王大一統」思想蘊含的極端君主專制主義，而不應因為反對清廷的極端專制就轉而同情極端的「華夷之辨」觀念。

雍正朝施行主動出擊的文字獄，甚至將政治的謀反案件轉變為文字獄，表明其主要目的不是懲處民間具體的反清情節，而是想從思想理論上整飭由

〔註64〕《清世宗實錄》卷四八，雍正四年九月乙卯。

來甚久的「華夷之辨」思想，樹立以帝王大一統爲標準的正統理論，將政治歷史觀念統一起來，瓦解民間的反清輿論。將文字獄提高到歷史理論的層次，並且將政治禁忌從明清之際延伸於古代，連陸生楠所談論的分封制、兵制、漢武帝戾太子等等都成爲罪狀，是雍正朝區別於前朝的一大特點，反映了思想文化鬥爭的深化。雍正帝自己在歷史理論的研討上作出了努力，也很有創見，但擺在世人眼前的仍然是深重的民族壓迫和處置文字獄的血腥屠殺，這不能眞正解決思想問題。清朝要想調和官方歷史觀念與私家學者的矛盾，還要走很長的道路。雍正朝重視歷史理論的整飭，爲乾隆朝的建立官方系統的歷史評論體系開了先河，是一個承先啓後的嘗試。

（四）雍正帝整飭政治歷史觀的性質與收效

上述雍正帝整飭思想的幾項典型事例，實際都是以官方高壓態勢發動的文字獄活動，無論其中發布了多少長篇論旨，精心構思了多少論點、論據，都是依託於官方強力實施思想文化鉗制的舉措，其性質爲絕對化的君主一人專制。在雍正帝的諭旨中，不能說沒有任何可圈可點的新理論、新見解，如關於「帝王大一統」的論說，即在字面上具有可能消弭民族敵對的進步思想。但是，即是這種頗具新意的觀念，也緊緊依附於最高統治者唯我獨尊的利益核心，強調的是清帝有「德」故能君臨天下，君臣之倫爲五倫之首，主張絕對的中央集權，鼓吹清朝「得天下最正」等等，不僅與漢人民眾的利益懸隔，甚至與官僚階層也有所疏離，因此僅有威懾力而缺少影響力。

雍正帝自稱對臣下「推心置腹，滿漢從無異視」，是一個從來不准備兌現的謊言。清朝在制度上早已確立了滿族具有特殊的政治和經濟優待，官僚體制上，各個衙門的滿官皆高於漢員。清廷統治者的民族戒備心理可以說是時時提醒、念念不忘，堅守不懈，自覺地、政策性地將民族界限標識於外，貫徹內心，並未向消解民族隔閡的方向做出努力。君主專制的政治制度，根本不會合理地解決民族問題，只有在統治、控馭和役使的角度上，才會表現出某種「滿漢從無異視」，這恰恰是君主集權的特徵。

傳統的政治歷史觀是系統的思想體系，而且與傳統史學理念密切聯繫，其中不僅包括「華夷之分」、「大一統」、「正統論」等概括性理論，而且需要細化到對歷代政權的具體判斷和判斷標準，這種判斷還要以某種方式體現於歷史著述的義例之中。而雍正帝只是在幾個敏感或較爲顯著的歷史觀念上做出整飭，雖抓了重點但很不全面，因此顯示的乃是強力推行機制，卻缺少學

理性的基礎。對傳統政治歷史觀進行系統性的清理和改造，在清雍正朝還不具備這樣的條件，清廷在史學建設上尚未完成本朝史學基本格局的建設，康熙後期廢止的《明史》、《一統志》、國史等纂修事項，雍正朝雖然恢復，但皆未完成或成果不顯，而且這些修史工作與史學理論、歷史理論的系統清理尚有不小的距離。雍正帝個人的史學造詣，也不足以擔當從理論到實踐全面史學建設的領導角色，他能夠做出權威性的論斷，震懾一時，但長久的影響力則難以維持。這樣，清廷全面整飭史學思想和政治歷史觀的任務，就留給了乾隆朝。乾隆二十四年，《御批歷代通鑒輯覽》在乾隆帝直接主導下纂修，是清朝全面整頓歷史觀念的開始，直至纂修《四庫全書》時期而達到高潮與成熟。這中間，乃同時採取了文字獄和大力修史、全面評論歷史的方式，極端君主專制主義依舊為主要特徵，但學術性結合於文化專制之內，已經超越歷朝歷代。此為後事，這裡從略。

雍正帝對歷史政治觀的整飭雖有諸多缺陷，但還是有所收效的，文字獄造成的嚴酷政治、文化氣候，可使不少文人、學者下筆臨文，心存畏懼，被動地恪守清廷宣示的思想準繩，這是統治者需要的後果之一。乾隆帝也汲取了康熙、雍正朝的經驗和教訓，繼承和發揮了雍正帝關於帝王大一統、關於反對朋黨等等歷史觀念，並且進一步承襲了主動出擊的文字獄羅織方式，因此可以將雍正帝的舉措，視為乾隆朝全面整頓歷史學和歷史觀的前奏，提供了啟迪與示範。

至於雍正朝整飭政治歷史觀對於私家史學的影響，主要起到負面作用，多數史家會心存憂懼，不敢觸犯時諱。但私家史學的發展具有相當大的彈性空間，在雍正朝的十餘年間，依然出現不少私修史籍，例如雍正六年費宏灝撰成《讀史評論》6 卷，雍正九年周城著《宋東京考》20 卷，雍正十三年顧棟高《王荊公年譜》3 卷成書，而藍鼎元則在雍正十年前後撰成《平臺紀略》1 卷、《修史試筆》2 卷，其中《平臺紀略》記述康熙末、雍正初平定朱一貴之亂的事跡，純屬當代史，其書得到清廷的認可。因此，私修史完全可能躲避官方的禁忌而繼續存在，官方也沒有理由完全禁止私家修史活動。

第五章　清初至乾嘉時期官方與私家的明史學

纂修《明史》，是清朝官方史學的大事，也是清朝入關建國後政治文化的大事。明代歷史的編纂與評論，曾經是官方史學與私家史學爭奪、衝突以及逐步走向磨合、趨同的主要領域，清朝官方憑藉其種種優勢，逐漸成為明代史編纂與評議的主導力量，而私家也不是毫無作為，同樣做出可圈可點的成績。清朝接續明朝，《明史》的編纂和研討既有應時性、必要性，也很具敏感性，在明代歷史問題上，最典型地表現了官方史學與私家史學既存在矛盾、又互補、互益的錯綜關係。

一、順、康兩朝官、私明史學的跌宕起伏

（一）順、康年間私修明代史的挺進

清朝初年，官方尚未邁於正規的史學建設，順治朝雖曾詔修《明史》，但僅作了些許史料搜集工作，直至康熙十八年（1679）之前，官方在明史學上並無多大作為。與此相反，私家明史學卻呈現出千帆競發的景象，各種撰述迭出、明季野史大量重印，僅據《增訂晚明史籍考》一書粗略統計，順治朝至康熙中期，重新刻印和當時撰就的有關明史的書籍不下二百種，這種興盛局面的形成，主要原因有以下幾點：

1、明朝遺民以撰述明史寄託故國之思。明朝滅亡之後，許多文人學者在思想上不願接受清廷的統治而懷念故國。在復明希望日益渺茫的情況下，一部分人便以撰寫明代史事的方式寄託故國之思，例如黃宗羲編撰了多種明史

著述，王夫之撰寫了《永曆實錄》、屈大均編集《皇明四朝成仁錄》等等。而葉鋑《明紀編遺》、李遜之《三朝野記》等書，更直接題爲某地遺民某某輯。明遺民的明史著述，在總結明朝滅亡教訓、考核明代史實方面的思想水平和學術水平高下不齊，但大多表現出一定的抵制清朝統治的立場。

2、晚明私修野史風氣的延續。明朝後期，私修野史的風氣日益加強，不少撰述工作直接延續到清初。如黃宗羲的不少著述是從明朝時即已收集資料，談遷的《國榷》、張岱的《石匱藏書》等，更是於明季已開始撰寫。尤其重要的是，明代私修野史的風氣一旦形成，就不會因朝代的更替而驟然停止，相反，明亡之後，不少學者在易代修史傳統的影響下，抱著「國可滅而史不可滅」的思想意念，更加踴躍地撰寫明代歷史，如計六奇《明季北略‧自序》稱：「愚謂天下可亂可亡，而當時行事不可泯。」他們吸取明末文人的方法，根據所能掌握的資料，可以就一人一事或一類歷史現象編輯成書，不拘內容廣狹，形式多種多樣，大爲增加了私家明史學的聲勢和撰述的數量。如前所述，清初固然在學術巨擘的倡導下開始了務實、博學、考據求精的學風轉變，但對於人數眾多、參差不等的學人而言，學風轉變乃是漸進的過程，況且大學者如顧炎武、黃宗羲，也並不完全放棄當代史事的隨時記載，很多記載是來不及或無條件予以考訂的。

3、學界與官方皆未鄙棄和禁止私修明代野史。清初學術界普遍認識到官方史籍多有隱諱禁忌，而認爲私修史可以補充史料、參酌異同，具有不可廢棄的價值。儘管許多史家也批評野史多臆斷誣妄，然並不完全否定，當時撰述者自題爲「野史氏」、名其書爲「外史」、「野乘」一類名目者很多，說明學界並不將野史視爲卑劣之作。順治時期，私家史學沿著明末私修當代史風習的慣性，加之明清之際戰爭動盪中政治大事接連不斷，刺激私修明代史撰述的不斷湧現。

清初湧現的野史、雜記，頗多傳聞失實、互相抄纂之作，但也有數量可觀的史著具有不可抹殺的史料價值。順治元年（1644），鄒漪就撰成《啓禎野乘》初集16卷，記載明朝末年的史事，錢謙益爲此書撰寫序言，給予充分的肯定。《啓禎野乘》具有相當的史料參考價值，非可與傳聞無據之書相提並論。順治十年，張岱經多年編纂修訂，著成《石匱藏書》220卷，後有補撰明末史事63卷，稱《石匱書後集》。張岱的史著內容豐富，資料廣博，雖不免採用稗史傳聞之處，但畢竟將明末邸報等原始史料大量採入，包含可貴的眞實記

載。世傳谷應泰的《明史紀事本末》即從張岱之書中獲取史料撰成。谷應泰《明史紀事本末》80 卷，亦爲私家纂修明代史的力作之一，一直流傳於世。至於談遷《國榷》、査繼佐《罪惟錄》等等，均爲一代全史性質的巨作，在清初私修明代史中卓然挺立，具有不可抹殺的史學成就。

許多篇幅較小、並非明代全史的著述，也不乏具備史學、史才、史識的佳作，黃宗羲的《明儒學案》62 卷，成書於康熙十五年，是其中具有特殊學術價值的名著，全書主旨在於清理明代的學術史，書中首列《師說》一篇作爲總綱，共記載 210 位學者，分成 17 個學案，大致依據時間先後次序和學術流派傳承關係編纂。一個學案由案序，傳記和語錄組成，其中案序爲總論該學派基本狀況、學術特點、代表人物等，傳記載人物事跡，語錄爲該派學者之名言。結構嚴整，層次分明，是一部完整的學術史精品著作，開後來撰述「學案體」史著之先河。其它如計六奇《明季北路》、《明季南略》，吳偉業《綏寇紀略》等等，具有時譽，曾被官方《明史》館徵用。總之，與官方纂修《明史》並無進展的狀況相比，私家明史學在康熙十八年（1679）之前處於優勢地位。康熙初年莊氏史獄的打擊，並未改變私家明史學超越官方的局面。

更值得注意的是順治年間《明史》館的修纂工作鬆懈無成，但作爲纂修官的傅維鱗決心自撰紀傳體《明書》，纂修官的身份，使他很方便地利用官方史館的歷史資料，而史館公務「事即簡靜，偃息多間」的狀況，更使他有「幹私活」的充裕時間。他認識到官方史館規定纂修《明史》「止採實錄、嚴禁旁搜」規定的狹隘性，也瞭解明代野史「各抒胸臆，不顧傳疑，是非混淆，眞贋參半」〔註 1〕的弊病，將明朝實錄與眾多私修史相互參證，經幾年的專心編纂，撰成洋洋 171 卷的《明書》。〔註 2〕傅維鱗的撰著無論水平高低，作爲一部部帙巨大的明代紀傳體全史，在清初史學發展史上具有不應忽視的地位。尤其是作者利用參與官修《明史》之機而成此私撰，是爲官方史學與私家史學互動關係的一個典型範例，顯示出中國的私家史學，總要在各種可能的環境下，利用一切條件頑強地表現出來

康熙十八年（1679）之後，官修《明史》大有起色，但並未禁止私修，

〔註 1〕傅維鱗《明書》卷一七一，《敘傳二》。

〔註 2〕此書在康熙十八年重開《明史》館之後，曾被作爲史料徵集入館，但未得時人好評，全祖望《移明史館帖子六》（載《明史例案》卷七）說：「傅氏之書讕劣，不爲著述家所稱。」即反映了康熙以來學界的評價。

私修明代史的減少，主要是官方纂修《明史》展現的良好前景以及黃宗羲、萬斯同等人對官修《明史》的承認與合作，壓抑了私修明代史的熱情。但並非所有史家、學者都一致看好官修《明史》，私修明代史的舉動也不是完全消失，參與官修《明史》的史官和學者也並未盡失史學上的「營私」之意。

還在康熙二十二年（1683）官修《明史》如火如荼進行之際，戴名世就在《與余生書》中批評清廷徵求明代史料之書仍存忌避，遂有私修明代史之意，並且撰成《孑遺錄》等多篇敘述明季史事和人物傳記的著述，為日後《南山集》文字獄埋下禍源。萬斯同自知不可能在官修《明史》中實現自己的全部見解，遂囑託友人溫睿臨另撰南明歷史，〔註3〕此即後來有《南疆逸史》一書問世的原委。在此階段，康熙二十七年有葉夢珠撰成《續編綏寇紀略》5 卷，述南明史事。康熙三十五年，朱璘著成《歷朝通鑑輯略》56 卷，內含明代史15 卷，名曰《明紀輯略》（一稱《明鑑全載》）。康熙四十一年，鄭亦鄒撰《明季遂志錄》57 卷，記載明崇禎朝以及臺灣鄭氏史事。傅維鱗《明書》也於康熙三十四年刊刻，流行於世。而康熙年間修史諸官，見《明史》久難告成，已有多人利用朝廷並無禁令，徑將自撰史稿或經手修訂的史稿刻印，作為個人私家著述，湯斌、朱彝尊、施閏章、姜宸英、尤侗、汪琬、方象瑛等等均有此舉。〔註4〕潘耒更因參修《明史》而撰寫對明代史事的評論，寫出《書纂修五朝史傳後》的史論長文〔註5〕，收入自己的《遂初堂文集》。這是纂修官私下的普遍行為，絕非個別事例，清廷固無明確禁令，但史官多具有學術上的私家意識，欲從公務之中獲取私家治學的方便條件，是為更加值得注意的現象。以上所述，都是私家史學滲入官方史館的事例，是康熙年間私家明史學持續挺進的表現之一。

康熙四十年（1701）之後，官修《明史工作》實際已經逐漸懈怠，康熙四十八（1709）年以王鴻緒解職歸鄉為標誌，官修《明史》出於廢弛狀況，私修明代史又得湧現，吳乘權於康熙五十年撰成《綱鑑易知錄》，並續《明鑑易知錄》15 卷。著名文人毛奇齡，則撰有多種明代史著述，如《武宗外紀》、《勝朝彤史拾遺記》、《後鑑錄》等行世。楊陸榮於康熙五十六年完成《三藩紀事本末》4 卷，記述南明三政權本末，4 年後又成《殷頑錄》6 卷，記述南

〔註3〕 見溫睿臨：《南疆逸史》卷首，《凡例》。
〔註4〕 參見李晉華：《明史纂修考》第六章《纂修各官所擬史稿考略》。北平哈佛燕京學社，1933 年印行。
〔註5〕 載潘耒《遂初堂文集》卷十一。

明抵抗清軍的死難人物。此時正值戴名世《南山集》案陰影籠罩之下，楊陸榮之書則在書法、評議上全部站在清廷立場以避禍，但實際表彰了南明抗清人物的忠節義烈，是私家史學曲折求存的一種方式。

順治、康熙兩朝官方明史學的起伏發展，伴隨著私家明史學的潮起潮落，面對當局的文化專制，私家明史學雖然不能不謀求曲線求存，但總體上還處於時時挺進、頑強存在的狀態。明史學在順、康兩朝的發展演變，展現了清代官方史學與私家史學相互關係的典型範例。

（二）官修《明史》的起始階段

清朝入主中原之後，轉年即順治二年（1645）四月癸亥（十一日），御史趙繼鼎奏請纂修《明史》，〔註6〕這得到清廷認可，其後大學士馮銓、李建泰、范文程、剛林、祁充格爲總裁，操辦此事。是年五月，由總裁提名副總裁和纂修官，並設收掌官七員，滿文謄錄十員，漢字謄錄三十六員，〔註7〕揭開了清朝官方纂修《明史》的序幕。這種具有定員、定額和明確纂修人選的組織方式，應當視爲正式組成了《明史》館。〔註8〕

然而當時各地的抗清鬥爭仍十分熾烈，戰爭未息，經濟凋敝，本不具備纂修大型史書的條件，清廷這樣忽忙地準備纂修《明史》，乃是另有政治目的。清軍佔領北京之後，即面臨一個很迫切的問題，即如何將清朝顯示爲一個替代明朝的正統政權，這對於消減漢人反清情緒，對於向南進攻、佔領全國的戰略目標都是頗爲必要的。爲此，清統治者實施了與歷史、史學相關聯的兩大舉措，一是繼順治元年六月即將明太祖牌位移入歷代帝王廟、祭文中明確宣佈明朝已經滅亡之後，順治二年三月又定議祭祀包括明太祖在內的歷代帝王；〔註9〕二是同年五月開館纂修《明史》。

中國古代自唐朝之後，向有新建王朝纂修勝朝一代之史的慣例，清廷隨祭祀歷代帝王之後，緊接著纂修《明史》，等於再次造成並強化明朝已然滅亡的宣傳聲勢，並使自身具備繼明朝而興的新王朝形象。祭祀歷代帝王和下令纂修《明史》，都是配合清廷鞏固統治地位的政治輿論上的舉措，其影響雖不

〔註6〕 《清世祖實錄》卷一五，順治二年四月癸亥。
〔註7〕 《清世祖實錄》卷一六，順治二年五月癸未。
〔註8〕 《清史列傳》卷八《朱之錫傳》載其順治十二年上疏稱：「自國家定鼎以來，開館纂修《明史》」云云，是當時組建了《明史》館，但其獨立行使修史任務的權力尚甚小，事務多依靠於內三院。
〔註9〕 《清世祖實錄》卷一五，順治二年三月甲申。

及「薙髮令」或其它鎮壓措施迅猛，但卻沒有激化民族矛盾的副作用。而纂修《明史》，更能抓住漢族士人傳統的心理素質，便於懷柔、籠絡與安排已經歸附清廷的漢族文官。至於當時是否具備纂修《明史》的條件，對清廷來說是次要的問題。

整個順治朝在籌備纂修《明史》的問題上，僅僅關注《明實錄》的史料價值，而其中卻出現意外的損失，即發現天啓四年、七年的明代實錄缺失，於是人們傳聞：是當上清朝《明史》館總裁官的馮銓搗鬼，馮銓原為明朝官員，曾投靠宦官魏忠賢，劣跡應當載於《明實錄》內。此時馮銓借職任之便，發現《明實錄》天啓年間果然有這樣的記述，於是竊取銷毀。〔註 10〕順治五年（1648）九月，清廷諭內三院：「今纂修《明史》，缺天啓四年、七年實錄及崇禎元年以後事跡，著在內六部、都察院等衙門，在外督、撫、鎮、按及督、布、按三司等衙門，將所缺年分內一應上下文移有關政事者，作速開送禮部，彙送內院以備纂修。」〔註 11〕後來又多次有大臣提議徵求該年分的文獻史料，但了無結果。順治朝的搜羅史料工作蹇滯不前，局限於官方已掌握的範圍之內，而且主要是保存於宮中的明代實錄而已。但這一階段畢竟使清廷形成重視官方歷史資料的意識，上引順治五年九月的諭旨，清楚地表明對實錄缺失部分，有著急切彌補的要求，所以明代實錄除最初遺失者外，後來都得到了妥善的保存。

順治朝在《明史》纂修工作上，不過是令纂修官按年分段抓鬮，各依抓得之年抄編《明實錄》，如順治四年入《明史》館的傅維鱗，即抓鬮得到二十餘年時限的纂修任務，館中規定「止採實錄、嚴禁旁搜」，大有「事即簡靜，偃息多間」和「悲歲月之流邁」的感觸。〔註 12〕看來《明史》纂修人員十分悠閒，無所事事，其成效可想而知。乾隆初史官楊椿稱馮銓任《明史》館總裁多年，其成績不過是「仿《通鑒》體僅成數帙」。〔註 13〕這種所謂的仿《通鑒》體的稿件，實際乃如纂修官傅維鱗所說「止類編實錄」，〔註 14〕即抄略《明實錄》而已。按當時的清朝官方，應當瞭解一代正史乃為紀傳體形式，更何況《明史》館亦有眾多漢人文官。但清廷宣佈纂修《明史》，原不過想取得其

〔註 10〕據朱彝尊《曝書亭集》卷五，《書兩朝從信錄後》。
〔註 11〕《清世祖實錄》卷四〇，順治五年九月庚午。
〔註 12〕傅維鱗《明書》卷一七一，《敘傳二》。
〔註 13〕參見楊椿《再上明鑒綱目總裁書》，載《孟鄰堂文鈔》卷二。
〔註 14〕傅維鱗《明書》卷一七一，《敘傳二》。

政治效果，並不關心義例問題，總裁及纂修官員對此也心知肚明，故以抄略《明實錄》「數帙」以相敷衍。如果有人說順治年間官方最初曾有纂修編年體《明史》的明確規定，〔註15〕恐乃過於牽強附會。

　　整個順治朝在《明史》纂修上之所以無成績可言，這除了客觀條件所限之外，清廷對此並不重視是很重要的原因，順治二年開設《明史》館，是出於政治目的做做姿態，就是這種做做姿態，也是多爾袞掌政時所為。在多爾袞逝世之後，順治帝對《明史》纂修之事更為消極、漠不關心，如順治八年閏二月剛林上奏、十六年五月折庫納上奏，皆要求徵求《明實錄》所缺年分的文獻史料，清廷對此則一是「下所司知之」，二為「報可」〔註16〕實際無任何舉措。其間要求纂修《明史》的奏請者尚多，無須一一毛舉，因為都是奏請之後再無下文。可見在順治朝後期，不僅沒有了纂修《明史》活動，而且《明史》館本身也處於或存或亡之間，請看《清世祖實錄》順治十六年閏三月壬午日的記載：「陝西道御史姜圖南疏言：『《明史》一書，雖事屬前代，而纂修之典，則在本朝。請發金匱藏書，敕內閣翰林諸臣，開館編摹，廣蒐會訂，以成信史』。疏下所司。」〔註17〕奏疏中竟然有「開館編摹」的要求，直似當時已無《明史》館的存在，而清廷仍是「疏下所司」，淡然處之。

　　有學者根據談遷《北遊錄》中「《明史》成，止編年。范文程閱《二十一史》，謂編年未盡，仍另撰」〔註18〕等記述，認為至順治十二年二月「編年體《明史》已經成書或接近成書」，「紀傳體《明史》的編纂，不可能遲於順治十二年才開始」，〔註19〕從而就構築了順治朝先纂成編年體《明史》、繼而轉變為纂修紀傳體的整體認識。這種看法是缺乏說服力的，第一，從順治到乾隆年間，清官方以及眾多參與纂修《明史》的人員，無一人講過有所謂編年體《明史》修成之言；第二，「《明史》成」字樣僅僅出現於《北遊錄·記聞》，而談遷將之寫在《記聞》，即說明來自局外傳聞，這樣孤立的傳聞之言不足採

〔註15〕何冠彪《順治朝〈明史〉編纂考》持有此說，見（臺）《大陸雜誌》第 99 卷第 2 期，1999 年 8 月。

〔註16〕載《清世祖實錄》卷五四、卷一二六。

〔註17〕載《清世祖實錄》卷一二五。

〔註18〕談遷《北遊錄》卷八《記聞下·修史》，中華書局，1960 年版。

〔註19〕何冠彪《順治朝〈明史〉編纂考》，（臺）《大陸雜誌》第 99 卷第 2 期，1999 年 8 月。

信；第三，順治朝即使纂修簡略的編年體《明史》，也不可能完成，因爲缺乏明天啓間部分年份和崇禎朝實錄，又未曾實際搜采其它史料，根本無法編輯成書。如上文所述，順治朝廷對《明史》的體例問題乃處於毫無考慮、未加討論的狀態，因而根本沒有指望它纂修有成。乾隆時楊椿說順治朝修《明史》「仿《通鑒》體」，其表述不大準確，而順治時史官傅維鱗所說的「止類編實錄」，才準確反映了那種敷衍了事的情態。所謂至遲順治十二年已開始纂修紀傳體《明史》的說法，更屬臆測，論者引述的幾項史料，如朱之錫、湯斌的奏議等等，均不能證明其結論。順治十二年正月，順治帝鑒於「水旱相仍，干戈未息」、「災變爲弭，時艱莫救」，發出「廣開言路，博詢化理」的諭旨，令群臣上疏進言，並聲稱「一切啓迪朕躬，匡弼國政者，所言果是，即與採用；如有未當，必不加罪。毋得浮泛塞責，負朕求言至意。」〔註20〕於是引發群臣紛紛奏事，涉及時政甚廣，朱之錫、湯斌此時奏請纂修《明史》，是應付順治帝的「廣開言路，博詢化理」而已，因爲奏請修史的上疏，比任何政治建議都是最安全的，如此進諫表現出朱、湯二人政治經驗的老到。而此次謹嚴纂修《明史》，也未見清廷有所採納。徐乾學、汪琬後來撰湯斌《神道碑》、《墓誌銘》，追述此事有「時議修《明史》」字樣，亦屬於轉相抄錄的模糊、影附之詞，清廷當時「廣開言路，博詢化理」，並非議修《明史》，史籍對此記載詳確，無須深辯。「時議修《明史》」者，僅朱之錫、湯斌諸人的個人行爲，官方既不採納，何有纂修紀傳體《明史》之事？〔註21〕

明代歷史紛紜複雜，史料、史籍混亂歧異，清理考訂，十分繁難，清順治朝確實尚不具備纂修一部高質量《明史》的條件，但更值得注意的是：清廷當時並無修成正史的決心，開設《明史》館，只是出於政治目的，而不是基於傳統的史學意識，這是分析順治朝官方在纂修《明史》問題上的種種現象時，不可忘記的前提。在狹隘、短視的政治動機下纂修書史，一旦政治效用過時不顯，纂修工作也就可能逐漸廢弛。

清聖祖康熙四年（1665）八月，清廷又決定纂修《明史》，對禮部下諭旨曰：

〔註20〕《清世祖實錄》卷八八，順治十二年正月甲辰。

〔註21〕前揭何冠彪《順治朝〈明史〉編纂考》文末，亦承認清廷未採納湯斌等人的修《明史》建議，並且說「終順治一朝，也沒有切實進行編纂《明史》的工作」；「在《明史》編纂史上，順治朝談不上有任何貢獻」。但他卻又主張的順治朝修成編年體《明史》，並轉而纂修紀傳體，其前後說法自相矛盾。

前於順治五年九月內，有旨纂修《明史》，因缺乏天啟甲子、丁
卯兩年實錄，及戊辰年以後事跡，令內外衙門，速查開送。至今未
行查送。爾部即再行內外各衙門，將彼時所行事跡及奏疏、諭旨、
舊案，俱著查送。在內部院，委滿漢官員詳查，在外委地方能幹官
員詳查。如委之書吏、下役，仍前因循了事，不行詳查，被旁人出
首，定行治罪。其官民之家，如有開載明季時事之書，亦著送來，
雖有忌諱之語，亦不治罪。爾部即作速傳諭行。」〔註22〕

這次徵集史料，由於責任明確、督催嚴厲，而且徵集範圍擴充至明季史
書，因而取得了成效，各衙門上交了不少有關明代天啟、崇禎時期的史料，
今檔案文獻中尚有《各衙門交收天啟、崇禎事跡清單》一份，所載明天啟、
崇禎朝案卷、簿冊、奏議及書籍數量相當可觀，即為康熙四年徵集所得，
〔註23〕算是較有收穫。又如孫承澤《山書》卷首，附有禮部儀制司呈文，言
孫氏當時正在山中養病，聞知清廷徵集明史之書，雖編輯舊稿，成《山書》
十八捲進獻。可見徵集私家圖書，也得到一定的響應。正是在這種氣氛下，
大臣中甚至有建議朝廷「廣徵海內弘通之士」，意欲開展朝野合作，共同纂修
《明史》，例如山東道御史顧如華上疏言：「伏讀上諭禮部：『廣搜前明天啟以
後事跡，以備纂修明史。』誠盛典也。查明史舊有刊本，尚非欽定之書。且
天啟以後，文籍殘毀，苟非廣搜稗史，何以考訂無遺。如《三朝要典》、《同
時尚論錄》、《樵史》、《兩朝崇信錄》、《頌天臚筆》，及世族大家之紀錄，高年
逸叟之傳聞，俱宜採訪、以備考訂。至於開設史局，尤宜擇詞臣博雅者，兼
廣徵海內弘通之士，同事纂輯。然後上之滿漢總裁，以決去取，纂成全書，
進呈御覽，以成一代信史。」〔註24〕

聯繫「莊氏史獄」來分析清廷這次比較認真的徵集明史史料活動，不難
悟出其中的政治目的：即通過這個舉措，使官員和學人進一步明瞭纂修《明
史》應是官方之事，朝廷要掌握明史史料而扼制私修明史的勢頭，從而突破
了順治時唯重視實錄的偏狹觀念；同時，規定徵集圖書「雖有忌諱之語，亦
不治罪」，以緩和「莊氏史獄」造成的恐怖氣氛。在這樣短視的政治目標之
下，實際對《明史》纂修並未比此前有多大的起色。雍正、乾隆年間參修

〔註22〕《清聖祖實錄》卷一六，康熙四年八月己巳。
〔註23〕載《國學季刊》二卷二號，1929年12月。
〔註24〕《清聖祖實錄》卷十七，康熙四年十月己巳。

《明史》的官員楊椿追述說：「康熙四年，史館復開，以國書譯《明實錄》，未數十卷，會修《世祖章皇帝實錄》，遂罷。」〔註25〕查《清世祖實錄》首修於康熙六年（1667）七月，〔註26〕故康熙初纂修《明史》的活動只從四年八月至六年七月進行了二年時間即又不了了之。據此，康熙四年不僅徵集史料，還開設了《明史》館，但以滿文翻譯《明實錄》的做法，十分怪異，難道想纂修滿文本《明史》？在順治時期也無此等拙劣舉動，這反映了執政滿洲貴族的狹隘復舊思想，只能將《明史》的纂修帶進無法進行的死胡同。總之，康熙四年的再修《明史》，是在政治復舊氣氛中進行的，是官方史學與私家史學在纂修《明史》問題上發生政治衝突情況下的舉措，其成效僅在於史料的搜集稍稍有所進展，纂修工作比順治朝更加低劣，維持的時間也比順治朝更短。

綜上所述，從順治二年至康熙六年，清朝官方纂修《明史》的活動只在搜羅史料上略有成效，實際編纂工作並未展開，不僅政治，經濟等國情條件尚不充備，而且清官方對於《明史》的纂修問題義例不明、人才不濟、史料欠缺、又方法不當，只在史料搜羅和修史必要性的輿論上作了初步的準備，這是官方纂修《明史》的第一階段。在這一階段內，亦有較小的兩起兩落。

（三）官修《明史》的奠基階段

康熙十八年（1679），清廷重新開館纂修《明史》，這是官修《明史》第二階段的開始，但事情的原委則應從上一年議開博學鴻儒科考試說起。康熙十七年正月，康熙帝諭旨曰：「自古一代之興，必有博學鴻儒振起文運，闡發經史、潤色詞章，以備顧問著作之選……令在京三品以上及科道官員，在外督、撫、布，各舉所知，朕將親試錄用。」〔註27〕經過一年多的薦舉醞釀，至康熙十八年三月初一日正式考試，內外諸臣薦舉並經批准的考試者有一百四十三人，〔註28〕試題為「璿璣玉衡賦」和「省耕詩」五言排律二十韻。〔註29〕月底即決定錄取彭孫遹等五十人為博學鴻儒，隨後分別給予翰林院侍讀、侍講、編修、檢討等職銜，安排這五十人「俱著纂修明史」。〔註30〕因此，

〔註25〕《孟鄰堂文鈔》卷二，《再上明鑒綱目總裁書》。
〔註26〕見《清聖祖實錄》卷二三，康熙六年七月己巳。
〔註27〕《清聖祖實錄》卷七一，康熙十七年正月己未。
〔註28〕據《清聖祖實錄》卷八〇，其它文獻記述人數多有出入，此不備列。
〔註29〕《清聖祖實錄》卷八〇，康熙十八年三月丙申。
〔註30〕《清聖祖實錄》卷八〇，康熙十八年三月甲子。

纂修《明史》的決定是隨著博學鴻儒科的特科考舉而做出的後續活動。

康熙朝特開博學鴻儒科，是在對吳三桂戰爭取得一定優勢的條件下舉行的，其目的是拉攏漢族學界名流特別是江南的士人，緩和與平息明遺民學者的反滿情緒，發展和鞏固清朝在南方的政治勢力，擴大平叛戰爭的成果。但是，顧炎武、黃宗羲等一大批學術巨擘拒不應試，使清廷的預定計劃未得完全實現，於是又將纂修《明史》提到日程上來，即可爲中試的五十博學鴻儒安排職位，又可藉此繼續拉攏未應試的碩學名流之士。因此，清廷於康熙十八年決定纂修《明史》，其初衷仍帶有很強的政治動機。

康熙十八年（1679）五月，「命內閣學士徐元文爲《明史》監修總裁官，掌院學士葉方藹、右庶子張玉書爲總裁官。」〔註31〕這個任命亦不尋常，照常例，監修總裁官要由翰林院掌院學士、大學士以上的高官、顯貴擔任，而徐元文僅爲學士，〔註32〕況且當時丁憂尚未期滿，未在京師。是看中了他的才幹？還是看中了他與明遺民學者聯繫較多？恐怕這兩個因素都不能排除。徐元文在他從家鄉赴京上任的途中就經過深思熟慮，確定了「努力仗群賢、藉以獻天子」〔註33〕的修史方針，這年冬月，徐元文才抵京到任，《明史》館的正式開設亦於此時。徐元文就任監修總裁官後，立即添加盧琦、董訥、王鴻緒等十六人爲纂修官，與五十博學鴻儒分任修纂之事，並且上疏奏請廣徵圖書資料和爭取在野學者參與纂修。這樣，在他的促使下，編纂《明史》竟然真的開展起來。截止到康熙二十一年（1682），又有徐乾學、陳廷敬、湯斌、姜宸英、萬言等學問優長之人陸續入館。《明史》館具備了相當的規模，而且人才濟濟，爲纂修工作提供了有利的條件，能夠順利地進行下去。

康熙朝對《明史》的纂修，分爲纂輯初稿和統攝刪定兩個步驟。第一步纂輯初稿，是將明代三百年史事分成三期，逐次纂述。洪武至正德各朝爲第一期，泰昌、天啓、崇禎三朝爲第二期，嘉靖、隆慶、萬曆三朝置於第三期。據方象瑛《明史分稿自序》敍述當時纂修進度，從康熙十九年至二十年六月，第一期纂修任務即完成初稿。〔註34〕第二期中崇禎朝無實錄，先據明代邸報等資料草成《崇禎長編》，第三期中萬曆年時較長且史事繁雜，是爲纂修中的

〔註31〕《清聖祖實錄》卷八一，康熙十八年五月己未。
〔註32〕清內閣學士品位和地位低於大學士、侍讀學士和侍講學士。
〔註33〕《含經堂集》卷六，《赴監修〈明史〉之召，途中簡葉訒庵、張素存二總裁及史館諸公四首》。
〔註34〕見李晉華《明史纂修考》第三章《纂修中之三時期》。

難點。《康熙起居注》二十二年十一月初十日載：「上又問大學士等曰：『所修《明史》若何？』李蔚奏曰：『草本已有大略，總裁官各行分閱，尚未互相參酌。自萬曆以及天啟、崇禎，此三朝事繁而雜，尚無頭緒，方在纂修』」。這說明在康熙二十二年十一月之前，各纂修官已纂成大部分初稿，其速度可謂甚快。

這次纂修《明史》的第二步工作，是對各纂修官撰成的初稿審閱刪改。由於初稿成於眾手，難免出現遺漏舛誤、記述自相矛盾和重複之處，極費統攝裁定之功。在初稿陸續告成的康熙二十一年，對史稿的審閱刪改已然開始。康熙二十一年六月初八日，康熙帝派陳廷敬為總裁官，〔註35〕同月十八日，又加派勒德洪、明珠、李蔚、王熙為《明史》監修，阿泰蘭、王國安、牛鈕、常書、孫在豐、湯斌、王鴻緒為總裁，〔註36〕七月，又以徐乾學補王國安之缺，認為纂修《明史》「必學問優長之人，方能綜理成書」，徐乾學「人品頗優，學識淹貫，似堪補此」〔註37〕。這些擴充總裁人員的措施，其目的就是使之分頭刪定史稿，因為康熙帝認為「若監修總裁人少，恐或偏執私見，不合乎公。」〔註38〕總裁官之一的湯斌於康熙二十一年的上疏中稱：「以《明史》事體重大，卷帙浩繁，其纂修草稿已完者，先分任專閱，後再互加校訂。臣分任天文志、曆志、五行志及正統、景泰、天順、成化、弘治五朝列傳。」〔註39〕這裡所說的「先分任專閱，後再加校訂」，應是當時審訂刪改史稿的計劃，但至康熙二十二年十一月仍是「總裁官各行分閱，尚未互相參酌」。〔註40〕

康熙二十三年二月，徐元文專任《明史》監修總裁官，則採取親自裁定的方式刪改史稿，而不是與各總裁官參酌校訂。韓菼《徐公元文行狀》記述此事稱：

> 甲子二月（即康熙二十三年二月），有旨留公專領監修《明史》，史局置已五年而書未成。公即不與政，專意史事，考據國史，採用

〔註35〕《康熙起居注》二十一年六月初八日甲申。

〔註36〕《康熙起居注》二十一年六月十八日甲午。《康熙起居注》二十一年六月十八日甲午。

〔註37〕《康熙起居注》二十一年七月二十五日庚午。

〔註38〕《康熙起居注》二十一年六月初八日甲申。

〔註39〕轉自李晉華《明史纂修考》第三章。

〔註40〕《康熙起居注》二十二年十一月初十日丁丑。

諸家之說，年經月緯，手自編輯。有客熟於前朝典故者，公奉書幣
延至賓館，遇有疑誤，輒通懷商榷，常至夜分。積年成傳十之六七，
尋繕呈紀七卷、傳十五卷。公疏請如唐太宗序晉史例，稱制論斷，
並出三朝實錄以便參稽。〔註41〕

　　這裡所說的「有客熟於前朝典故者」，即著名史學家萬斯同，「斯同館元
文家，爲元文核訂《明史》，歷十二年而史稿粗成，凡四百十六卷。」〔註42〕
據此可知，徐元文主持的刪訂《明史》工作，惟與萬斯同討論商榷，至康熙
二十六年四月，徐元文奏上部分史稿，請康熙帝審閱論斷，〔註43〕此時史稿
已刪訂十之六七。至康熙三十年，徐元文逝世前，已勒成 416 卷本史稿。此
後，萬斯同仍被總裁王鴻緒延請於家，繼續刪訂《明史稿》，直至康熙四十一
年逝世，爲《明史稿》的纂修作出了重要的貢獻。經萬斯同參與刪訂的《明
史稿》，雖然仍欠成熟，但無疑是《明史》纂修過程中的重要成果，後來的修
訂都是以此爲基礎進行的。

　　康熙三十三年（1693），熊賜履與張玉書爲監修總裁，陳廷敬與王鴻緒爲
總裁，隨後逐漸形成了由張玉書負責修訂《明史稿》志書部分、陳廷敬負責
修訂本紀部分、王鴻緒負責修訂列傳部分的分工。熊、張、陳三人皆身任朝
廷重職，事務較繁，僅王鴻緒不大參與政事，一段時期內又有萬斯同協助修
訂，進度較快。康熙三十六年八月十四日，康熙帝對《明史》遲遲未成表示
不滿，特下諭旨指出：「自開局以來，歲久未告竣事，欲期速蕆，宜專責成，」
〔註44〕並特命伊桑阿爲監修總裁，康熙三十八年，又復任一度解除史職的熊
賜履爲監修總裁。熊賜履遂取徐元文、萬斯同等修訂的 416 卷本《明史稿》
稍加修訂，於康熙四十一年冬進呈御覽，〔註45〕次年四月，康熙帝發還部分
史稿並提出批評意見，四百一十六卷本未被清廷認可。這樣，修訂工作便在
明史館內繼續進行。但是，直至康熙四十八年（1709）王鴻緒解職還鄉，明
史館並未再修訂出一部成稿，代表這三十年間的階段性成果，仍應屬於徐元
文在世時修成的 416 卷《明史稿》。

　　應當特別指出：這 416 卷明史稿是徐元文主持下完成，萬斯同固然用力

〔註41〕載《碑傳集》卷十二。
〔註42〕楊椿《孟鄰堂文鈔》卷二，《再上明鑒綱目總裁書》。
〔註43〕見《康熙起居注》二十六年四月初四日辛亥。
〔註44〕載清聖祖《御製文二集》卷一六。
〔註45〕見《孟鄰堂文鈔》卷二，《再上明鑒綱目總裁書》。

甚多，但應是官方的修史成績，有眾多史官投入纂修，更依靠徐元文的組織
與親自修訂。康熙二十三年，徐元文重領《明史》監修之職，則不參與政
務而專意於史學。他長期個人出資聘萬斯同於家，兩人討論商榷，共同擔當
起修訂《明史》全稿的重任，常常工作至深夜，有時甚至是通宵達旦。「杜
門屏塵雜，一編究始終。靜漏伴宵吟，餘星照晨起」，〔註46〕「人情可許容褒
刺，史筆翻教定是非。執簡深宵還討核，依俙藜火竟無輝」，〔註47〕這些詩句
即是徐元文修史生活的寫照，可見他並非將一切都委託於萬斯同，而是二人
通力合作。416 卷史稿應當稱之「徐元文稿」，而熊賜履曾主持對此稿稍加修
訂，或稱「熊賜履稿」也還算名正言順，稱為「萬稿」則很不允當。萬斯同
既然參與的是官方之修史，不可能一切任憑自己見解定稿，而要受清廷歷
史觀點和總裁官的約束。416 卷既然作為成交呈交的稿本，也一定經過各總裁
審定修改。因此，將這部《明史稿》作為萬斯同著述，是個以訛傳訛的莫大
疏誤。

　　從康熙十八年（1679）至康熙四十八年（1709），是官方纂修《明史》的
最重要的時期，雖然《明史》未能最終告成，但史稿已初具輪廓，義例上的、
史實上的疑難問題也大都有了定議，為將來纂修《明史》的成功奠定了基礎。
這個卓著成效的取得，固然與康熙中期政治趨於穩定、經濟逐漸繁榮的國情
有關，但還有更具體、更直接的原因。

　　其一是史料文獻的相當充沛。纂修一代之史，首先要有充足的歷史資料，
清朝官修《明史》，主要依據是明代歷朝實錄，而天啓年間實錄有所缺失，崇
禎朝原無實錄，為此，清廷曾幾次徵求史料。纂修一代之史，亦不能光憑實
錄一種典籍，早在順治十二年，即有朱之錫、湯斌等人奏請徵集和購進野史、
方志等遺籍。〔註48〕康熙四年，御史顧如華又奏請纂修《明史》須廣集稗史。
〔註49〕如上文所述，順治朝對《明史》的纂修並未正式開展，康熙四年康熙
帝尚未親政，執政者雖在搜集明天啓、崇禎時官方史料上取得成效，但在廣
集明代野史上所得甚微。直至康熙十八年間重開明史館以後，情況才有所改
觀。次年正月，監修總裁徐元文奏請派翰林官分赴各地，採購書籍，以備纂
修《明史》之用，但遭部議不允，康熙帝得知後指示：「編纂史書，關係一代

〔註46〕《含經堂集》卷九，《奉命留監史局》。
〔註47〕《含經堂集》卷十二，《著書》。
〔註48〕見《清史列傳》卷八《朱之錫傳》、《湯斌傳》。
〔註49〕《清聖祖實錄》卷一七，康熙四年十月己巳。

政事,用垂後世。若書籍缺少,雖編纂不能成完史。」〔註50〕從原則上肯定了廣聚書籍的合理性。於是,以翰林院名義採辦有裨於纂修《明史》的各種書籍,並由明史館官員開列須購書名,取得了很大的成效。〔註51〕此外,還令五十鴻儒與明史館纂修官各將私藏之書攜入明史館,並搜集本鄉文獻供修史所用。〔註52〕萬斯同亦以所存書籍數萬卷攜帶入京,供刪定明史稿時參考。〔註53〕由於採取多渠道廣集圖書的措施,使史料文獻徵集得相當充分,給纂修《明史》提供了有利的條件。

其二是清廷對《明史》修纂十分重視,但較少干預。康熙帝自親政以來,即重視纂修史書,《明史》開館之後,更特別予以關注,常常詢問纂修進度,從人力、物力上給予很大的支持。在中國古代,官方修書是否得到皇帝和朝廷的重視,對其成敗得失關係很大。然而,朝廷在重視的同時若施以過多的干預,亦可使纂修官縮手縮腳,對修史造成不良影響。而康熙朝纂修《明史》,是在清廷干預較少、氣氛比較寬鬆的環境下進行的,使纂修人可以暢所欲言地討論義例、考訂史實、發揮特長,是這一階段修史活動的特點之一。這表現於以下幾個方面:

與官方纂修實錄、方略等其它本朝史籍不同,《明史》館基本上皆任用漢族學者,幾乎沒有滿人參與。勒德洪、明珠等雖曾任監修之職,但為時不長,且不視事,實為虛銜。在任用朝臣和翰林官之外,更聽任總裁延聘布衣學者參與,康熙帝並不強加干預,顯示出給監修、總裁較多自主權的跡象。

清廷給纂修官撰寫史稿、發表見解和其它學術活動以一定的自由,如施潤章「纂修《明史》,核同異、析是非,無所回枉」;李澄中「充《明史》纂修官,奮筆侃侃無所避」;嚴繩孫「與修《明史》……分撰《明史・隱逸傳》,所作序文,容與蘊藉,多自道其志行。歸後,杜門不出」。〔註54〕可見清廷是允許《明史》撰稿人堅持並抒發個人思想觀點的。這種寬鬆的修史氣氛,在清代所有的修史活動中是十分罕見的,在一定程度上可促進纂修人員勤於職事,並增強其修史的認真負責精神。

康熙帝對纂修《明史》之事,雖多次過問,卻較少發表論斷,其有關指

〔註50〕　《康熙起居注》十九年正月二十三日癸丑。
〔註51〕　戴名世《南山集》卷六,《與余生書》。
〔註52〕　見朱彝尊《曝書亭集》卷三二,《史館上總裁第二書》。
〔註53〕　全祖望《萬貞文先生傳》,載《碑傳集》卷一三一。
〔註54〕　《清史列傳》卷七○,《施潤章傳》、《李澄中傳》、《嚴繩孫傳》。

示，大多爲強調修史須秉公、詳愼、直書實事等等宏觀原則。偶有具體性的批評，也表達得比較委婉，如康熙三十一年閱覽史館進呈的《明史‧本紀》後，對其中訾議明太祖和明宣宗的內容表示不滿，但只言：「朕思洪武開基之主，功德隆盛；宣德乃守成賢辟，雖運會不同、事跡攸殊，然皆勵精著於一時……朕自反厥躬，於古之聖君既不能逮，何敢輕議前代之令主耶？若表揚洪武、宣德，著爲論贊，朕尙可指示詞臣，撰文稱美，倘深求刻論，非朕意所忍爲也。」〔註55〕這裡並沒有對纂修官橫加指責之意，反倒顯現出比較謙和的態度。

早在康熙二十六年（1687）四月，監修總裁徐元文在進呈部分《明史稿》時，就援引唐太宗論斷《晉史》之例，提出「明朝三百年之事，皇上深爲洞悉，恭請皇上論斷」。〔註56〕康熙帝不久就聲明自己對經史「限於資質，未能融貫，不過得其大概，從不輕評古人。即如《明史》一書，朕亦不遽加論斷」。〔註57〕後來，又對史官強調：「卿等皆老學素望，名重一時，《明史》之是非自有燭見，卿等眾意爲是即是也……朕無一字可定，亦無識見，所以堅辭以不能也。」〔註58〕表明康熙帝本人對《明史》確爲關注多於干預，給纂修人員提供了較好的發揮才識的條件。

近代以來，學界論官修《明史》，往往強調清廷的思想箝制，如黃雲眉《明史編纂考略》一文即有一節專論「時主之箝制」，〔註59〕而觀其所引證的康熙帝諭旨，不過爲「修史務從公論」之類，皆不足爲據。至於《明史》避言南明及清先世隸屬明朝，自是清朝入關以來一向的做法，朝野共知，無須再作特別箝制。自康熙十八年至康熙四十八年，《明史》纂修官未聞有一人因修史受到處分，而且這三十年間，也基本沒有文字獄發生。《明史》纂修的奠基階段，正是處於政治氣候和學術環境都相當清和的狀況之下，從而爲纂修的最後成功開闢了道路。

康熙帝在纂修《明史》上的開明政策，還促成了官修《明史》的「朝野合作」局面，這是《明史》奠基階段取得顯著助成果的主要原因之一，也是官方史學與私家史學之間磨合與互動的重大契機，是清代史學發展的關鍵轉

〔註55〕《清聖祖實錄》卷一五四，康熙三十一年正月丁丑。
〔註56〕《康熙起居注》二十六年四月初四日辛亥。
〔註57〕《康熙起居注》二十六年五月十一日戊子。
〔註58〕《清聖祖實錄》卷二一八，康熙四十三年十一月壬戌。
〔註59〕載《金陵學報》一卷二期，1931 年 11 月。

機。雖然《明史》未能在康熙朝最後成書，但畢竟大夏底稿初成輔仁基礎，而且康熙年間通過纂修《明史》，官方積累了纂修大型史書的經驗，也在很大程度上達到緩和明遺民學者反清情緒的作用。

（四）官方纂修《明史》的廢弛

康熙四十八年（1709），明史館總裁王鴻緒因故被免職回籍，竟將明史館內列傳史稿全數攜歸，這標誌著明史館官方纂修《明史》的活動漸漸進入了一個廢弛乃至中輟的階段。這種廢弛與中輟的狀況，不是由於清廷下令停修《明史》所造成，也不是由於出現哪一種突發事件將纂修過程打斷，乃是因為清廷對纂修《明史》較為消極，置於末端而任其萎縮所導致。其表現有以下兩點。

第一，史官解職回鄉，若攜稿於家編撰，須特旨准許，如徐乾學即曾受此殊遇。而王鴻緒解職時將《明史》全部列傳稿攜歸，並未申奏請旨。因此，他後來奏進史稿時，未提到受有朝廷令其在家修史的特許，在張伯行為之所撰墓誌銘中，亦僅言「其歸里也，尤以《明史》為念，編纂不去手」。〔註60〕可見王鴻緒攜去史稿乃屬私下行為，然而清廷及《明史》館竟無人過問，表明官修《明史》之事已然廢弛。

第二，康熙四十年之後，《明史》纂修的骨幹人才逐漸凋謝，特別是康熙四十八年監修總裁熊賜履逝世；康熙五十年五月，監修總裁張玉書逝世；此年四月總裁陳廷敬逝世；在清朝官書中均未有清廷委派得力人才赴《明史》館任職的記錄。說明《明史》纂修工作處於中止狀態，《明史》館不過作為一個保存史料的處所而已。

康熙帝對纂修《明史》由熱情支持轉為極端冷落，是造成其廢弛和中輟的主要原因。早在康熙四十三年（1704）十一月，康熙帝發布關於纂修《明史》的長篇御製文，雖仍表示「《明史》不可不成，公論不可不採，是非不可不明，人心不可不服」，但更多地申訴了「盡信書不如無書」，史書「概難憑信」之類的見解，甚至徑直對《明史》館予以批評：「今之史官，或執己見者有之，或據傳聞者有之，或用稗史者亦有之。任意妄作，此書何能盡善！」〔註61〕這不僅對修好《明史》已缺乏信心，而且指責官員的嚴厲程度也是前一時期所不曾有過的。當然，這種指責不是對如何纂修《明史》的干預，而

〔註60〕載《碑傳集》卷二一。
〔註61〕《清聖祖實錄》卷二一八，康熙四十三年十一月壬戌。

是顯現出對《明史》纂修的極其消極和厭煩的態度。

經過幾年時間對纂修《明史》之事的不聞不問，康熙四十八年十一月，康熙帝對大臣們說：「明季事跡，卿等所知往往皆紙上陳言。」〔註62〕他把眾大臣讀史書所瞭解的明代事跡視為「紙上陳言」，那麼纂修《明史》也就沒有任何意義了。這比康熙四十三年又後退了一大步，已經喪失了「《明史》不可不成」的觀念。正因為如此，王鴻緒的解職、熊賜履的逝世，才都沒有委派得力人員接替，其直接影響必然是《明史》纂修工作的廢弛。王鴻緒於康熙五十三年進上他所修訂的《明史列傳稿》，清廷竟然沒有任何恢復修史的安排與行動，而至康熙五十六年（1717）八月，康熙帝在談及他對史學和史書的看法時說：「大臣雖奏請速成《明史》，朕明知其無實，速成何為？朕又觀《史記》、《漢書》亦僅文詞之工，記事亦有不實處。」〔註63〕這充分反映出官修《明史》中輟的狀況，也是康熙帝對纂修《明史》工作由消極發展到厭棄態度的表白，對照他康熙三十六年（1697）關於《明史》「欲期速藏，宜專責成」的態度，簡直判若兩人。更為奇怪的是，康熙五十六年（1717）十一月間，康熙帝竟說出「朕素不看明史，偶一翻閱，嘉靖年間倭寇為亂不能平，後滿洲征服。至今倭刀、倭碗等物現存禁內，而明史不載，可見明史偽妄，不足信也。」〔註64〕將明史史籍全部斥為偽妄，甚至標榜自己「素不看明史」，當然更提不上纂修《明史》了，因為在皇朝政權內，專制皇帝既對一類史書採取完全厭棄的態度，就很難想像這類史書還會由官方組織編纂。

官修《明史》雖已廢弛，但王鴻緒個人的修訂工作卻加緊進行，經過五年的刪改潤色，成《明史列傳稿》208卷，於康熙五十三年（1714）進呈朝廷，其進書奏疏略稱：「自蒙恩歸田，欲圖報稱，因重理舊編，搜殘補闕，薈萃其全。……其間是非邪正，悉據已成公論，不敢稍逞私臆。但年代久遠、傳聞異辭，臣未敢自信為是。謹繕寫全稿，齎呈御鑒，宣付史館，以備參考。」〔註65〕如上所述，清廷只將王鴻緒所修訂的史稿交明史館存放而已，並未由此導致官修《明史》工作的再興。

康熙五十四年春，王鴻緒被召回京，相繼參與官方纂修《詩經傳說彙纂》

〔註62〕《清聖祖實錄》卷二四○，康熙四十八年十一月癸未。
〔註63〕《康熙起居注》五十六年八月初四日己酉。
〔註64〕《康熙起居注》五十六年十一月二十四日甲戌。
〔註65〕《清史列傳》卷十，《王鴻緒傳》。

和《省方盛典》二書。他心繫《明史》之未成，即取《明史》本紀、志、表諸稿，以公務之餘暇夙夜修訂，再略改先已進呈的列傳稿，將之合於一起，彙成一部完整的《明史》稿，計310卷。

綜上所述，王鴻緒於康熙四十八年之後修訂《明史稿》，完全是他個人的行為，並沒有受到官方的委任。但他是以《明史》館多年纂修的成果為基礎進行修訂刪改，特別是利用了徐元文在萬斯同協助下纂成的史稿，即接續了官方的纂修活動。而且在208卷列傳稿和310卷全稿修成以後，仍進呈於朝廷，奏稱「異日弘開史局、重定信史，臣書或可備參考之萬一而已。」〔註66〕所以這種私下的修史活動又與官方修史息息相關，成為官方《明史》館修史事業廢弛時期的一種補償。因此，《明史》纂修的第三階段是靠王鴻緒個人的修史活動支撐和賡續的，他的310卷《明史稿》為下一階段《明史》成書提供了重要條件。這正是王鴻緒對纂修《明史》的主要貢獻，他以修史為己任的責任感及勤奮不懈的精神是應當肯定的。

（五）官修《明史》奠基階段的朝野合作

康熙十八年清廷再次開館纂修《明史》，最值得注意的是形成在朝史官與在野史家趨於合作的局面，這不僅保證官修《明史》能於此階段取得奠定基礎的成績，而且促使官方史學與私家史學從隔膜、對立逐漸走向磨合、互動和互補，這是一大轉折，即官方史學與私家史學相互關係步入正常狀態，在清代史學發展史上具有特殊的意義。

康熙帝不拘職位地任命徐元文為《明史》監修總裁，本有藉修《明史》籠絡在野學者的深意。徐元文到任後，於康熙十九年（1680）二月上疏：「纂修《明史》，宜舉遺獻。請將揚州府前明科臣李清，紹興府名儒黃宗羲延至來京。如果老瘴不能就道，令該有司就家錄所著書送館。至監生姜宸英、貢生萬言，應速行文該督撫移送。」〔註67〕這個提議得到康熙帝的批准。黃宗羲雖然拒不應聘，但仍然對官修《明史》十分關注，他令其子黃百家入《明史》館，支持萬斯同以布衣身份參與纂修，並親自向《明史》館提出有關纂修問題的建議，《清史稿》載其事曰：「宗羲雖不赴徵車，而史局大議必咨之。《曆志》出吳任臣之手，總裁千里遺書，乞審正而後定。」〔註68〕黃

〔註66〕 《橫雲山人明史稿》卷首《進呈明史稿疏》。

〔註67〕 《清聖祖實錄》卷八八，康熙十九年二月乙亥。

〔註68〕 《清史稿》卷四八〇，《儒林一‧黃宗羲傳》。

宗義在《答萬貞一論〈明史曆志〉書》〔註69〕中，闡述了他對纂修《明史‧曆志》的見解，表明黃宗義確實親自參與了修訂。關於《明史》中是否應立「理學傳」（或稱「道學傳」）的問題，在《明史》館中爭論很大，監修總裁徐元文、總裁徐乾學及五十鴻儒之首的彭孫遹等人都主張仿照《宋史》之例立此類傳，〔註70〕這還得到皇帝的同意，《康熙起居注》二十一年八月初八日記載：徐元文於日講之後說：「元人修《宋史》，特爲道學立傳，不爲無見。」康熙帝答曰：「然。」但黃宗義則向《明史》館寫信指出：元修《宋史》立「道學傳」，是「欲重而反輕，稱名而背義，此元人之陋也。」〔註71〕據全祖望《梨洲先生神道碑》〔註72〕記載，湯斌等將黃宗義的書信出示於眾，《明史》遂不立「理學傳」〔註73〕。《明史》內是否立「理學傳」不是一個簡單的體例問題，設「理學傳」意味著抬高程朱理學學派的明代學者，而壓抑王陽明的「心學」學派。這在朝官、史館內部有較爲激烈的爭論，而康熙帝與徐元文等諸多掌權大臣，是尊崇程朱理學的，黃宗義的學脈則源於王陽明學派，故而出言力爭。結果是朝廷主流學派作出了讓步，由此可知：纂修《明史》雖是官方主持，但清廷及其官員對在野大學者的意見還是十分重視的。

《明史》纂修官朱彝尊爲五十鴻博之一，康熙十八年入史館爲纂修官之後，他首先提出：「蓋作史者必先定其例、發其凡，而後一代之事可無紕謬。」〔註74〕由此倡議導致纂修《明史》義例的大討論，不僅纂修官和在朝文臣參與，而且也聽取在野著名學者的意見，是纂修伊始就呈現官方與私家協同商議、群策群力的趨勢。前述黃宗義提出的建議，就是在這個背景下得到了採納。另一學術大家顧炎武，也以多封書信對官方纂修《明史》提出建議，例如認爲對明人奏議的記載，應當「是非同異之論，兩造並存，而自外所聞，別用傳疑之例，庶乎得之」〔註75〕，明代後期資料，應重視邸報，「與後來刻本記載之書，殊不相同。今之修史者，大抵當以邸報爲主，兩造異同

〔註69〕 載劉承幹編：《明史例案》（劉氏嘉業堂刊本，後同）卷八。
〔註70〕 《修史條議》、《明史立道學、忠義二傳奏》，載《明史案例》卷二、卷九。
〔註71〕 《南雷文定》卷四，《移史館論不宜立理學傳書》。
〔註72〕 載《鮚埼亭集》卷十一。
〔註73〕 按《清史稿》卷四八〇《儒林一‧黃宗義傳》記此事爲朱彝尊將黃宗義書信展示。
〔註74〕 《曝書亭集》卷三二，《史館上總裁第一書》。
〔註75〕 見劉承幹編：《明史例案》卷八，《顧亭林與公肅甥書》。

之論，一切存之，無輕刪抹」〔註76〕。更值得注意的是，顧炎武先後以三封書信分別寄與《明史》館副總裁湯斌、葉方藹以及眾纂修官，要求將其母親的守節大義記載於《明史·列女傳》，在《與史館諸君書》中，敘述了其母的事跡，提出「適當修史之時，又得諸公以卓識宏才膺筆削之任……不無望於闡幽之筆也」〔註77〕。黃宗羲與顧炎武做法相同，也將其母事跡送交《明史》館，稱史館若為之記載，則「吾母曲於生顧得伸於死，子孫當世世不忘」〔註78〕。顧炎武、黃宗羲這樣名動天下的遺民學者，對官修《明史》予以協助，並且提出諸如為自己先輩立傳的要求，說明已經將清廷所修《明史》，看作超乎所有私修史的正史，承認了官方在明代歷史纂修和明史學上的主導地位。

　　最能體現這一時期纂修《明史》朝野合作成效者，是萬斯同以布衣、賓客的身份參與官方修史，將其學問、精力全部貢獻於《明史》的修訂。萬斯同（1638～1702）字季野，浙江鄞縣（今寧波市）人。為黃宗羲及門弟子，他在師友影響下，亦以明遺民自居，精習書史，尤熟知明代掌故。康熙十八年開《明史》館之後，黃宗羲雖不應召，但卻支持萬斯同在拒絕清朝職銜的前提下，以布衣身份參與修史，其宗旨是一方面寄託對明朝的故國之思，一方面要致力保證官修《明史》的真實、公允和內容的完備。

　　萬斯同攜帶自己所存和師友贈與的大量明代史料文獻前往京城，館於徐元文家，日以繼夜地修訂各個纂修官草擬的史稿，對修史義例、史料取捨、史實考訂都發揮了卓越的史學和史識，在解決《明史》疑難問題上起到了高級顧問的作用，對奠基階段的《明史》纂修貢獻極大。他還聯絡當時沒有考取功名的順天大興學者王源與劉獻廷，共同參與纂修《明史》之事。王源不僅草擬了《明史·兵志》，而且將其父所撰《崇禎遺錄》一書送交史館，以資採用。《明史》奠基之作的416卷本，包含著萬斯同的半生心血。其它對官修《明史》做出貢獻的私家學者還有很多，如青浦人王原，私撰《明食貨志》12卷，後被官修《明史》修改後採用，這應當是王原協助徐乾學纂修《大清一統志》時，將此稿送與徐氏而轉入於《明史》館。〔註79〕其餘如明遺民費

─────────────────────

〔註76〕見劉承幹編：《明史例案》卷八，《顧亭林與潘次耕書》。
〔註77〕載《顧亭林詩文集》卷三。
〔註78〕黃宗羲：《南雷文約》（清乾隆刻本）卷三，《移史館先妣姚太夫人事》。
〔註79〕參見朱希祖：《明季史料題跋·跋王原明食貨志》，中華書局，1961年版，第75頁。

密向《明史》館送上先父《行狀》希望得到記載，曆算學家梅文鼎對《明史‧曆志》提出訂正，明遺民吳應箕之子將其父《墓誌銘》上於史館以求記載表彰等等，〔註80〕不勝枚舉。這些現象顯示出私家已經比較普遍地寄望於官修《明史》獲得成功而傳世，佔據高於一般史籍的正史地位。對清朝官修《明史》的認可和推重，沖淡或扭轉了對清廷統治正統性的懷疑。

自清初以來，清朝官方史學與私家史學嚴重隔膜甚至對立，在明代史上尤其顯著，私家學者包括一些官員，對於清廷的修史活動乃持一種鄙夷態度。但從康熙十八年之後，官方與私家在明史學上出現了歷代少有的修史合作現象，這是清代官方史學私家史學關係的一大變化，其影響之大，不局限於明史學一項，清朝纂修《大清一統志》等書，都有這種朝野合作的舉措。清代史學發展中的官、私關係，將原先朝野之間的緊張狀態大爲緩和，進入了傳統史學官方與私家史學互動的基本軌道。

二、《明史》的成書與乾嘉時期官方明史學的繼進

（一）欽定《明史》的成書階段

康熙末期官修《明史》的廢弛境況，隨康熙帝的逝世而結束。王鴻緒曾在康熙五十三年（1714）進上《明史列傳稿》208卷，雍正元年（1723）六月又將修訂國的紀、表、志稿與再次調整的列傳合在一起，成310卷《明史稿》進上朝廷。雍正帝立刻行動，七月間即發布諭令：

> 史書務記其真，而史才古稱難得，蓋彰善癉惡、傳信去疑，苟非存心忠厚、學識淹通，未得定得失於一時、垂鑒戒於久遠也。有明一代之史，屢經修纂，尚未成書。我聖祖仁皇帝大公至慎之心，旌別淑慝，務期允當，惟恐幾微未協、遂失其真，鄭重周詳、多歷年所，冀得良史之才，畀以編摩之任。朕思歲月愈久，考據愈難，目今相去明季將及百年，幸簡編之記載猶存、故老之傳聞不遠，應令文學大臣董令其事，慎選儒臣，以任分修。再訪山林績學之士忠厚淹通者，一同編輯，俾得各展所長，取捨折中，歸於盡善，庶成一代之史，足以昭示於無窮。〔註81〕

〔註80〕 費密上其父《行狀》事，見費密《荒書》卷末費錫琮《跋一》；梅文鼎訂正《明史‧曆志》事見《清史稿》卷五○六《梅文鼎傳》；吳應箕之子上其父《墓誌銘》事，見潘耒《遂初堂文集‧贈吳子班序》。

〔註81〕 《清世宗實錄》卷九，雍正元年七月甲午。

　　這個諭旨將康熙帝後期《明史》纂修廢弛的原因以「至愼」、「鄭重」及冀得良史之才爲藉口而輕輕掩過，更申明現在必須纂修成書的理由。於是，本月即重新組建明史館，以隆科多、王頊齡爲監修，徐元夢、張廷玉、朱軾等爲總裁，開始纂修《明史》。這次開館纂修《明史》，人員組成規模較小，纂修官初爲二十三人，「未幾他任四出，留館者數人而已」。〔註82〕在纂修工作中出力較多者有汪由敦、楊椿、吳麟、韓孝基、鄭江等人。

　　編纂之初，總裁張廷玉等令各纂修官各擬凡例，上於史館，以便博采眾長，制定統一規則。〔註83〕其中汪由敦《史裁蠡說》一文較全面地論述了《明史》在取材、體例、書法等各方面的問題，文中對王鴻緒史稿提出不少修改意見。可知雍正朝之纂修《明史》，已然確定在王鴻緒史稿的基礎上予以修訂，故擬定凡例是在閱讀王稿之後，有針對性地提出個人見解。

　　關於如何修纂《明史》，史館內發生意見分歧，清廷本意在於以王鴻緒史稿爲基礎，重點進行義例和文字上的修訂，同時對明代史事加以論斷，總裁張廷玉即本此方針主持其事。而纂修官楊椿則對王稿多所指謫，甚至認爲王鴻緒任憑己意修定萬斯同稿，其方法是「合者分之，分者合之，無者增之，有者去之」，簡直即爲竄改。更有刻薄無知門客協助王氏，「深文巧詆，羅織爲工，而名臣事跡則妄加刪抹，往往有並其姓名不著。」〔註84〕這裡所言「刻薄無知門客」蓋指錢名世，錢氏在康熙三十三至四十一年之間曾與萬斯同共同協助王鴻緒修訂《明史》，時萬斯同雙目失明，錢氏僅爲萬斯同的助手而已，一切聽從萬斯同指示，且有王鴻緒等審視，不可能私下「深文巧詆，羅織爲工，而名臣事跡則妄加刪抹」，況且王鴻緒《明史稿》最後成於康熙四十八年解職歸鄉以後，早與錢名世無關。〔註85〕因此，楊椿的這項攻擊是不足爲據的。錢名世因捲入年羹堯案件，遭到雍正帝的人格侮辱，〔註86〕楊椿藉此對王稿持基本否定的態度，再觀其前後兩篇《與明史館纂修吳子瑞書》，〔註87〕

〔註82〕楊椿《孟鄰堂文鈔》卷二，《上明史館總裁書》。
〔註83〕見汪由敦《松泉文集》卷二〇，《史裁蠡説》。
〔註84〕《孟鄰堂文鈔》卷二，《再上明鑒綱目總裁書》。
〔註85〕錢名世於康熙四十二年考中一甲第三名進士，不可能再作爲門客去協助王鴻緒修訂《明史》。
〔註86〕錢名世被雍正帝極盡侮辱之事，亦清雍正朝一大奇聞。錢氏雖僅受革職回鄉處罰，但雍正帝親自書寫「名教罪人」匾額，勒令錢名世懸掛住宅門前，又令滿朝文官撰寫斥罵錢名世的詩詞，並且由錢名世出資刊印，發行全國。
〔註87〕載《孟鄰堂文鈔》卷二。

亦反覆考辨明代史實，目的是要重起爐竈，對明代史事大加考訂。但這種學術意圖不合雍正朝廷急於求成的願望，也與總裁之意大相徑庭，總裁對這種專注於史實考據的做法已經深爲厭煩，曾因楊椿於館中多發此種議論而施以斥責。〔註88〕但楊椿對《明史》的纂修方法始終堅持己見，雖不被總裁採納，但直言力爭，甚至《明史》告成之後仍以書信指謫《明史》因疏於考證出現的舛誤，成爲清朝第一位對官修《明史》予以批評的學者。

與之相反，汪由敦則著重議論《明史》義例的問題，在史實方面僅提出各纂修人員「分修擬稿，所據某書、參用某說亦表明來歷」，並且選精於考據的少數學者統閱全書。〔註89〕他對王鴻緒的《明史稿》的看法也與楊椿大不一致，其《答明史館某論史事書》〔註90〕稱「王本列傳聚數十輩之精華、費數十年之心力，後來何能追躅萬一。若存輕訨之見，非愚則妄。」他對王鴻緒史稿也作了指謫、批評，其中有涉及史實者，但大多是在作史義例、書法及史事褒貶等方面。這正與總裁的修史見解相符，只須在義例、書法、文字和史論上斟酌修訂，不必在史事考訂上大事更張。然而雍正朝纂修《明史》，也不是在史實上一依王稿爲準，楊椿分修的部分，自當於史實考訂上多加措意，其它纂修官亦當盡其所能地對王稿予以核定，如韓孝基被推薦爲明史館纂修官，「分修英宗及景皇帝本紀，先生於北狩、奪門、登極、守禦諸大事考據實錄，參核野乘、審定是非、直伸褒貶。更作列傳數十，發潛誅誤，合良史法。」〔註91〕這裡反映出仍有「考據實錄、參核野乘」的纂修過程，只是清廷已不願在史實考據上繼續糾纏，而未將之置於最重要的地位而已。

從雍正元年（1723）七月開設明史館，至雍正十三年（1735）十二月《明史》告成，又經歷了十三年多的時間。書成之時，雍正帝已然逝世，而清高宗諭曰：「《明史》纂修多年，稿本今得告竣，但卷帙繁多，恐其中尚有舛誤之處，著展半年之期，該總裁率同纂修官再加校閱，有應改正者即行改正。」〔註92〕這樣，就將《明史》正式纂成的日期推延到乾隆初年。至乾隆四年（1739）七月，《明史》全部刊刻完竣，計本紀二十四卷、志七十五卷、表十

〔註88〕《孟鄰堂文鈔》卷二，《上明史館總裁書》。
〔註89〕《松泉文集》卷二〇，《史裁蠡說》。
〔註90〕載《松泉文集》卷二〇。
〔註91〕沈德潛《歸愚文鈔》卷一八，《韓東籬先生墓誌銘》。
〔註92〕《清高宗實錄》卷九，雍正十三年十二月壬辰。

三卷、列傳二百二十卷，目錄四卷，共三百三十六卷。總裁張廷玉等的《進明史表》〔註93〕之日期，亦簽署乾隆四年全書刻成之時，這是官方認定的欽定《明史》完成時間，於是《四庫全書總目》等的著錄，皆以《明史》爲乾隆四年成書，乾隆帝等於不動聲色地佔據了修成《明史》的業績。乾隆四年成書的《明史》，不僅清廷武英殿與各省官學都予以刊刻傳播，而且允許私家書坊刻印發售，因此流傳很廣。《明史》纂修水平超越元朝、明朝的官修正史，頗得好評，雖仍有可指謫之處，但已經超越清代各種私修明代史，則無可爭議。這部《明史》的成書，權威地樹立了官方明史學的優勢地位，私家明史的撰述活動進入了低潮時期。

（二）官方接續編纂的明史之書

　　《明史》修成之後，清朝官方對明史書籍的編纂並未終止，從乾隆朝至嘉慶朝又編纂成《明紀綱目》、《勝朝殉節諸臣錄》、《明臣奏議》及《明鑒》等四種專書。在另外一些通史性、典章制度史及其它官修書籍中，如《御批通鑒輯覽》、「續三通」、《古今儲貳金鑒》等等，固然也包含著明代歷史的內容，但從這些書史的撰著動因、編纂義例、主體內容等方面看，其性質均不必歸結於官方明史學的範圍，這裡不予一一詳述。

1、《明紀綱目》的編纂

　　乾隆四年（1739）八月，在官修《明史》尚未完全刊刻告成的情況下，乾隆帝即頒諭旨：「宋司馬光彙前代諸史爲《資治通鑒》，年經月緯、事實詳明。朱子因之成《通鑒綱目》，書法謹嚴，得聖人褒貶是非之義。後人續修《宋元綱目》，上繼紫陽，與正史紀傳相表裏，便於檢閱，洵不可少之書也。今武英殿刊刻《明史》將次告竣，應仿朱子義例編纂《明紀綱目》，傳示來茲。」〔註94〕於是，在本月之內即開《明紀綱目》館，以鄂爾泰、張廷玉爲總裁，著手編纂。在《明史》尚未面世之際，清高宗就迫不急待地進行此書的編纂，其用意在於是要乘《明史》方成、史事基本理清之機，由官方駕輕就熟地佔據綱目體的明史著述，進一步對明代歷史予以評定。總裁等對乾隆帝欲做朱熹「褒貶是非之義」的意圖心領神會，在義例、書法和編排方式上頗費心機，而史事上則完全以《明史》的記載爲依據。當時，楊椿對這種纂修方法持反

〔註93〕載《明史》（中華書局標點本）卷末。
〔註94〕《清高宗實錄》卷九八，乾隆四年八月辛巳。

對態度，要求對明代史實予以考訂，不能惟《明史》是憑。〔註95〕楊椿當初參與纂修《明史》時即對王鴻緒史稿多持異議，要求重加考訂修改，而未被採納。此次由《明史》館轉入《明史綱目》館任纂修官，仍堅持己見，對《明史》史實上的舛漏予以更尖銳的指謫，希望能在纂修《明紀綱目》中施展自己的史學才幹。但從皇帝至其它纂修官員，都沉浸在對編纂義例、褒貶書法的極大興致之中，根本無人認眞理會楊椿的建議。

乾隆七年（1742）五月，《明紀綱目》草稿即將撰成，乾隆帝聞訊後下令陸續進呈，以親自裁定。而七月間，副總裁周學鍵提出：《明紀綱目》接續《續資治通鑒綱目》（即上文所謂的《宋元綱目》），記事起於洪武元年（1368），但明朝的不少制度、措施都是此前制定，這樣致使所載事跡漫無根底。〔註96〕經《明紀綱目》館臣議定，將洪武元年之前史事編爲「前紀」，仍用元朝紀年。是年十一月，先將《明紀綱目》「前紀」二卷稿本修成，進呈乾隆帝，「前紀」由纂修官齊召南撰寫而成，在年號上採取元朝紀年，書法上體現「明雖興王，何逃名分」的原則，將朱元璋直書其僭號，而不稱之爲「帝」、「上」等字樣。乾隆帝閱後對這個體例大爲讚賞，高興地批示曰：「蓋大君、臣子，名分不可逃於天地間。僭號興王，予奪嚴乎辭語內，敢曰繼《春秋》之翼道，以此昭來茲之鑒觀，我君臣其共勉之」。〔註97〕乾隆十一年（1746）三月，全書告成，共二十卷。乾隆帝興沖沖地寫詩六首，稱此書做到了「義例纖毫無或爽，勸懲一字必期安」，還自稱：「學探司馬治平要，書慕文公體例優。亦曰此心無予奪，敢云我志在《春秋》」，〔註98〕一副身既爲當朝皇帝、又掌握歷史褒貶的沾沾自喜心情溢於言表。《明紀綱目》的編纂，是繼《明史》之後官方明史學撰述的另一最重要內容，是乾隆帝主持下官方編纂書史專注於義例、書法和歷史褒貶的首次嘗試。

2、《勝朝殉節諸臣錄》的編錄

乾隆四十年前後，正當清廷專制統治達於鼎盛時期，也出現了明顯的政治、經濟及社會危機，如何長久維護清廷統治地位的問題，已經成爲乾隆帝經常思考的心事。於是，他對明朝和本朝的歷史，特別是明清之際的歷史又

〔註95〕見《孟鄰堂文鈔》卷二，《上明鑒綱目館總裁書》。
〔註96〕見《清高宗實錄》卷一七○，乾隆七年七月庚申。
〔註97〕《清高宗實錄》卷一七八，乾隆七年十一月丙辰。
〔註98〕《明史綱目書成有述》，載《御定通鑒綱目三編》卷首。

重新關注起來。他一方面通過修書撰史強調本朝開國創業之艱難，號召臣下堅定維護清廷的統治，又一方面極力強調臣下忠於君國的綱常大節。乾隆四十年（1775）十一月，乾隆帝下令舉行對明朝殉節諸臣的諡典，其範圍不僅有抵禦農民起義而死的明臣，而且包括抗擊清軍而死以及南明各個小朝廷殉節人士，聲稱要「使天下萬世共知予準情理而公好惡，以是植綱常，即以是示彰癉。」〔註 99〕次年正月，又將議諡範圍延及明「靖難之役」中為建文帝殉節諸臣，譴責了明永樂帝篡奪皇位的行為。至二月，大學士等議定了追諡方法，只以《明史》、《大清一統志》、《通鑒輯覽》及各省通志等官方之書為依據，查明了應予諡號之人，不必廣為搜羅，免得真偽混淆。事功顯著者予以專門諡號，其餘給予通同一類的諡號。這場活動搞得聲勢甚大，進入諡典的明臣達三千六百餘人，事後編成一書，乾隆帝定其名為《勝朝殉節諸臣錄》。此書純為對於該次諡典結果的記錄，在編排上分專諡與通諡。全書共十二卷，前十一卷為明末殉節諸臣，其中得專諡者如劉宗周諡為忠介、史可法諡為忠正，共二十六人。通諡是對同一類人物予以共同的諡號，如「忠烈」、「忠節」、「烈愍」、「節愍」等名號，另附列未予以諡號的人員。最後一卷為建文帝時殉節之臣，也分專諡、通諡等類別。本書內容是先列人名，下簡述其死節之事，文字極其簡略。舉行諡典及編輯此書的目的在於「崇獎忠貞，所以風勵臣節」，乾隆帝反覆陳述清初對一些抗命不降的明臣予以誅戮，是「王業肇基」之始不得不行之事，而現在則應褒揚這些人的「舍生取義、各能忠於所事」的精神，〔註 100〕這固然符合於綱常倫理原則，但也具備維護本朝統治的政治動機。

3、編輯《明臣奏議》

乾隆四十四年（1779）二月，乾隆帝曾敕修《明季諸臣奏疏》，〔註 101〕至乾隆四十六年（1781）十月又決定擴展而編輯《明臣奏議》，即選編整個明朝的臣工奏疏。乾隆帝在諭旨中提出：「此事關係明朝之所以亡，我朝之所以興，敬怠之分、天人之際，不可不深思熟慮、觸目警心」，「殷鑒不遠，尤當引為炯戒」。〔註 102〕於是特令諸皇子在其師傅幫助下負責編輯，指示對於奏疏

〔註 99〕《清高宗實錄》卷九九六，乾隆四十年十一月癸未。
〔註 100〕《清高宗實錄》卷九九六，乾隆四十年十一月癸未。
〔註 101〕《清高宗實錄》卷一〇七七，乾隆四十四年二月庚辰。
〔註 102〕《清高宗實錄》卷一一四三，乾隆四十六年十月丙申。

中有攻擊本朝字句者，只稍作刪節潤色，不作大的修改，而且「即或其人品誼未醇，而其言一事、陳一弊，切中利病、有裨時政者，亦不可以人廢言」，〔註103〕即選錄標準惟以奏議內容衡量，一反前代彙集「名臣」奏議之體。乾隆四十七年（1782）十月，此書大致編成，乾隆帝閱後嚴加斥責，指出編排上沒有按照明代各朝次序先後，奏議之後沒有篇篇注明是否曾經旨准和實行，「可見諸皇子辦理此書，並不能仰體朕借鑒垂訓之意，留心細閱，而總師傅等亦不詳加釐正，草率了事。」〔註104〕下令將眾皇子及其師傅等交部議處。又批評武英殿聚珍板排字時沒有每篇奏議各為一篇，而是連綴成帙，致難以更改，亦將負責人交部議處。同時指示對此書「著原派皇子、總師傅等另行更正，按年編次，呈覽後再交武英殿排印。」〔註105〕這實際上是重加修訂，由乾隆帝親加審閱。成書後的《明臣奏議》二十卷，依乾隆帝意旨編次，每篇之後都附有說明，指出該奏議是否被明朝採納及其效果，這樣可更清晰地窺見明朝政務，比單純彙編奏議更具備史書的風格。《四庫全書總目》對這部題名為「御選」之書大加讚頌，稱「是編稟承訓示，辨別瑕瑜，芟薙浮文，簡存偉議。研求史傳，以後效驗其前言；考證情形，以眾論歸於一是。譬諸童謠婦唱，一經尼山之刪定而列在六經，一代得失之林，即千古政治之鑒也。」〔註106〕這其中雖多溢美之詞，但選篇不囿於「名臣」，文後附錄考證與說明，確為此類書籍的一項創新。

4、《明鑒》的纂修

嘉慶十八年（1813），嘉慶帝敕令仿北宋范祖禹《唐鑒》一書體式編修《明鑒》，以曹振鏞等為總裁，設館修纂。至嘉慶二十三年，全書大體草就，遂繕寫五冊進呈御覽。嘉慶帝讀後十分惱火，於是年五月初一日嚴屬斥責纂修各官事先不預先請示，便將清朝開國事跡編入，其按語議論更為悖謬。他指明：「《明鑒》乃係論列有明一代事跡之書，摘取一事，借鑒得失，非若編年紀月，事事臚列。」〔註107〕次日，他再強調《明鑒》應仿范祖禹《唐鑒》為歷史評論體，篇幅應從簡，決定撤除原《明鑒》館總裁及纂修官，將之交部議處。改派托津等為總裁，重新編纂，「所有原辦之書，無論已進呈未進呈，

〔註103〕《清高宗實錄》卷一一四三，乾隆四十六年十月丙申。
〔註104〕《清高宗實錄》卷一一六七，乾隆四十七年十月癸巳。
〔註105〕《清高宗實錄》卷一一六七，乾隆四十七年十月癸巳。
〔註106〕《四庫全書總目》卷五五，史部詔令奏議類。
〔註107〕《清仁宗實錄》卷三四二，嘉慶二十三年五月戊戌。

俱著另行編輯改正，務爲簡要。其從前纂辦此書支過一應公費紙張銀兩，俱著曹振鏞、戴均元、戴聯奎、秀寧四人賠繳示罰。」〔註108〕後來，除了上述四名總裁官處以經濟賠償之外，總裁、總纂等官又分別受到革職或降級的處分。

經托津等人重修的《明鑒》僅二十四卷，完全按照嘉慶帝的旨意，片斷摘取明代史事予以評論，纂修官小心翼翼，取材惟以乾隆帝《御批通鑒輯覽》爲據，對於明代的政治，則攻訐勝於肯定，多有未持平之論。全書無論史料還是史評，均無史學價值，在清代官修史中質量最差。

綜上所述，清朝仿照歷代興朝纂修前朝紀傳史的傳統做法修成《明史》之後，並沒有就此止步，而是按照褒貶是非、資取鑒戒的史學宗旨繼續興作，陸續纂輯了多種專書。但其中《明鑒》一書質量下乘，爲毫無意義的失敗之作，表明官方在明史研治和纂輯上已難於翻新花樣，《明鑒》遂成爲清廷纂輯的最後一部明史專書，標誌著官方纂修明史著述的基本結束。此後，隨著國情的變化，道光之後，私家的明史學又重新興起，思想觀點趨同於官方，但對史事多有新的裁斷和補充，而官方在此領域已經無所作爲。這是清季呈現的史學狀況，這裡暫且從略，留待後文。

三、官方在明史學上的再檢討

乾隆四年（1739），《明史》以「欽定」名義刊行，成爲一部權威性史著。在較長時期內，官方評論明代史事及纂修《明紀綱目》等書，均將之作爲依據，當時的眾多學者亦不敢輕議《明史》之失，朝野之間一片讚譽之聲，如錢大昕稱述《明史》在體例上多創樹新意，〔註109〕趙翼稱：「此《明史》一書，實爲近代諸史所不及，非細心默觀，不知其精審也。」〔註110〕然而自乾隆中期始，在乾隆帝的主持下，不僅對此前官方的明史學觀點有所改變，而且開始逐步對此前官方的明史學著作再作檢討，其契機首先始發於編纂《御批通鑒輯覽》，繼而在編輯《四庫全書》中形成新的高潮。統而言之，對官方明史學觀點的改變和對明史著述的重審修訂，都屬於官方對明史學再檢討的範圍之內，但官方對明代歷史論斷的前後變化與政治狀況聯繫較密，這裡即僅敘次其對官方明史著述的再修訂。

〔註108〕《清仁宗實錄》卷三四二，嘉慶二十三年五月己亥。
〔註109〕《十駕齋養新錄》卷九，《明史》條。
〔註110〕《廿二史箚記》卷三一，《明史》條。

（一）乾隆帝重理官方明史學著述的諭令

乾隆三十七（1772）年開始的編輯《四庫全書》的活動，是清朝官方對歷代文化典籍的大規模總結和清理，對傳統史學的清理是其中重要的一項內容。由於《明史》、《明紀綱目》等書擬將收入《四庫全書》，所以又經歷了一番重新審閱與修訂。

乾隆四十年（1774），乾隆帝諭軍機大臣曰：「前曾命仿朱子《通鑑綱目》體例纂為《明紀綱目》，刊行已久。茲批閱《葉向高集》，見《論福藩田土疏》所敘，當日旨意之養贍地土原給四萬頃，卿等屢奏地土難以湊處，王亦具辭令減去二萬頃云云，則福王當日所得之田僅二萬頃。今《綱目》載『福王常洵之國』條云：賜莊田四萬頃，中州腴土不足，取山東、湖廣田益之，與向高言不合。又所載青海朵顏等人名對音，沿用鄙字，與今所定《同文韻統》音字及改正《遼金元國語解》未為畫一。是張廷玉等原辦《綱目》，惟務書法謹嚴而未暇考核精當，尚不足以昭傳信。著交軍機大臣即交方略館將原書改纂，以次進呈，候朕親閱鑑定。其原書著查繳。」〔註111〕三天之後，乾隆帝再發諭旨：「昨因《明紀綱目》考核未為精當，命軍機大臣將原書另行改輯，候朕鑑定。因思《明紀綱目三編》雖曾經批覽，但從前進呈之書，朕鑑閱尚不及近時之詳審。若《通鑑輯覽》一書，其中體例書法皆朕親加折衷，一本大公至正，可為法則。此次改編《綱目》自當仿照辦理。又《明史》內於元時人地名，對音訛舛、譯字鄙俚，尚沿舊時陋習，如『圖』作『兔』之類，既於字義無當，而垂之史冊，殊不雅訓。今遼、金、元史已命軍機大臣改正另刊，《明史》乃本朝撰定之書，豈可轉聽其訛謬？現在改辦《明紀綱目》，著將《明史》一併查改，以昭傳信。……所有原頒《明史》及《綱目三編》俟改正時並著查繳。」〔註112〕這兩道諭旨表明將從文字譯音和史實兩方面改纂《明紀綱目》，其體式、書法等皆按《通鑑輯覽》有關內容，並從文字譯音上改正《明史》，原乾隆四年刊行的《明史》、乾隆十一年刊行的《明紀綱目》均在查繳之列，其表達的決心不可謂不堅。

乾隆四十二年（1777），乾隆帝審閱改訂後的《明史·英宗本紀》，發現其中載事多不詳備，而且於土木之敗、英宗被俘事也極為疏略，其中宦官王振挾主親征、違眾輕出等事未言一字，於是提出：「雖本紀為全史綱領，體

〔註111〕《清高宗實錄》卷九八二，乾隆四十年五月辛酉。
〔註112〕《清高宗實錄》卷九八三，乾隆四十年五月甲子。

尚謹嚴，而於帝王刑政、征伐之大端，關係國家隆替者，豈可拘泥書法、闕而不備，致讀者無以考鏡其得失！蓋緣當時紀事，每多諱飾，又往往偏徇不公。而《明史》修自本朝，屢淹歲月，直至朕御極以後，始克勒成一書。其時秉筆諸臣，因時代既遠、傳聞異詞，惟恐涉冗濫之嫌，遂爾意存簡括，於事跡要領，不能臚紀精細，於史法尚未允協。前因《明紀綱目》所載本末未爲賅備，降旨另行改輯，所有《明史本紀》，並著英廉、程景伊、梁國治、和珅、劉墉等將原本逐一考核添修，務令首尾詳明、辭意精當，仍以次繕進，候朕親閱鑒定，重刊頒行，用昭傳信。」〔註113〕於是，對《明史》不僅需修改其人名、地名譯音用字，而且改修其本紀部分的史事記載和有關論斷。

（二）幾項官修明代史的修訂

1、重修《明紀綱目》

重修《明紀綱目》以「御定通鑑綱目三編」之名收入《四庫全書》，該書在書法上一依《御批通鑑輯覽》，於史實作了進一步考訂更正，擴大了對史事的敘述，又增加「發明」和「質實」兩項內容，「發明」是對明代史事的評論，「質實」是對史事的考證。並且於正文天頭照錄乾隆帝在《御批通鑑輯覽》中的有關批語。這樣，全書由原先的二十卷增至四十卷，已完全等同於重修一書。這次修訂於乾隆四十七年（1782）大體完成，但此後仍有修改補充，直至乾隆五十年（1787）二月方繕寫入《四庫全書》，〔註114〕《四庫全書總目》稱此書「較張廷玉等初編之本，實倍爲精密。聖人制事以至善爲期，義有未安，不以已成之局而憚於改作，此亦可仰窺萬一矣。」〔註115〕

值得注意的是：《御批通鑑輯覽》的明史部分雖被作爲重修《明紀綱目》的依據，但它本身也在這場重理明史學的活動中不斷補充修訂。繼乾隆四十年十一月奉旨附記明唐王、桂王事跡後，乾隆四十二年（1777）六月，乾隆帝又再撰關於多爾袞與史可法通信事的批語，並將史可法覆信全文收入於《御批通鑑輯覽》。〔註116〕乾隆四十七年（1782）十一月，乾隆帝下令在《通鑑輯覽》中寫入吳三桂入緬甸擒明桂王朱由榔事，認爲對吳三桂應「功則功之、

〔註113〕《清高宗實錄》卷一〇三二，乾隆四十二年五月丁丑。
〔註114〕文淵閣《四庫全書》本此書提要稱其爲「乾隆五十年二月恭校上」。
〔註115〕《四庫全書總目》卷四七，史部編年類。
〔註116〕《清高宗實錄》卷一〇三五，乾隆四十二年六月甲寅。

罪則罪之」，史書應不沒其實。〔註117〕《御批通鑑輯覽》也是至乾隆四十九年
（1784）十一月最後修訂完畢，繕入《四庫全書》，〔註118〕僅比重修《明紀綱
目》提前三個月左右告竣，可見重理明史學活動中的各項修訂事宜是協同進
行的。

2、改修《明史本紀》

改修《明史本紀》是在原書基礎上進行，首先按乾隆時對少數民族地區
地名、人名譯音的規則更改原書的文字，其次對有些史實作出補充、考訂，
部分論贊也作出較大修改，特別是乾隆帝諭旨提到的內容。如《英宗前紀》
原文「瓦剌」部首領「也先」，改修本作「衛拉特」部、「額森」，同時增添一
大段敘述土木之敗原委的文字，特別寫明「王振挾帝親征，吏部尚書王直帥
群臣諫，不聽」，羅列此次戰役明朝死去高級官員姓名，以突出其後果之嚴
重。《英宗後紀》的贊語作了很大修改，其中有曰：「前後在位二十四年，威
福下移，刑賞僭濫，失亦多矣。乃或臚舉盛德，以爲無甚稗政，豈篤論哉！」
〔註119〕很明顯，這裡是依照乾隆帝的評論對原《明史》贊語的尖銳批評。原
《明史·憲宗紀贊》對明憲宗的批評爲：「顧以任用汪直，西廠橫恣、盜竊威
柄、稔惡弄兵。夫明斷如帝而爲所蔽惑，久而後覺，婦寺之禍固可畏哉！」
〔註120〕其立論甚爲寬恕，只認爲是受汪直蔽惑而已。改修本《憲宗紀贊》則
曰：「顧乃舉措混淆、雜流竟進，且不鑒土木之失，柄用汪直，威福下移，廠
衛之禍遂與有明始終。履霜堅冰，勢成積重，可不慎哉、可不畏哉！」〔註121〕
對明憲宗的批判十分嚴厲，並且著眼點不限於他對宦官汪直一人重用和罷
黜，而是從禍國的廠衛制度進一步發展、促使明朝陷於危亡的角度上立論，
見識更深一步。

《明史本紀》至乾隆四十七年初已與《明紀綱目》一起改修完竣，但尚
未繕寫完成，〔註122〕至此時已經歷了近五年時間。然而《明史本紀》的修訂
仍是相當粗疏的，並沒有認眞貫徹乾隆中期以來官方在明史論斷上的一系列
改變。例如《崇禎本紀》於崇禎帝自盡事仍書有「明亡」字樣，顯與《御批

〔註117〕《清高宗實錄》卷一一六八，乾隆四十七年十一月庚子。
〔註118〕文淵閣《四庫全書》本此書提要稱其爲「乾隆四十九年十一月恭校上」。
〔註119〕文淵閣《四庫全書》本《明史》卷一二。
〔註120〕乾隆四年刊本、中華書局標點本《明史》卷一四。
〔註121〕文淵閣《四庫全書》本《明史》卷一四。
〔註122〕《辦理四庫全書檔案》，乾隆四十七年二月二十七日軍機大臣奏摺。

通鑑輯覽》中的論斷不合。乾隆帝撰有《題〈明神宗本紀〉》一文，[註123]
認爲其中記有明神宗六歲時諫止其父騎馬，而且說出「人君應自我珍重」之
類的語句乃爲失實，指責「作史者遂紀耳食，炫以爲奇」而缺乏史識。修
改後的《明神宗本紀》仍依原文抄錄，只將乾隆帝的御製文章錄於卷首以
期補救，或許是修改已經定稿，乾隆帝才撰寫該文，但這也反映出《明史本
紀》的改修不過是被動地應付皇帝旨意，纂修臣僚並無積極主動、細心審閱
的精神。

3、考訂《明史列傳》

對《明史》的查改修訂並不限於本紀部分，其列傳部分更改譯音用字的
工作更爲繁重，而且按照《四庫全書》收載二十四史的通例，列傳各卷還要
附以對史實的考證、考異和並存異說的史料工作。對於《明史》來說，纂辦
列傳部分的史事考證，十分艱巨困難，但《明史》只有完成列傳部分的譯音
更改和史事考證，才能作爲一部清理過的史籍收入《四庫全書》，因而這項工
作乃屬必須完成的事項。清廷對此投入專人負責辦理，前後有英廉、于敏中、
錢汝誠、程景伊、梁國治、和珅、劉墉等人任總裁之職，專職纂輯、考證者
有宋銑、劉錫嘏、方煒、黃壽齡、嚴福、羅修源、章宗瀛等七人，皆爲進士
翰林官。[註124] 列傳考證和重新改寫繕錄工作至乾隆五十四年（1789）正月
方告完成，[註125] 並與本紀、志、表一起作爲完整史籍收入《四庫全書》正
史類。

修訂後的《明史》本紀和列傳中有關元朝人名、地名譯音皆按乾隆時新
的譯音標准予以更改，尤其注重將「鄙」字改爲「雅」字。例如卷一二三《張
士誠傳》文中提到「元江浙右丞相達識帖睦邇」，修訂後改爲「達什特睦爾」；
卷一二四《擴廓帖木兒傳》其名被修訂本改爲「庫庫特穆爾」；卷一三四《葉
旺傳》中人名「納哈出」、「高家奴」、「也先不花」等在修訂後改爲「納克楚」、
「高嘉努」、「額森布哈」；卷一六九《王直傳》和卷一七〇《于謙傳》文中蒙
古部落名「瓦剌」被改爲「衛拉特」，人名「也先」、「脫脫不花」被改爲「額
森」、「托克托布哈」。[註126] 惟抄錄中不無疏忽之處，如卷一二四「擴廓帖木

〔註123〕載清高宗《御製文二集》卷十八。
〔註124〕見王頌蔚《明史考證捃逸序》，載該書卷首。
〔註125〕文淵閣《四庫全書》本《明史》提要稱其爲「乾隆五十四年正月恭校上」。
〔註126〕據文淵閣《四庫全書》本《明史》。

兒」已改爲「庫庫特穆爾」，但卷首目錄中卻仍誤按原文寫入。〔註127〕這種修改譯音用字的做法給文獻造成一定的混亂，但從理論上是無可厚非的，而且在古代史籍及其它漢字文獻中，使用帶污辱性的字義翻譯少數民族人名、地名，確實是應當批判和糾正的陋習。

經修訂的《明史》在列傳部分，於每卷之末附有考證，〔註128〕考證內容十分豐富，引據資料廣泛。光緒年間王頌蔚曾根據方略館所藏底稿輯成《明史考證攟逸》四十二卷，知其中有「稿本」、「進呈本」、「正本」、「初刊樣本」之分，〔註129〕可見考證過程亦經反覆斟酌。然而即使王氏所謂「正本」，亦非最後定本，只是爲繕錄《四庫全書》本《明史》所作的預備工作而已，文淵閣《四庫全書》中，《明史列傳》所附考證方爲最後定型之作。將《四庫全書》本《明史》考證之文與《明史考證攟逸》對照，可知《四庫全書》本刪去了一些無關宏旨的內容，也多出了一些內容。一些《明史考證攟逸》中有但《四庫全書》本卷末未見的較重要的糾誤考辨，大多是在正文中已經改正，故刪去卷末附考之文。例如卷一三二《周德興傳》「決荊山獄山壩以溉田」一語，「荊山」一詞誤，應爲「荊州」，《四庫全書》本於正文中已改爲「荊州」，便不再於卷末附其考證。卷一四三《程通傳》「坐直書靖難事」一語，因「靖難」之名是明永樂帝掩其稱兵逆跡用語，《四庫全書》本徑在正文中改爲「燕兵」，而在卷末中刪去了館臣說明更正理由的按語，這樣的例子不勝枚舉。

《明史》考證對原文有考異存疑、有補充說明、有潤色修訂、有更正用語、有辨誤訂訛等等，不一而足。卷一三一《黃彬傳》稱其「坐胡惟庸黨死」，而卷末《考證》指出：「彬坐胡惟庸黨事，《明功臣封爵考》載其平日未嘗有過，太祖念而宥之，居數年卒。史牽連書死，不知何據。」這是考異存疑之例。卷二○○《劉天和傳》稱其「奏當興革者十事」而無其內容，卷末《考證》條列奏疏中「當興者五、當革者五」各項名目，注明見王世貞所撰《劉天和墓誌》。這是補充說明之例。卷一三三《廖永安傳》敘牛渚之戰「太祖急揮甲士鼓勇以登」一語，容易令人以爲是傳主廖永安等首先響應，其實是常遇春應聲先登，立下大功，因而《四庫全書》本正文改爲「太祖急揮常

<hr />

〔註127〕見文淵閣《四庫全書》本《明史》卷首。
〔註128〕文淵閣《四庫全書》本卷一一三《后妃一》、卷一一五《后妃三》無考證，應是沒有必須考證的內容。
〔註129〕見該書卷首《明史考證攟逸序》。

遇春先登」，並在卷末附《考證》予以說明。這是潤色修訂之例。卷一三三贊語言功臣中有「終罹黨籍者」，《四庫全書》本正文改「黨籍」爲「奸黨」，並在卷末《考證》中指出：明初胡惟庸、藍玉案件雖多株連，但不能與東漢黨錮之禍、北宋黨爭相類比，所以「黨籍」二字不妥。這與改「靖難」爲「燕兵」一樣爲更定用語之例。卷311《土司傳》言「有路自碯門出枯木任傷徑抵長河西口」，《四庫全書》本正文改爲「有路可自碯門出柘木場徑抵長河西口」，並在卷末《考證》中指出《明史》原文訛誤，乃據《讀史方輿紀要》改正。〔註130〕這種辨誤訂訛之例甚多，有的只在正文中改正不再附於卷末《考證》，有的則既在正文改正後又於卷末予以說明。總之，《明史考證》的學術價值不容泯沒，這是乾隆朝對明史學再檢討中的重要成果，而《明史列傳》既有正文的修改，也就類似於重新修輯，只是修改中必須計算其字數與原文相等，以便保存原書版片、稍作挖改後即可印刷，這一點與本紀的重修有所區別。而且《明史列傳》的修訂更重於史實與文字之正訛匡誤，反而在要務上頗有粗疏。例如卷一二〇提到福王政權時稱「號弘光」，去掉了原文的「僞」字，但同卷對南明紹武政權、永曆政權仍書寫爲「僞號紹武」、「僞號永曆」，〔註131〕是忘記了乾隆帝的有關諭旨。

　　乾隆中期之後對官方明史學的再檢討活動規模很大，是整個傳統文化總清理中的重要組成部分，在史學思想上、史籍修訂上、史實考證上都取得了相當的成就，重新修訂後的《明紀綱目》、《御批通鑑輯覽》、《明史》是該書的最後定本，達到了清朝官方明史學水平的最高點。此後，初纂本《明紀綱目》及《御批通鑑輯覽》已不再流傳於世，然而重新修訂的《四庫全書》本《明史》卻被束之高閣，其面目漸至鮮有人知，以至清光緒朝官僚王頌蔚編輯《明史考證捃逸》時，還眞以爲自己作了一件拯救文獻的工作。究其原因，是《明史》刊行較早，流行極廣。乾隆四年書成之後，不僅官方刊印數量較大，而且允許私人廣爲刊刻。重新修訂的《明史》收入《四庫全書》後，未能同時刊印，因而行世的仍是乾隆四年刊本。直至中華書局標點本《明史》印行，亦未給《四庫全書》本《明史》以應有的重視。

　　清代官方與私家在明史學上的彼此消長，是錯綜複雜的進程，至乾隆年間，官方取得絕對優勢的地位，私家學者大多投入更古史事和文獻的考

〔註130〕以上皆據中華書局標點本與文淵閣《四庫全書》本《明史》對勘。
〔註131〕文淵閣《四庫全書》本《明史》卷一二〇，《福王常洵傳》、《桂王常瀛傳》。

據。總計乾嘉時期，私家纂修在明代史的撰述方面，成績寥寥可數。最值得稱道的是全祖望撰寫了多篇明季歷史人物的墓誌以及對於明代文獻的彙集整理。

全祖望（1705～1755）字紹衣，號謝山，浙江鄞縣（今寧波）人。雖於乾隆元年中進士，但僅一年之後即離京城，不再做官，一生治學，間或教書。他爲明代人物撰寫墓誌，乃是以這種特殊形式保存大量志士、隱逸、學者的生平事跡，使之不被湮滅，同時也揭示了明清之際的部分歷史背景。所撰之文匯輯於《鮚埼亭集》及其續集，足可彌補官修《明史》及其它明代史著述之缺遺。由於全祖望的撰著在當時未廣流傳，反而躲過了乾隆年間的文字獄而幸存下來。

乾隆十三年，汪有典《史外》32 卷刻印行世，此書又名《前明忠義列傳》，記述明代自開國至明末的忠義之士，包括抗清死難者，爲研究明史值得參考之書。乾隆十三年，李天根《爝火錄》32 卷撰成，以感慨南明政權不識時務而對抗天命有歸之清朝的名義，記述了南明各個政權的歷史，可謂是撰史又要避禍的迂迴策略。嘉慶三年，管乾貞摘引《明史》成文刪改編輯，成《明史志》36 卷，蓋爲方便閱讀，價值不大。嘉慶年間，陳鶴撰寫編年體斷代史《明紀》，至嘉慶十六年逝世時撰成 52 卷，餘下 8 卷其孫陳克家續成。陳鶴以撰述明代編年史爲己任的精神，在當時乃卓犖獨行，值得肯定。嘉慶二十一年，楊鳳苞撰有《南疆逸史跋》十二首，考定南明史事以及明季稗乘，詳盡精湛，是對明代史很有學識之士，同時也反映了《南疆逸史》一書乃流行於世。這些零星事例說明，乾嘉時期私家的明史學甚爲衰微，但仍不絕如縷地隱現於世間。